KB168562

유니티로 배우는 C# 프로그래밍 6/e

초보자를 위한 유니티 완벽 가이드북

유니티로 배우는 C# 프로그래밍 6/e

이지성 · 송정은 옮김   해리슨 페론 지음

i!i
에이콘

에이콘출판의 기틀을 마련하신 故 정완재 선생님 (1935-2004)

"완벽이란 도달할 수 없는 신기루와 같다."

– T. H. 화이트, 『과거와 미래의 왕The Once and Future King』

| 옮긴이 소개 |

이지성 (easystar@naver.com)

고려대학교 컴퓨터정보통신대학원을 졸업했으며, 석사 논문을 주제로 특허를 받았다. 앤앤지㈜와 ㈜엠게임에서 게임 클라이언트 프로그래머로 MMORPG 게임을 개발했다. 이후 응용 프로그래머로 전향해 유니닥스㈜에서 PDF 에디터, 디지털 교과서 등을 개발했다. 현재는 자율주행 및 전자장비 개발 회사인 ㈜에스더블유엠에서 책임 연구원으로 재직 중이다.

송정은 (stardust1221@naver.com)

평소 프로그램과 영어 두 분야 모두에 관심이 많아 세종대학교에서 컴퓨터공학을 전공한 후, 국제영어대학원대학교^{IGSE}에 전액 장학생으로 입학해 석사 학위를 취득했다. 이후 빅데이터, 인공지능, 게임 개발 등 다양한 IT 분야의 원문들을 발 빠르게 섭렵하며 온라인 강좌를 준비하고 있다.

| 옮긴이의 말 |

이 책을 선택한 독자라면 게임 개발에 관심이 많으실 거라 생각합니다. 아마도 게임을 플레이하면서 흥미를 느끼고 난 후, '나도 한번 게임을 만들어보고 싶다.'라는 생각을 해 보셨을 겁니다. 저 역시, 대학 시절 〈스타크래프트〉라는 게임의 매력에 빠져들었고 이후 게임 프로그래머로 첫 발을 내디뎠습니다.

당시에는 게임을 개발하려면 수학적인 계산이나 복잡한 프로그래밍 기술이 필요했기 때문에 초보자가 도전하기 쉽지 않았습니다. 하지만 유니티는 물리 엔진, 애니메이션 시스템, 그래픽 라이브러리 등을 제공해 초보자도 손쉽게 접근할 수 있습니다. 이로 인해 게임 개발의 진입 장벽이 낮아졌고, 방대한 작업이 필요했던 기능도 순식간에 구현할 수 있게 됐습니다. 게다가 유니티는 크로스 플랫폼을 지원해서 플랫폼별로 개발하는 데 드는 시간과 비용을 획기적으로 줄여줍니다. 유니티가 아우르는 플랫폼에는 PC와 안드로이드^{Android}, iOS는 물론이고 닌텐도 스위치, 플레이스테이션, XBOX 360과 같은 콘솔용 게임 기기도 포함됩니다.

만약 누군가가 저에게 "게임을 만들려면 무엇을 공부해야 할까요?"라고 묻는다면, 저는 망설임 없이 유니티부터 공부하라고 할 것입니다. 유니티는 직관적인 인터페이스, 개발의 편리성, 높은 생산성, 에셋스토어 등과 같은 장점 덕분에 가장 많이 사용되며, 초보 게임 개발자도 쉽고 빠르게 게임을 제작할 수 있는 엔진이기 때문입니다.

이 책은 C# 프로그래밍 언어를 유니티 게임 엔진과 함께 배우고자 하는 초보자와 중급자를 대상으로 합니다. 예제를 따라 하는 것만으로 3D 게임을 만들 수 있을 뿐만 아니라, C#과 유니티의 핵심 기술도 자연스럽게 익힐 수 있습니다. 이 책으로 독자 여러분이 C#과 유니티의 기초를 다지고, 더 나아가 실무에서 멋진 게임을 개발할 수 있는 초석을 마련하면 좋겠습니다.

끝으로, 이 책의 번역 작업을 같이 해주신 송정은 역자님께 감사의 말씀을 드립니다. 또한 번역할 기회를 주신 에이콘출판사 권성준 사장님과 책이 출간되기까지 많은 도움을 주신 임지원 님, 김진아 님, 전도영 님 등 에이콘출판사의 모든 임직원 여러분께 감사한 마음을 전합니다.

이지성

| 지은이 소개 |

해리슨 페론^{Harrison Ferrone}

일리노이주 시카고에서 태어나 다양한 곳에서 성장했다. 마이크로소프트, 프라이스워터하우스쿠퍼스^{PricewaterhouseCoopers}와 소규모 스타트업에서 근무했고, 요즘에는 링크드인 러닝^{LinkedIn Learning}, 플루럴사이트^{Pluralsight}에서 교육 콘텐츠를 제작하거나 레이 웬더리치^{Ray Wenderlich} 웹 사이트에서 기술 편집을 담당하고 있다.

콜로라도 대학교와 컬럼비아 칼리지 시카고^{Columbia College Chicago}를 졸업했으나 학위가 그의 이력에 미친 영향은 미미하다.

몇 년간 iOS와 유니티 개발자로 일했지만, 교육 분야로 진로를 바꾼 후 줄곧 이 분야에 몸담고 있다. 대부분의 강좌에서 온라인 소통을 다루지 않는 점을 아쉽게 생각하고 있다.

이 책을 완성하기까지 지지와 사랑을 보내준 아내 퀸시에게 감사한다.

사이먼 잭슨 Simon Jackson

유니티 게임 개발 경험이 풍부한 소프트웨어 엔지니어이자 아키텍트로, 유니티 게임 개발 서적을 여러 권 집필했다. 유니티 프로젝트를 수행하는 것을 좋아하며 블로그, 브이로그, 유저 그룹, 대규모 강연을 통한 교육에도 적극 참여하고 있다.

현재 주요 관심 분야는 혼합 현실 툴킷XRTK, miXed Reality ToolKit 프로젝트다. 이 프로젝트는 VR과 AR 개발자 모두 유니티에서 효율적인 솔루션을 구축하고 가능한 한 많은 플랫폼에서 빌드 및 배포를 할 수 있는 크로스 플랫폼 혼합 현실 프레임워크를 만드는 데 목표를 두고 있다.

조슈아 스타인하우어 Joshua Steinhauer

낮에는 게임 개발자로, 밤에는 인디 개발자로 활동 중이다. 어릴 때부터 시작한 프로그래밍에 남다른 열정을 품고 끊임없이 발전하고 있다. 평소 개발 속도를 높이고 쉽게 작업하는 데 도움이 되는 툴을 만들기 좋아한다.

좋아하는 게임은 〈엘더스크롤 3: 모로윈드〉와 〈폴아웃: 뉴 베가스〉이며, 지난 4년간 유니티에서 오픈 월드 RPG를 개발하고 팀을 이끌었다. 자신의 게임 스튜디오를 운영하는 것이 꿈이다.

| 차례 |

9장   기본 AI와 적의 행동

| 들어가며 |

유니티^{Unity}는 아마추어뿐만 아니라 메이저 게임 개발사와 영화 제작사를 대상으로 하는 세계적으로 인기 있는 게임 엔진 중 하나다. 유니티는 3D 도구로 알려져 있지만, 2D 게임 및 가상 현실^{VR, Virtual Reality}에서 포스트 프로덕션^{post-production}과 크로스 플랫폼^{cross-platform} 지원에 이르기까지 다양한 기능을 갖추고 있다.

개발자들은 드래그 앤 드롭 인터페이스와 기본으로 제공되는 기능을 선호하지만, 유니티는 동작과 게임 메카닉을 위해 사용자 정의 C# 스크립트를 작성할 수 있다는 점에서도 매력적이다. 경력이 풍부한 프로그래머는 C# 코드를 배우는 데 큰 어려움이 없겠지만, 경험이 없는 사람에게는 결코 쉽지 않은 일이다. 이 책은 바로 그런 초심자들을 위해 쓰여졌으며, 재미있고 플레이 가능한 프로토타입을 만들면서 프로그래밍과 C# 언어의 기초를 처음부터 배우도록 해준다.

이 책의 대상 독자

프로그래밍이나 C#의 기본 사항을 다룬 적이 없는 초보자를 대상으로 하는 책이다. 하지만 다른 언어나 C#에 능숙한 전문가 수준의 독자라도 실제 유니티 게임 개발을 하는 데 도움이 될 것이다.

이 책에서 다루는 내용

1장. 개발 환경 이해 유니티 설치 과정, 에디터의 주요 기능, C#과 유니티 관련 주제에 대한 문서 검색을 우선 다룰 것이다. 또한 유니티 내부에서 C# 스크립트를 생성하는 방법을 알아보고, 모든 코드의 편집을 진행하게 될 애플리케이션인 비주얼 스튜디오를 살펴본다.

2장. 프로그래밍의 구성 요소 프로그래밍의 최소 단위 개념을 제시하면서 변수, 메서드, 클래스의 개념을 실생활과 연관지어 설명함으로써 이해를 돕는다. 또한 간단한 디버깅 기술, 올바른 서식 및 주석 작성, 유니티가 C# 스크립트를 컴포넌트로 변환하는 방법 등도 살펴본나.

3장. 변수, 타입 및 메서드 살펴보기 2장에서 다룬 기본 개념을 더 깊이 살펴보고자 C# 데이터 타입, 네이밍 규칙, 액세스 한정자 등 프로그래밍 기초에 필요한 모든 것을 배운다. 또한 메서드 작성 방법, 매개변수 추가 방법, 반환 타입 사용 방법 등을 익히고, `MonoBehaviour` 클래스에 속하는 기본 유니티 메서드를 소개하면서 마무리한다.

4장. 제어 흐름과 컬렉션 타입 if-else 문과 switch문의 코드에서 결정을 내리는 일반적인 접근 방식을 소개한다. 그다음에는 배열, 리스트, 딕셔너리를 다룬 후, 컬렉션 타입을 순회하는 반복문을 살펴본다. 마지막으로는 조건부 반복문과 특수한 C# 데이터 타입인 열거 타입을 다룬다.

5장. 클래스, 구조체 및 OOP 작업 먼저 클래스와 구조체를 생성하고 인스턴스화하는 방법을 자세히 다룬다. 이어서 생성자를 만들고, 필드와 메서드를 추가하며, 서브클래싱 subclassing 및 상속의 기초를 익힌다. 끝으로 객체지향 프로그래밍을 포괄적으로 설명하고, C#에 어떻게 적용할지 알아본다.

6장. 유니티 실행하기 C# 구문에서 벗어나 게임 디자인, 레벨 구축, 유니티 주요 도구 등을 살펴본다. 우선 게임 디자인 문서의 기본 개념을 다룬 후 레벨을 만들고 조명을 추가한다.

7장. 이동, 카메라 제어 및 충돌 플레이어 오브젝트를 이동시키는 다양한 방법과 3인칭 시점 카메라의 설정 방법을 설명한다. 또한 유니티 물리Unity physics를 활용한 좀 더 사실적인 이동 효과의 구현, 콜라이더 컴포넌트 작업 및 씬scene 내에서의 상호작용 캡처를 다룬다.

8장. 게임 메카닉 스크립팅 게임 메카닉의 개념과 효과적인 구현 방법을 소개한다. 우선 간단한 점프 동작을 추가하고, 슈팅 메카닉을 생성한 다음, 아이템 수집을 처리하는 로직을 추가해 이전 장의 코드를 빌드한다.

9장. 기본 AI와 적의 행동 게임 인공지능의 개념과 Hero Born에 적용할 콘셉트를 간략히 살펴본다. 이 장에서는 유니티의 내비게이션, 레벨 지오메트리 및 내비게이션 메시, 스마트 에이전트, 자동화된 적의 이동을 다룬다.

10장. 타입, 메서드 및 클래스의 재고찰 C# 언어의 다양성과 범위를 더 깊이 이해할 수 있도록 데이터 타입, 중급 메서드 기능, 복잡한 클래스에 사용할 수 있는 추가 동작을 더 자세히 살펴본다.

11장. 스택, 큐, 해시셋 중급 컬렉션 타입과 기능을 다룬다. 따라서 스택, 큐, 해시셋 각각의 사용과 적합한 개발 시나리오를 다양하게 제시한다.

12장. 데이터의 저장, 로드 및 직렬화 게임 정보를 처리할 수 있도록 준비하고자 파일 시스템과 파일의 생성, 삭제, 업데이트 작업을 다룬다. 또한 XML, JSON, 이진 데이터 등과 같은 다양한 데이터 유형을 살펴보고, 마지막 부분에서는 C# 객체를 데이터 포맷으로 직렬화한다.

13장. 제네릭, 델리게이트 및 기타 사항 살펴보기 C# 언어의 중급 기능을 소개하고, 해당 기능을 실제 시나리오에 어떻게 적용할지 자세히 알아본다. 제네릭 프로그래밍의 개요를 시작으로 델리게이트, 이벤트, 예외 처리와 같은 개념을 다룬다.

14장. 이 책을 마친 후 이 책에서 다룬 주요 주제를 복습하고, C#과 유니티를 좀 더 학습할 수 있는 자료를 제공한다. 온라인 학습 자료, 자격증 정보, 저자가 추천하는 비디오 튜토리얼 채널 등이 포함된다.

⫶ 이 책을 최대한 활용하는 방법

C#과 유니티를 사용하려면 호기심과 배우려는 의지가 무엇보다 중요하다. 모든 코드를 다뤄보고 과제와 퀴즈에 도전해보는 것은 학습한 내용을 다지는 데 반드시 필요한 부분이다. 또한 다음 장으로 넘어가기 전에 그동안 배웠던 주제를 다시 복습하면서 확실히 이해해두자. 공든 탑은 무너지지 않는다.

우선 컴퓨터에 최신 버전(2022 이후 버전 권장)의 유니티가 설치돼 있는지 확인하자. 모든 예제 코드는 2022.2.12f1 버전으로 테스트했으며, 그 이후 버전을 사용해도 문제없이 작동해야 한다(단, 9장에서는 Unity 2022.1.24f1 버전을 사용했다).

이 책에서 다루는 소프트웨어/하드웨어
Unity 2022.2 또는 그 이후 버전
Visual Studio 2019 또는 그 이후 버전
C# 8.0 또는 그 이후 버전

시작하기에 앞서 컴퓨터 환경이 유니티 시스템의 요구 사항(https://docs.unity3d.com/2022.2/Documentation/Manual/system-requirements.html)에 맞는지도 확인해보자.

예제 코드 다운로드

이 책에서 사용된 예제 코드는 깃허브(https://github.com/PacktPublishing/Learning-C-by-Developing-Games-with-Unity-Seventh-Edition)에서 다운로드할 수 있다. 또한 다른 교재와 영상의 코드 역시 깃허브(https://github.com/PacktPublishing/)에 있으니 살펴보자. 또한 에이콘출판사 깃허브 저장소(https://github.com/AcornPublishing/csharp-game-unity)에서도 동일한 예제 코드를 다운로드할 수 있다. 번역서 예제 코드는 2022.2.12f1 버전으로 테스트를 완료했다.

컬러 이미지 다운로드

이 책에서 사용된 스크린샷/그림의 컬러 이미지를 볼 수 있는 PDF 파일을 제공한다. 이 파일은 웹 사이트(https://packt.link/7yy5V)에서 다운로드할 수 있다. 또한 에이콘출판사 도서 정보 페이지(https://github.com/AcornPublishing/csharp-game-unity)에서도 찾아볼 수 있다.

▷ 편집 규약

이해를 돕고자 다루는 정보에 따라 글꼴 스타일을 다르게 적용했다. 이러한 스타일의 예와 의미는 다음과 같다.

텍스트 내 코드: 텍스트에서 코드 단어는 다음과 같이 표기한다. "Start 내부에서 다음과 같이 ComputeAge 메서드를 호출한다."

코드 블록은 다음과 같이 표기한다.

```
public string firstName = "Harrison";
```

코드 블록에서 유의해야 할 부분이 있다면 다음과 같이 굵은 글꼴(볼드체)로 표기한다.

```
accessModifier returnType UniqueName(parameterType parameterName)
{
  method body
}
```

고딕: 화면상에 표시되는 메뉴나 버튼은 다음과 같이 표기한다. "**계층 구조** 패널에서 **생성 ➤ 3D 오브젝트 ➤ 캡슐**을 클릭한다."

▷ 고객 지원

문의: 메일 제목에 책 이름을 적어서 feedback@packtpub.com으로 이메일을 보내면 된다. 이 책과 관련해 문의 사항이 있다면 questions@packtpub.com으로 이메일을 보내주길 바란다. 한국어판에 관한 질문은 이 책의 옮긴이나 에이콘출판사 편집 팀(editor@

acornpub.co.kr)으로 문의할 수 있다.

정오표: 내용을 정확하게 전달하고자 최선을 다했지만, 실수가 있을 수 있다. 이 책에서 문제점을 발견했다면 출판사로 알려주길 바란다. 웹 사이트(www.packtpub.com/submit-errata)에서 책 이름을 선택하고 **Errata Submission Form** 링크를 클릭한 후 세부 사항을 입력하면 된다. 한국어판의 정오표는 에이콘출판사 도서정보 페이지(https://github.com/AcornPublishing /csharp-game-unity)에서 찾아볼 수 있다.

저작권 침해: 인터넷에서 어떤 형태로든 팩트출판사 서적의 불법 복제물을 발견하면 해당 주소나 웹 사이트의 이름을 알려주길 바란다. 의심되는 불법 복제물의 링크를 copyright@packtpub.com으로 보내주면 된다.

디스코드에서 모이자!

이 책을 다른 독자나 유니티/C# 전문가, 저자(해리슨 페론)와 함께 읽을 수 있는 기회가 될 것이다. 디스코드(Discord)에서는 질문을 올려 독자 간에 서로 묻고 답할 수 있으며, Ask Me Anything 세션에서 저자와 채팅하는 등 다양한 참여가 가능하다. 지금 바로 가입해보자!

https://packt.link/csharpwithunity

01

개발 환경 이해

흔히 대중 매체에 등장하는 컴퓨터 프로그래머의 모습을 보면, 알고리듬적 사고를 하는 뛰어난 재능을 지녔지만 사회성이 떨어지고 특이한 성향을 나타내는 아웃사이더나 괴짜 해커로 그려진다. 그러나 이러한 고정 관념과 달리, 코딩을 배우는 것은 세상을 바라보는 방식을 근본적으로 바꾸는 계기가 된다. 호기심만 있다면 프로그래밍 세계에 흥미를 느끼게 될 것이고, 어느새 새로운 사고방식을 즐기고 있는 자신을 발견하게 된다.

우리는 아침에 눈을 떠서 저녁에 잠들 때까지 무의식적으로 프로그램 코드로 번역하는 기술을 사용하고 있다. 단지 그 일상의 기술을 코드로 옮기는 언어와 문법을 모르고 있을 뿐이다. 몇 가지 예를 살펴보자. 우리는 각자 자신의 나이를 알고 있으며, 이 나이는 변수에 해당한다. 길을 건널 때는 대부분 도로 경계석에서 양방향을 살핀 후 발걸음을 옮길 것이다. 이러한 상황은 다양한 조건을 평가하는 절차에 해당하며, 프로그래밍에서는 이를 '제어 흐름control flow'이란 용어로 표현한다. 음료수 캔을 생각해보자. 모양, 무게, 내용물과 같이 캔이 어떤 속성을 지녔는지 직관적으로 파악할 수 있으며, 이것이 바로 클래스 객체[1]에 해당한다. 이제 조금 이해됐을 것이다.

---

1   객체는 '개체' 또는 '오브젝트'라고도 한다. 하지만 이 책에서는 씬에 속하는 게임 오브젝트와 구분하기 위해 코드에서 '객체'라는 표현만 사용할 것이다. – 옮긴이

이렇듯 늘 접하는 생활 속 경험만으로도 프로그래밍 세계에 입문할 채비를 갖춘 셈이다. 이제 본격적인 여정에 앞서 개발 환경을 어떻게 설정하고, 관련 애플리케이션을 어떻게 작업하며, 도움이 필요할 때는 어디를 참고할지 살펴보자.

그럼 다음 주제를 살펴보며 C#을 시작해보자.

- 유니티 2022^{Unity 2022} 시작

- 유니티에서 C# 사용

- 문서 탐색

자, 그럼 시작하자!

⸭ 기술 요건

때로는 어설프게 아는 것보다는 백지 상태로 시작하는 게 나을 수 있다. 이 책은 유니티 게임 엔진이나 게임 개발의 모든 것을 익히는 데 목표를 두고 있지는 않다. 초반에는 위의 주제를 기본적인 수준에서 다루고 6장, '유니티 실행하기'에서 더 자세히 살펴본다. 물론, C# 프로그래밍 언어를 익히는 데 도움이 되도록 이러한 주제를 기초부터 쉽고 재미있게 접근할 것이다.

이 책은 프로그래밍을 처음 접하는 사람들을 대상으로 하므로, 이전에 C#이나 유니티를 경험한 적이 없다면 좋은 기회가 될 것이다. 유니티 에디터는 다뤄봤지만 프로그래밍은 해보지 않은 독자 역시 이 책이 좋은 선택이 될 것이다. 유니티와 C#을 조금은 다뤄봤고 더 나아가 중급이나 고급 주제를 배우고 싶다면, 이 책의 후반부가 도움이 될 것이다.

> NOTE
>
> 다른 언어에 능숙한 프로그래머라면, 초급 이론은 건너뛰고 관심 있는 부분으로 넘어가거나 다시 되짚어보며 기본기를 다지는 기회로 삼아보자.

유니티 2022를 실행하는 것 외에도, C# 8.0과 비주얼 스튜디오^{Visual Studio}를 사용해 게임 코드를 작성한다.

유니티 2022 시작하기

아직 유니티를 설치하지 않았거나 이선 버전을 갖고 있는 경우, 다음 단계에 따라 환경을 설정한다.

1. 웹 사이트[https://unity.com/kr]로 이동한다.

2. **시작하기를 선택한다**[그림 1.1 참조].

그림 1.1 유니티 홈페이지

3. 그러면 유니티 스토어^{Unity Store} 페이지로 이동할 것이다. 유니티는 무료 프로그램이므로 부담 없이 다운로드할 수 있다.

유니티 홈페이지가 그림 1.1과 다르게 보이는 경우 웹 사이트(https://store.unity.com/kr)로 직접 이동하면 된다.

4. 그림 1.2와 같이 **개인** 탭을 선택하고 **Personal**의 **시작하기**를 클릭한다. 다른 유료 옵션은 고급 기능과 서비스를 제공하므로 직접 확인해보자.

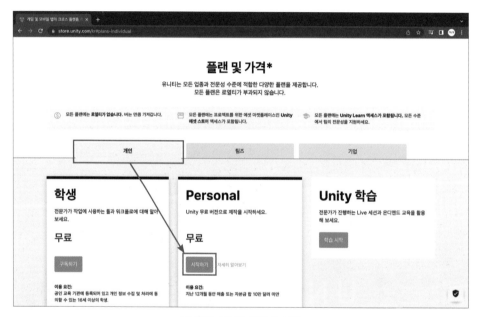

그림 1.2 유니티 플랜 및 가격

5. **개인** 플랜을 선택하면, 그림 1.3과 같이 윈도우^{Windows}용이나 맥^{Mac}용 Unity Hub 애플리케이션을 다운로드할 수 있는 페이지로 이동한다.

그림 1.3 유니티 다운로드 포털

Unity Hub 다운로드의 **Mac용 다운로드**를 클릭해 유니티 허브 설치 파일(UnityHubSetup.dmg)을 받는다.[2]

6. 다운로드가 완료되면, 다음과 같은 과정을 따라 진행한다.

   a. 설치 파일을 연다(더블 클릭).

   b. 이용 약관에 동의한다.

   c. 설치 안내를 따른다.

7. 준비가 되면, 유니티 허브 애플리케이션을 실행한다.

8. 유니티에서 라이선스 옵션을 선택하라는 메시지가 표시되면, 개인용 라이선스 옵션(완전 무료)을 선택하고 안내에 따라 계정을 설정한다.

9. 유니티 허브의 최신 버전에서는 그림 1.4와 같이 유니티의 최신 LTS^Long Term

---

2 윈도우의 경우에는 윈도우용 다운로드를 클릭해 유니티 허브 설치 파일(UnityHubSetup.exe)을 받는다. – 옮긴이

^{Support}(장기 지원) 버전을 설치하도록 안내한다. 이 책을 읽는 시점에서 기본 버전이 유니티 2022라면 **Install Unity Editor**를 선택한다.

그림 1.4 유니티 에디터 설치 창

10. 이 책을 읽는 시점에서 유니티 2022가 기본 버전이 아니라면, 그림 1.5의 우측 하단에 표시된 **Skip installation**을 선택한다.

그림 1.5 설치 마법사

11. 그림 1.6과 같이 왼쪽 메뉴에서 **Installs** 탭으로 전환하고 **Install Editor**를 선택한다.

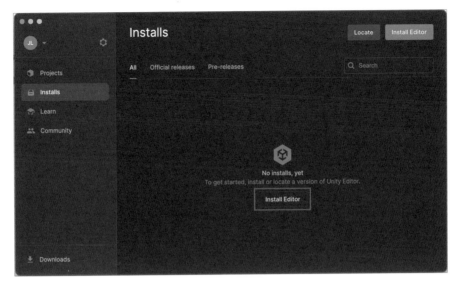

그림 1.6 유니티 허브 설치 패널

12. 원하는 유니티 버전을 선택한 후 **Install**을 클릭한다. 현재 유니티 2022는 **Official releases** 탭의 **OTHER VERSIONS** 섹션에 나열돼 있다.

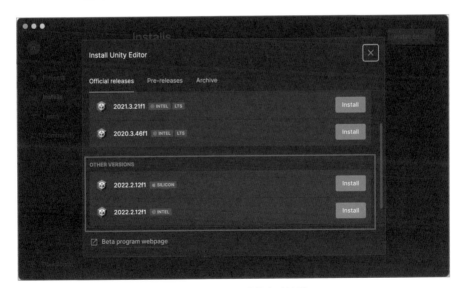

그림 1.7 유니티 버전 추가 팝업 창

13. 그다음, 다양한 모듈을 추가할 수 있는 옵션이 제공된다. 비주얼 스튜디오(맥 또는 윈도우용) 모듈이 선택돼 있는지 확인한 후 **Continue**를 클릭한다.[3]

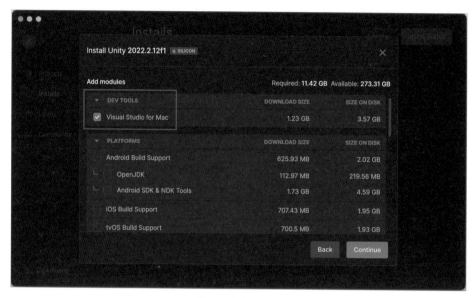

그림 1.8 설치 모듈 추가

14. 나중에 모듈을 추가하려면, **Installs** 창에서 설치된 버전 오른쪽에 있는 기어 아이콘을 클릭하면 된다.

설치가 완료되면, 다음과 같이 **Installs** 패널에 새 버전이 표시된다.

---

3 하단의 LANGUAGE PACKS (PREVIEW) 섹션에서 **한국어**를 체크하면 유니티의 언어를 한글로 설정할 수 있다. – 옮긴이

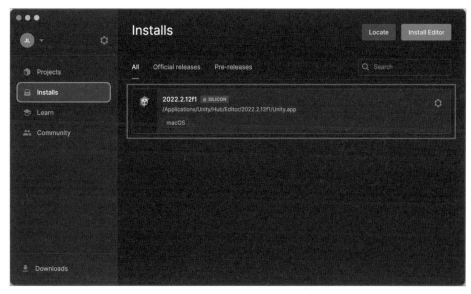

그림 1.9 유니티 버전이 표시된 Installs 탭

NOTE

유니티 허브 애플리케이션의 추가 정보와 리소스는 웹 사이트(https://docs.unity3d.com/hub/manual/index.html)에서 찾을 수 있다.

오류는 언제든 발생할 수 있다. 따라서 오류 발생이 보고된 맥OS 카탈리나^{macOS Catalina} 버전 이상을 사용 중이라면 다음 절을 확인하자.

맥OS 사용

맥OS 카탈리나 버전 이상에서 유니티를 설치할 때, 유니티 허브에 있는 몇 가지 버전은 문제가 발생하는 것으로 알려졌다. 이러한 문제가 발생하면, 유니티 다운로드 아카이브 (https://unity.com/kr/releases/editor/archive)로 가서 필요한 2022 버전을 다운로드한다. 이때 **Unity Hub**가 아닌 **Downloads (Mac)** 또는 **Downloads (Win)** 옵션을 선택해야 한다.

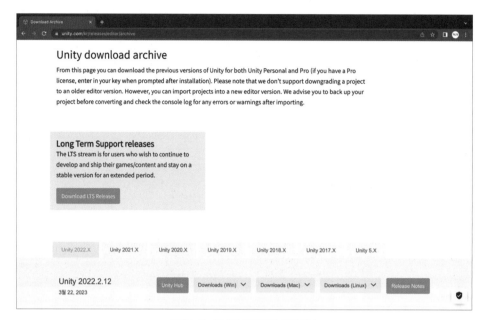

그림 1.10 유니티 다운로드 아카이브

이제 유니티 허브와 유니티 2022를 설치했으니 새 프로젝트를 만들어보자!

새 프로젝트 생성

유니티 허브 애플리케이션을 실행한다. 여기서는 프로젝트 목록과 유니티 버전을 확인하고 학습 리소스 및 커뮤니티 기능을 이용할 수 있다. 다음과 같은 과정을 따라 진행한다.

1. 시작하려면 우측 상단의 **New project**를 클릭한다.

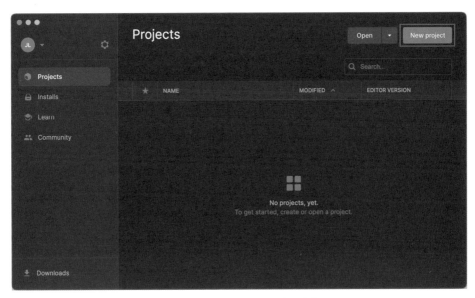

그림 1.11 유니티 허브 프로젝트 패널

2. 상단의 **Editor Version**이 2022인지 확인하고 다음 항목을 설정한다.

- **Templates**: 프로젝트는 기본적으로 3D Core로 설정된다.

- **Project name**: Hero Born으로 지정한다.

- **Location**: 프로젝트를 저장하려는 위치다.

설정을 다 했으면 **Create project**를 클릭한다.

그림 1.12 유니티 허브의 새 프로젝트 설정 팝업

이제 프로젝트가 생성됐으므로, 유니티 인터페이스를 탐색할 준비가 됐다. 프로젝트는
유니티 허브의 **프로젝트** 패널에서 언제든지 다시 열 수 있다.

에디터 탐색

새 프로젝트의 초기화가 완료되면, 멋진 유니티 에디터가 보일 것이다! 그림 1.13에서
중요한 탭(또는 패널)을 표시했다.

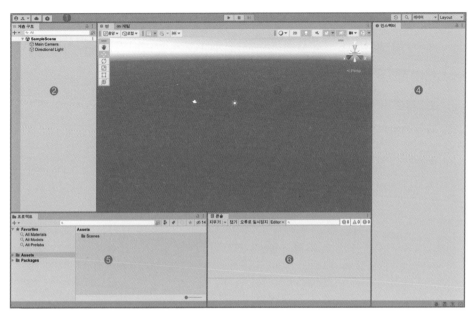

그림 1.13 유니티 인터페이스

이 부분은 설명할 내용이 많으므로 각 패널별로 자세히 살펴본다.

1. **툴바**^{Toolbar} 패널은 유니티 에디터에서 맨 위에 있는 부분이다. 여기에서 유니티 계정에 로그인하고, 서비스를 관리하고, 팀과 협업하고(맨 왼쪽 버튼 그룹), 게임을 재생 및 일시 정지(가운데 버튼)할 수 있다. 맨 오른쪽 버튼 그룹에는 검색 기능, 레이어 마스크, 레이아웃 배치 기능이 있지만, C#을 배우는 중에는 필요가 없으므로 이 책에서는 사용하지 않을 것이다.

2. **계층 구조**^{Hierarchy} 창은 현재 게임 씬^{Scene}에 있는 모든 항목을 표시한다. 시작 프로젝트에서는 메인 카메라^{Main Camera}와 방향광^{Directional Light}만 있지만, 프로토타입 환경을 만들 때는 씬에서 만든 오브젝트로 이 창이 채워지기 시작할 것이다.

3. **게임**과 **씬** 창은 에디터에서 가장 시각적인 부분이다. **씬** 창을 2D와 3D 오브젝트를 이동하고 정렬할 수 있는 스테이지로 생각하자. 재생▶ 버튼을 누르면 **게임** 창이 활성화되며, **씬** 뷰와 프로그래밍된 상호작용을 렌더링한다. 또한 재생 모드일 때도 **씬** 뷰를 사용할 수 있다.

4. **인스펙터**^{Inspector} 창은 씬에서 오브젝트의 속성을 보고 편집할 수 있는 모든 기능을 제공한다. **계층 구조**에서 Main Camera 게임 오브젝트를 선택하면, 액세스할 수 있는 여러 부분(유니티에서는 이를 컴포넌트라고 한다)이 표시된다.

5. **프로젝트**^{Project} 창에는 현재 프로젝트에 있는 모든 에셋^{Asset}[4]이 들어있다. 이를 프로젝트의 폴더와 파일로 생각하자.

6. **콘솔**^{Console} 창은 스크립트에서 출력되는 모든 결과가 표시되는 곳이다. 앞으로 콘솔이나 디버그 출력을 언급할 때는 이 패널이 표시될 것이다.

NOTE

어쩌다 창이 닫혔다면, 상단 메뉴의 **창 > 일반**에서 언제든 다시 열 수 있다. 각 창의 기능을 자세히 알고 싶다면 웹 사이트(https://docs.unity3d.com/Manual/UsingTheEditor.html)의 유니티 문서를 참조하자.

계속 진행하기에 앞서, 비주얼 스튜디오를 작업 중인 프로젝트의 스크립트 에디터로 설정하는 것이 중요하다. 메뉴의 **Unity > 환경 설정 > 외부 툴**에 가서 **외부 스크립트 에디터**가 맥 또는 윈도우용 비주얼 스튜디오로 설정돼 있는지 확인하자.[5]

---

4 게임에 사용되는 리소스를 '에셋'이라고 한다. – 옮긴이
5 윈도우의 경우에는 메뉴의 **편집 > 환경 설정**을 선택한다. – 옮긴이

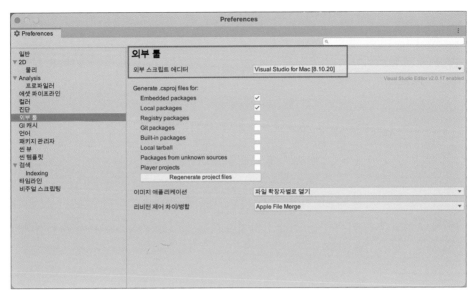

그림 1.14 외부 스크립트 에디터를 비주얼 스튜디오로 변경

마지막 팁으로, 다크 모드와 라이트 모드 간의 전환을 원한다면 메뉴의 **Unity ➤ 환경 설정 ➤ 일반**으로 가서 **에디터 테마**를 변경한다.

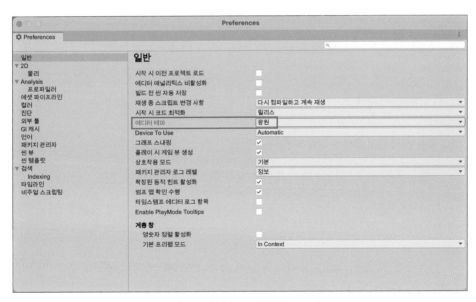

그림 1.15 유니티 일반 환경 설정 패널

유니티를 처음 접하는 사람은 알아둘 사항이 많겠지만, 필요한 설명을 단계적으로 진행할 것이니 안심하자. 또한 독자가 버튼을 클릭할 때도 헷갈리지 않도록 기술할 것이다. 그럼 이제 실제 C# 스크립트를 만들어보자.

⫶ 유니티에서 C# 사용

앞으로 유니티와 C#은 협력 관계라는 점을 기억하자. 유니티는 스크립트를 생성하고 게임 오브젝트를 만드는 엔진이지만, 실제 프로그래밍은 비주얼 스튜디오라는 다른 프로그램에서 이뤄진다. 이 부분은 조만간 자세히 다루므로 현재 잘 모르더라도 걱정하지 말자.

C# 스크립트 작업

아직 기본적인 프로그래밍 개념을 다루지는 않았지만, 유니티에서 실제 C# 스크립트를 만드는 방법을 알면 기본 개념을 확실히 익히게 된다. C# 스크립트는 C# 코드를 작성하는 특별한 종류의 C# 파일이다. 이런 스크립트는 플레이어의 입력에 대응하는 것에서 게임 메카닉Game mechanics6을 생성하는 데 이르기까지 사실상 유니티의 거의 모든 작업에 사용된다.

다음과 같이 에디터에서 C# 스크립트를 만드는 몇 가지 방법이 있다.

- 메뉴에서 **에셋 클릭 ➤ 생성 ➤ C# 스크립트** 선택

- **프로젝트** 탭 바로 아래의 더하기⊕ 아이콘 클릭 ➤ **C# 스크립트** 선택

- **프로젝트** 탭의 Assets 폴더에서 마우스 오른쪽 버튼을 클릭하고 **생성 ➤ C# 스크립트** 선택

- **계층 구조** 창에서 게임 오브젝트를 선택한 후, **인스펙터** 창의 **컴포넌트 추가** 버튼 클

---

6 '메카닉(mechanics)'은 게임의 작동 방식을 정의하는 규칙으로 '역학'이라고도 한다. – 옮긴이

릭 ▶ New Script 선택

앞으로 C# 스크립트를 만들 때는 이 중에서 자신에게 가장 편한 방법을 사용하면 된다.

체계적인 준비를 하고자 다양한 에셋과 스크립트를 특정 폴더 안에 저장할 것이다. 이는 유니티와 관련된 일이라기보다 함께 협업하는 동료를 위해 꼭 필요한 작업이다.

1. **프로젝트** 탭에서 **+** 아이콘을 클릭한 후 **폴더**를 선택하고(또는 자신이 가장 선호하는 방법을 이용한다) 이름을 Scripts로 지정한다.

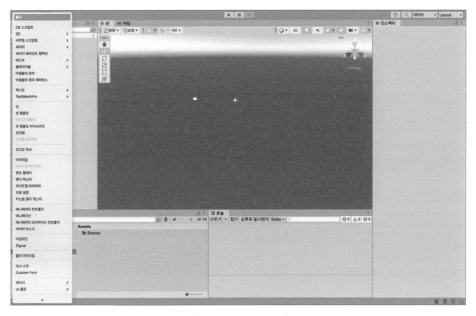

그림 1.16 C# 스크립트 생성

2. Scripts 폴더를 클릭하고 새 C# 스크립트를 생성한다. 스크립트의 기본 이름은 NewBehaviourScript이지만 파일 이름이 하이라이트돼 있으므로, 즉시 이름을 바꿀

수 있다. LearningCurve를 입력하고 **Enter** 키를 누른다.

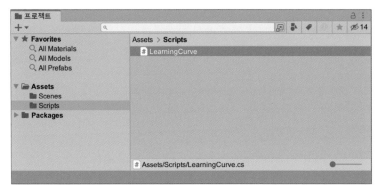

그림 1.17 Scripts 폴더가 선택된 프로젝트 창

앞의 스크린샷과 같이 Scripts라는 하위 폴더를 만들었다. 해당 폴더 안에 Learning Curve.cs(.cs 파일 타입은 C#을 나타냄)라는 C# 스크립트를 만들었으며, 이제 Hero Born 프로젝트 에셋의 일부로 저장됐다. 이제 비주얼 스튜디오에서 열어보는 일만 남았다!

비주얼 스튜디오 소개

유니티는 C# 스크립트를 생성하고 저장하지만, 비주얼 스튜디오를 사용해 편집한다. 비주얼 스튜디오의 복사본은 유니티에서 프리패키지pre-packaged로 제공되며, 에디터 내부에서 C# 스크립트를 더블 클릭하면 자동으로 열린다.

C# 파일 열기

유니티는 파일을 처음 열 때 비주얼 스튜디오와 동기화된다. 이를 실행하는 가장 간단한 방법은 **프로젝트** 탭에서 스크립트를 선택하는 것이다.

LearningCurve.cs를 더블 클릭하면, 비주얼 스튜디오에서 C# 파일이 열린다.

그림 1.18 비주얼 스튜디오에서 LearningCurve C# 스크립트

상단 메뉴의 **보기 > 레이아웃**에서 언제든지 비주얼 스튜디오 탭을 변경할 수 있다. 앞으로 이 책에서는 디자인 레이아웃을 사용해 에디터 좌측에서 프로젝트 파일을 볼 것이다.

인터페이스의 왼쪽에 폴더 구조가 표시되는데, 이는 유니티의 폴더 구조를 미러링한 것이며 다른 폴더들과 마찬가지로 사용할 수 있다. 오른쪽에는 실제 코드 편집기가 있다. 비주얼 스튜디오 애플리케이션에는 훨씬 더 많은 기능이 있지만, 작업을 시작하는 데는 이 정도면 충분하다.

비주얼 스튜디오 인터페이스는 윈도우와 맥에서 서로 다르지만, 이 책 전반에서 사용하는 코드는 양쪽 다 똑같이 잘 작동한다. 따라서 맥 환경을 보여주는 이 책의 모든 스크린샷이 여러분의 컴퓨터 환경과 다르게 보이더라도 걱정할 필요가 없다.

이름 불일치에 대한 주의

프로그래머는 파일 이름을 지정할 때 종종 실수를 하곤 한다. 구체적으로는 파일 이름이 일치하지 않아 생기는 실수로, 그림 1.18에 제시된 비주얼 스튜디오의 C# 파일 중 다섯 번째 줄을 사용해 설명해본다.

```
public class LearningCurve : MonoBehaviour
```

LearningCurve 클래스 이름은 LearningCurve.cs 파일 이름과 동일하다. 이는 필수 조건이다. 아직 클래스가 무엇인지 몰라도 괜찮지만, 유니티에서 파일 이름과 클래스 이름이 같아야 한다는 점은 반드시 기억해야 한다. 유니티 이외에서 C#을 사용하는 경우에는 파일 이름과 클래스 이름이 일치하지 않아도 된다.

유니티에서 C# 스크립트 파일을 생성할 때, **프로젝트** 탭의 파일 이름은 이미 편집 모드에 있으며 이름을 바꿀 수 있다. 그때그때 이름을 바꾸는 것은 좋은 습관이며, 나중에 스크립트의 이름을 변경하면 파일 이름과 클래스 이름이 일치하지 않게 된다.

이후에 파일 이름을 바꾸면 파일 이름은 변경되지만, 다섯 번째 줄은 변경되지 않는다.

```
public class NewBehaviourScript : MonoBehaviour
```

혹 이와 같은 실수를 했더라도 좌절하지는 말자. **프로젝트** 탭에서 스크립트를 마우스 오른쪽 버튼으로 클릭하고 **이름 바꾸기**를 선택하면 된다.

그림 1.19 C# 스크립트 이름 바꾸기

C# 파일 동기화

유니티와 비주얼 스튜디오의 일부는 공생 관계를 유지하고 있으므로 서로 커뮤니케이션을 하며 콘텐츠를 동기화한다. 즉, 한 애플리케이션에서 스크립트 파일을 추가하거나 삭제하거나 변경하면 다른 애플리케이션에서도 자동으로 변경된다.

무엇이든 잘못될 가능성이 있는 것은 반드시 잘못된다는 머피의 법칙처럼, 동기화가 제대로 안 된다면 어떻게 해야 할까? 이런 상황에 빠지면 먼저 심호흡부터 하자. 이어서 문제가 있는 스크립트를 선택하고 마우스 오른쪽 버튼을 클릭한 후 **새로고침**을 선택하면 된다.

그림 1.20 C# 스크립트 새로고침

지금까지는 스크립트 생성의 기초를 익혔다. 이제 유용한 리소스를 찾고 효율적으로 사용하는 방법을 다뤄보자.

∷ 문서 탐색

유니티와 C# 스크립트를 다루는 이번 장에서 마지막으로 살펴볼 주제는 문서documentation다. 이번 주제가 흥미롭진 않지만, 좀 더 일찍 좋은 프로그래밍 습관을 기를 수 있어 새로운 프로그래밍이나 개발 환경에서 도움이 될 것이다.

유니티 문서 이용

본격적으로 스크립트 작성을 시작하면 유니티 문서를 자주 이용하게 되므로, 사용하는 방법을 미리 알아두는 것이 좋다. 레퍼런스 매뉴얼은 컴포넌트나 주제에 대한 개요를 제공하며, 특정 프로그래밍 예제는 스크립팅 레퍼런스Scripting Reference에서 찾을 수 있다.

씬의 모든 게임 오브젝트(계층 구조 창의 항목)에는 위치, 회전, 크기를 제어하는 Transform 컴포넌트가 있다. 간단한 작업을 위해 다음과 같이 레퍼런스 매뉴얼에서 카메라의 Transform 컴포넌트를 찾아보자.

1. **계층 구조** 탭에서 Main Camera 게임 오브젝트를 선택한다.

2. **인스펙터** 탭으로 이동해 Transform 컴포넌트의 오른쪽 상단에 있는 정보 아이콘(물음표)을 클릭한다.

그림 1.21 인스펙터에서 선택된 Main Camera 게임 오브젝트

레퍼런스 매뉴얼의 **Transforms** 페이지에서 웹 브라우저가 열린 것을 볼 수 있다.

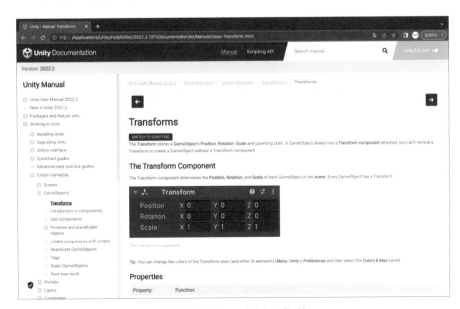

그림 1.22 유니티 레퍼런스 매뉴얼

유니티의 모든 컴포넌트에는 이 기능이 있으므로, 작동 방법을 더 알고 싶다면 무엇을 해야 하는지 알 수 있다.

우선, 레퍼런스 매뉴얼은 열었다. 그런데 Transform 컴포넌트와 관련된 구체적인 코딩 예제를 보려면 어떻게 해야 할까? 방법은 매우 간단하다. 스크립팅 레퍼런스를 참조하면 된다.

클래스 또는 컴포넌트 이름(이 경우 Transform) 아래에 있는 **SWITCH TO SCRIPTING** 링크를 클릭한다.

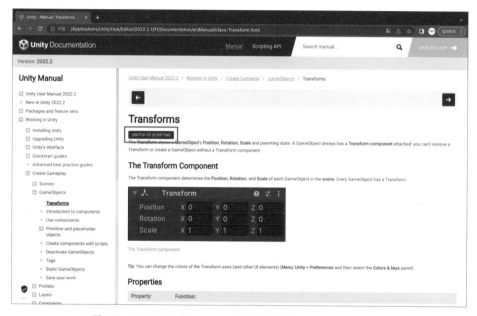

그림 1.23 SWITCH TO SCRIPTING 버튼이 활성화된 유니티 레퍼런스 매뉴얼

이렇게 하면, 레퍼런스 매뉴얼이 자동으로 스크립팅 레퍼런스로 전환된다.

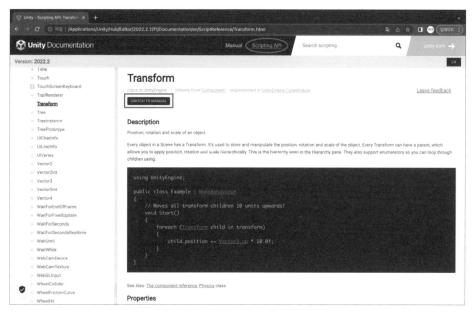

그림 1.24 SWITCH TO MANUAL이 활성화된 유니티 스크립팅 문서

보다시피 코딩 도움말뿐만 아니라 필요할 때 레퍼런스 매뉴얼로 다시 전환하는 옵션도 있다.

> **NOTE**
>
> 스크립팅 레퍼런스는 방대한 문서다. 하지만 스크립트를 작성하기 위해 이 레퍼런스를 반드시 숙지해 야 하는 건 아니며, 이름에서 알 수 있듯이 단지 참고 사항일 뿐이다.

문서에서 무엇을 찾아야 할지, 어디를 봐야 할지 모르겠다면 다음과 같은 여러 유니티 개발 커뮤니티 내에서 해결책을 찾을 수도 있다.

- **유니티 포럼**Unity Forum: https://forum.unity.com/

- **유니티 앤서즈**Unity Answers: https://answers.unity.com/index.html

- **유니티 디스코드**Unity Discord: https://discord.com/invite/unity

한편 C# 질문 리소스를 어디서 찾는지도 궁금할 것이다. 이는 다음 절에서 다룬다.

C# 리소스 찾기

유니티 리소스를 다뤘으니, 이제 마이크로소프트의 C# 리소스 중 일부를 살펴보자. 우선, 마이크로소프트 런^{Microsoft Learn}의 문서<small>(https://learn.microsoft.com/ko-kr/dotnet/csharp)</small>에는 훌륭한 튜토리얼, 퀵스타트 가이드, 사용 설명서가 있다. 또 다른 마이크로소프트 런 문서<small>(https://learn.microsoft.com/ko-kr/dotnet/csharp/programming-guide)</small>에서도 양질의 개별 C# 주제 목록을 찾을 수 있다.

그러나 특정 C# 언어 기능의 자세한 정보를 알고 싶다면, 레퍼런스 가이드를 참고하면 된다. 이 가이드가 C# 프로그래머에게 유용하긴 하지만, 자료를 검색하기 쉽지 않으므로 가이드를 탐색하는 방법을 여기서 잠시 살펴본다.

프로그래밍 가이드 링크를 로드하고 C# String 클래스를 찾아보자. 그리고 다음 중 하나를 수행한다.

- 웹 페이지의 오른쪽 상단 모서리에 있는 검색 창에 String을 입력한다.

- **언어 섹션**까지 스크롤을 내려 문자열 링크를 직접 클릭한다.

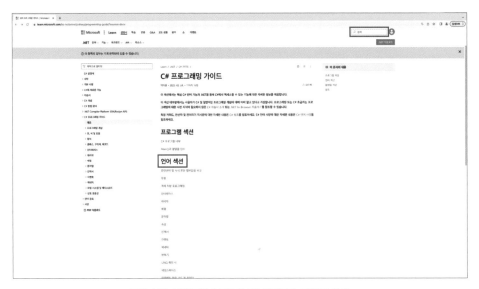

그림 1.25 마이크로소프트의 C# 레퍼런스 가이드 탐색

클래스 설명 페이지에는 다음과 같은 내용이 표시된다.

그림 1.26 마이크로소프트의 문자열(C# 프로그래밍 가이드) 페이지

유니티 문서와 달리 C# 레퍼런스 및 스크립팅 정보는 모두 하나로 묶여 있지만, 다음과 같이 오른쪽에 하위 주제 목록이 나열돼 있으니 잘 활용해보자. 작업 중 막히는 부분이 있거나 궁금한 점이 있을 때 도움받을 곳을 아는 것은 매우 중요하다. 앞으로 난관에 부딪힐 때마다 이 절을 다시 살펴본다면 도움이 될 것이다.

요약

이 장에서 꽤 많은 정보를 다루다 보니 하루 빨리 코드를 작성해보고 싶을지도 모르겠다. 하지만 앞으로 흥미로운 주제를 다루다 보면, 새 프로젝트를 시작하고 폴더와 스크립트를 만들고 문서를 이용하는 기본적인 주제는 잊기 쉽다. 이 장은 앞으로 배울 내용에 필요한 리소스가 많이 담겨 있다. 그러므로 필요할 때마다 언제든 참고하자. 이러한 습관은 프로그래머처럼 사고하는 '힘[이론바 코딩 근력]'을 길러줄 것이며, 그와 같이 사고하는 힘은 쓰면 쓸수록 더 강해질 것이다.

다음 장에서는 코딩 사고력을 기르는 데 필요한 이론, 어휘와 주요 개념을 소개한다. 개념적인 내용이긴 하지만, LearningCurve 스크립트 첫 줄에 코드를 작성해보는 흥미로운 시간이 될 것이다.

⫶ 내용 점검: 스크립트 다루기

1. 유니티와 비주얼 스튜디오는 어떤 관계를 맺고 있는가?

2. 스크립팅 레퍼런스는 특정 유니티 컴포넌트나 기능을 사용하는 관련 예제 코드를 제공한다. 유니티 컴포넌트에 대한 (코드와 관련 없는) 더 자세한 정보는 어디에서 찾을 수 있는가?

3. 스크립팅 레퍼런스는 방대한 문서다. 스크립트를 작성하기 전에 얼마나 많이 외워야 하는가?

4. 언제 C# 스크립트의 이름을 지정하는 것이 가장 좋은가?

02

프로그래밍의 구성 요소

초보자들은 프로그래밍 언어를 처음 시작할 때 마치 고대 그리스어를 마주한 느낌을 받는다. C#도 예외는 아니다. 그러나 다행히도 모든 프로그래밍 언어의 근간에는 신기한 공통점이 있다. 그것은 모든 언어가 동일한 구성 요소로 이뤄져 있다는 점이다. 기본적으로 프로그래밍의 DNA는 변수, 메서드, 클래스(또는 객체)로 구성된다. 이렇게 단순한 개념으로 접근하면 다양하고 복잡한 애플리케이션의 세계를 이해하기 쉽다. 우리 인간의 경우도 각각의 독특한 유기체로 존재하지만, 결국 모든 인간은 단 네 종류의 DNA 핵 염기로 구성될 뿐이다.

이제 막 프로그래밍을 접하는 경우라면, 이번 장에서 많은 정보를 얻어 직접 코드의 첫 줄을 작성할 수 있다. 우선, 자세한 정보나 수치에 너무 큰 부담을 갖지는 말고 일상생활을 예로 들어 프로그래밍의 구성 요소를 전체적으로 살펴보자.

이 장은 거시적 관점으로 프로그램을 구성하는 다양한 요소를 다룬다. 프로그램이 돌아가는 방식을 미리 숙지하면 레퍼런스를 활용해 다루고자 하는 주제를 효과적으로 이해하고 코딩을 좀 더 수월하게 할 수 있다. 그럼 이쯤에서, 이번 장에서 다룰 주제를 살펴보자.

- 변수의 정의

- 메서드의 이해

- 클래스 소개

- 주석 작업

- 구성 요소 넣기

변수의 정의

간단한 질문으로 시작해보자. 변수란 무엇인가? 관점에 따른 몇 가지 답을 살펴보자.

- 개념적으로 변수는 물질계의 원자처럼 프로그래밍의 가장 기본적인 단위다(문자열 이론 제외). 모든 것은 변수에서 시작하며, 변수 없이는 프로그램이 존재할 수 없다.

- 기술적으로 변수는 할당된 값을 보유하는 컴퓨터 메모리의 작은 부분이다. 모든 변수는 정보가 저장된 위치(메모리 주소라고 함), 값, 타입(예: 인스턴스, 숫자, 단어, 리스트 등)을 추적한다.

- 실제로 변수는 컨테이너다. 마음대로 변수를 새로 만들고, 채우고, 이동하고, 값을 변경하고, 필요에 따라 참조할 수 있다. 심지어 변수는 비어 있어도 여전히 유용하다.

> **NOTE**
>
> 마이크로소프트 런의 C# 문서(https://learn.microsoft.com/ko-kr/dotnet/csharp/language-reference/language-specification/variables)에서 변수에 대한 자세한 설명을 확인할 수 있다.

실생활에서 예를 들어 비유하자면, 변수는 우편함에 해당한다.

그림 2.1 일렬로 늘어선 다양한 색의 우편함

우편함은 편지, 고지서, 사진 등 무엇이든 수납할 수 있다. 여기서 핵심은 우편함 안에 다양한 것을 담을 수 있다는 점이다. 이름이 있고, 정보(실제 우편)도 담고, 보안 승인만 있다면 내용 변경까지도 가능하다. 이와 비슷하게, 변수도 다양한 정보를 담을 수 있다. C#에서 변수는 문자열(텍스트), 정수(숫자) 심지어 부울(true 또는 false를 나타내는 이진 값)을 포함할 수 있다.

이름의 중요성

그림 2.1의 사진에서 우편함을 열어달라는 요청을 받는다면, 아마 '이 중에서 어느 우편함이요?'란 질문을 하게 될 것이다. 그러면 '스미스 씨네 우편함이요', '해바라기 우편함이요', 또는 '맨 오른쪽에 있는 삐딱한 우편함이요'와 같은 답변을 듣고 해당 우편함을 열 것이다. 마찬가지로, 변수를 만들 때는 나중에 참조할 고유한 이름을 지정해야 한다. 3장, '변수, 타입 및 메서드 살펴보기'에서 올바른 서식과 이름 지정 방법을 다룰 것이다.

플레이스홀더의 역할을 하는 변수

변수를 생성하고 이름을 지정할 때, 저장하려는 값의 플레이스홀더(placeholder)를 만든다. 다음과 같은 간단한 수학 방정식을 예로 들어보자.

```
2 + 9 = 11
```

여기까지는 별 어려움이 없지만, 숫자 9를 변수로 바꾸려면 어떻게 해야 할까? 다음 코드 블록을 보자.

```
MyVariable = 9
```

이제 9 대신에 MyVariable이란 변수를 어디든 필요한 곳에 사용할 수 있다.

```
2 + MyVariable = 11
```

NOTE

변수에 다른 규칙이나 규정이 있는지 궁금하다면, 다음 장에서 다룰 예정이니 조금만 기다리자.

이 예제를 살펴보면, 실제 C# 코드는 아니지만 변수가 어떤 역할을 하는지뿐만 아니라 어떻게 변수가 플레이스홀더로 쓰이는지도 알 수 있다. 다음 장에서는 변수를 직접 만들 것이니 계속 따라가보자.

이론은 충분히 살펴봤으니 이제 1장, '개발 환경 이해'에서 만든 LearningCurve 스크립트에 실제 변수를 만들어보자.

1. 유니티 프로젝트 창에서 LearningCurve.cs를 더블 클릭해 비주얼 스튜디오로 해당 파일을 연다.

2. 6행과 7행 사이에 공백을 추가하고 다음의 코드를 추가해 새로운 필드[1]를 선언한다.

   ```
   public int CurrentAge = 30;
   ```

---

1 클래스 또는 구조체에서 직접 선언하는 변수를 필드라고 한다. - 옮긴이

3. Start 메서드 내부에 2개의 디버그 로그를 추가해 다음과 같은 계산을 출력한다.

```
Debug.Log(30 + 1);
Debug.Log(CurrentAge + 1);
```

추가한 코드를 분석해보자. 우선, CurrentAge라는 새로운 필드를 만들고 값을 30으로 할당했다. 그다음에는 2개의 디버그 로그를 추가해서 30 + 1과 CurrentAge + 1의 결과를 출력했고, 변수가 어떻게 값을 저장하는지 알 수 있었다. 즉, 변수는 값 자체와 동일한 방식으로 사용되는 것이다.

유니티 인스펙터에 public 필드는 표시되지만, private 필드는 표시되지 않는 점을 유의하자. 또한 지금 당장 문법은 걱정하지 않아도 된다. 자신의 스크립트가 다음 스크린샷과 같은지만 확인하자.

```
LearningCurve.cs

선택 항목 없음
1       using System.Collections;
2       using System.Collections.Generic;
3       using UnityEngine;
4
5       public class LearningCurve : MonoBehaviour
6       {
7           public int CurrentAge = 30;
8
9           // Start is called before the first frame update
10          void Start()
11          {
12              Debug.Log(30 + 1);
13              Debug.Log(CurrentAge + 1);
14          }
15      }
16
```

그림 2.2 비주얼 스튜디오에 열려 있는 LearningCurve 스크립트

메뉴의 **파일 ＞ 저장**을 클릭해 파일을 저장한다.

유니티에서 스크립트를 실행하려면, 스크립트를 씬의 게임 오브젝트^{GameObject}에 연결해야 한다. HeroBorn의 샘플 씬에는 기본적으로 카메라와 방향광이 있어 씬에 조명을 제공한다. 다음과 같이 LearningCurve를 카메라에 간단히 연결해보자.

1. LearningCurve.cs를 Main Camera에 드래그 앤 드롭한다.

2. Main Camera를 선택해 **인스펙터** 패널이 표시되도록 하고, LearningCurve.cs(스크립트) 컴포넌트가 제대로 연결됐는지 확인한다.

3. 재생 버튼을 클릭하고 **콘솔** 패널에서 출력을 확인한다.

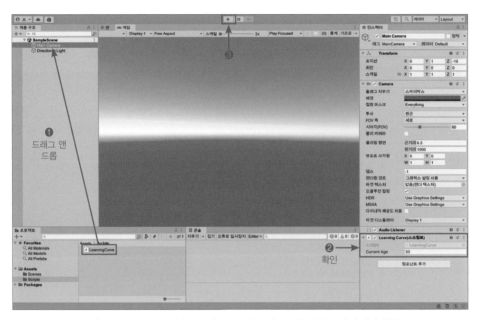

그림 2.3 스크립트를 게임 오브젝트로 드래그 앤 드롭할 때의 유니티 에디터 창

Debug.Log()문은 소괄호 사이에 넣은 간단한 수학 방정식의 결과를 출력한다. 다음 **콘솔** 스크린샷을 보면, 필드 CurrentAge를 사용한 방정식은 실제 숫자와 똑같이 작동한다.

그림 2.4 연결된 스크립트의 디버그가 출력된 유니티 콘솔

이 장의 후반부에서는 유니티가 어떻게 C# 스크립트를 컴포넌트로 변환하는지 다룰 것

이다. 여기서는 우선 필드의 값을 변경해보자.

CurrentAge는 그림 2.2와 같이 7행에서 필드로 선언됐으므로, 저장된 값을 변경할 수 있다. 그러면 코드에서 필드가 사용되는 곳에 업데이트된 값이 반영된다. 그럼 바로 확인해보자.

1. 씬이 아직 실행 중인 경우 일시 정지 버튼을 클릭해 게임을 중지한다.

2. **인스펙터** 패널에서 CurrentAge를 18로 변경하고, 씬을 다시 재생해 **콘솔** 패널에서 새로운 출력을 확인한다.

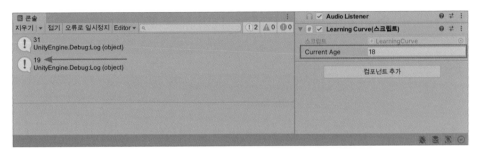

그림 2.5 디버그 로그가 있는 유니티 콘솔과 Main Camera에 연결된 LearningCurve 스크립트

첫 번째 출력은 스크립트에서 변경한 것이 없으므로 여전히 31이지만, 두 번째 출력은 **인스펙터**에서 CurrentAge 값을 변경했기 때문에 이제 19가 된다.

NOTE

> 지금까지 배운 내용의 목표는 변수의 문법을 검토하는 것이 아니라, 변수가 어떻게 생성되고 다른 곳에 참조되는 컨테이너 역할을 수행하는지 파악하는 것이다. 이에 관한 더 자세한 사항은 3장, '변수, 타입 및 메서드 살펴보기'에서 다룬다.

이제 C#에서 어떻게 변수를 만들고 값을 할당하는지 알았다. 이번에는 프로그래밍에서 또 하나의 중요한 요소인 메서드를 살펴보자.

⁛ 메서드의 이해

변수 자체로는 할당된 값 이상을 추적할 수 없다. 변수가 중요하긴 하지만, 그 자체만으로 의미 있는 애플리케이션을 만들기에는 부족하다. 그렇다면, 코드를 실행하고 작동시키는 방법은 무엇일까? 바로 메서드를 사용하는 것이다.

메서드가 무엇이고 어떻게 사용하는지 알아보기 전에 우선 사소한 용어부터 명확히 짚고 넘어가야 한다. 프로그래밍의 세계에서, 특히 유니티에서는 메서드와 함수라는 용어를 혼용해 사용하기도 한다.

하지만 C#은 객체지향 언어다(이는 5장, '클래스, 구조체 및 OOP 작업'에서 다룬다). 따라서 이 책에서는 표준 C# 가이드라인에 따라 메서드라는 용어를 사용할 것이다.

> NOTE
>
> 스크립팅 레퍼런스나 기타 문서에서 '함수'라는 단어를 보면 메서드라 생각하자.

코드를 실행시키는 메서드

메서드의 정의를 너무 간단하게 혹은 너무 장황하게 느낄 수도 있으므로 다음 세 가지 기준을 갖고 접근해볼 것이다.

- 개념적으로, 애플리케이션에서 작업을 수행하는 방법을 메서드라 한다.

- 기술적으로, 메서드의 이름이 호출되면 실행 가능한 구문이 작동하는데, 이 구문이 포함된 코드 블록을 메서드라 한다. 메서드는 메서드 범위 내부에서 사용할 수 있는 인수(매개변수라고도 한다)를 받을 수 있다.

- 실제로, 메서드는 작동할 때마다 실행되는 명령 집합의 컨테이너다. 또한 이러한 컨테이너는 변수를 입력받을 수 있으며, 메서드 자체 안에서만 참조된다.

정리하자면, 메서드는 모든 프로그램의 뼈대와도 같아서 무엇이든 연결할 뿐만 아니라 거의 모든 것이 메서드 구조로 만들어진다.

NOTE

마이크로소프트 런의 C# 문서(https://learn.microsoft.com/ko-kr/dotnet/csharp/programming-guide
/classes-and-structs/methods)에서 메서드에 대한 자세한 설명을 확인할 수 있다.

메서드도 플레이스홀더다

개념을 이해하기 쉽게 2개의 숫자를 더하는 매우 간단한 예제를 살펴보자. 스크립트를
작성할 때는 기본적으로 컴퓨터가 실행할 순서에 맞춰 코드를 작성하게 된다. 먼저 두
숫자를 더하고자 한다면, 다음의 코드 블록과 같이 더하면 된다.

```
someNumber + anotherNumber
```

그런데 이번에는 다른 곳에서 이 두 숫자를 더하기로 결정했다.

같은 코드를 복사해서 붙여넣기를 하면, 조잡해지거나 '스파게티' 코드를 만들 수 있기
때문에 어떻게든 피하는 것이 좋다. 그 대신에 이러한 작업을 처리할 명명된 메서드
named method를 다음과 같이 만들 수 있다.

```
AddNumbers()
{
    someNumber + anotherNumber
}
```

이제 AddNumbers는 변수처럼 메모리에서 공간을 차지하지만, 값 대신에 명령 블록을 담
고 있다. 스크립트의 어느 곳에서나 메서드 이름을 사용(이를 '호출'이라고 한다)하면, 코드를 반
복하지 않고도 저장된 명령을 간편하게 사용할 수 있다.

```
AddNumbers()
```

동일한 코드를 반복해서 작성하고 있다면, 일반 메서드로 단순화하거나 압축할 수 있는 방법을 묵히는 셈이다.

이런 코드는 지저분해 보이므로 프로그래머들은 농담 삼아 스파게티 코드라 부른다. 프로그래머들 사이에서는 중복 배제(DRY, Don't Repeat Yourself)가 원칙이자 진리(Mantra)임을 명심하자.

이전처럼 의사코드^{Pseudocode}에서 새로운 개념을 본 후에는 직접 구현해보는 것이 가장 좋으며, 이해를 돕고자 클래스를 소개하는 절에서 이와 관련된 내용을 다시 다룰 것이다.

LearningCurve를 다시 열고 C#에서 메서드가 어떻게 작동하는지 살펴보자. 변수 예제와 마찬가지로, 다음 스크린샷에서 보이는 대로 정확하게 코드를 스크립트에 작성한다. 여기서는 보기 편하게 이전의 예제 코드를 삭제했지만, 스크립트에 두고 참조할 수도 있다.

1. 비주얼 스튜디오에서 LearningCurve를 연다.

2. 8행에 새로운 필드를 추가한다.

3. 16행에 CurrentAge와 AddedAge를 더해 결과를 출력하는 새로운 메서드를 추가한다.

```
void ComputeAge()
{
  Debug.Log(CurrentAge + AddedAge);
}
```

4. Start 내부에서 다음과 같이 ComputeAge 메서드를 호출한다.

```
void Start()
{
  ComputeAge();
}
```

유니티에서 스크립트를 실행하기 전에 작성한 코드가 다음의 스크린샷과 같은지 재차 확인한다.

```
  <  >   LearningCurve.cs              ×

선택 항목 없음

    1       using System.Collections;
    2       using System.Collections.Generic;
    3       using UnityEngine;
    4
    5       public class LearningCurve : MonoBehaviour
    6       {
    7           public int CurrentAge = 30;
    8           public int AddedAge = 1;
    9
   10           // Start is called before the first frame update
   11           void Start()
   12           {
   13               ComputeAge();        ◄──── 메서드 호출
   14           }
   15
   16           void ComputeAge()
   17           {
   18               Debug.Log(CurrentAge + AddedAge);    ◄──── 메서드
   19           }
   20
```

그림 2.6 새로운 ComputeAge 메서드를 사용한 LearningCurve

5. 파일을 저장한 다음, 유니티로 돌아가서 재생 버튼을 클릭하고 **콘솔**에 출력된 결과를 확인한다.

16~19행에서 ComputeAge라는 메서드를 정의했고, 그 메서드를 13행에서 호출했다. 이제 ComputeAge가 호출될 때마다 두 필드가 더해져 콘솔에 출력되며, 값이 변경되더라도 잘 반영된다. 유니티 인스펙터에서 CurrentAge를 18로 설정하면, 인스펙터 값이 C# 스크립트의 값을 항상 재정의한다.

그림 2.7 인스펙터에서 변경된 필드 값의 콘솔 출력

인스펙터 패널에서 필드에 다른 값을 대입해보고 정상 작동하는지 확인하자. 방금 작성했던 코드의 문법은 다음 장에서 자세히 설명할 것이다.

지금까지 메서드를 전반적으로 살펴봤고, 이번에는 프로그래밍 환경에서 가장 큰 주제인 클래스를 다룰 차례다.

⁝⁝ 클래스 소개

변수가 정보를 저장하는 방법과 메서드가 작업을 수행하는 방법을 앞서 살펴봤지만, 프로그래밍을 하기에는 여전히 한계가 따른다. 컨테이너 자체에서 참조가 가능한 변수와 메서드가 있는 일종의 슈퍼 컨테이너를 만들 방법이 필요하다. 그럼 이제 클래스를 살펴보자.

- 개념적으로, 클래스는 단일 컨테이너 안에 관련 정보, 작업, 동작을 담고 있다. 심지어 이들은 서로 통신도 할 수 있다.

- 기술적으로 클래스는 데이터 구조다. 클래스는 필드, 메서드와 기타 프로그래밍 정보를 포함할 수 있으며, 클래스의 객체가 생성되면 모두 참조할 수 있다.

- 실제로, 클래스는 청사진과 같다. 생성된 모든 객체('인스턴스^{instance}'라고 한다)에 대한 규칙과 규정은 클래스 청사진을 사용해 설정한다.

이제, 클래스가 유니티뿐만 아니라 실제 세계에서도 우리를 둘러싸고 있음을 느꼈을 것이다. 이어서 가장 일반적인 유니티 클래스와 실제 클래스의 작동 방법을 살펴본다.

> **NOTE**
>
> 마이크로소프트 런의 C# 문서(https://learn.microsoft.com/ko-kr/dotnet/csharp/fundamentals/types/classes)에서 클래스에 대한 자세한 설명을 확인할 수 있다.

일반적인 유니티 클래스

C#에서 클래스가 어떻게 생겼는지 궁금하다면, 우선 이 장 전체를 클래스로 작업했다는 사실부터 기억하자. 기본적으로 유니티에서 생성된 모든 스크립트는 클래스이며, 다음

과 같이 class 키워드에서 확인할 수 있다.

```csharp
public class LearningCurve : MonoBehaviour
{

}
```

MonoBehaviour는 이 클래스가 유니티 씬의 게임 오브젝트에 연결될 수 있다는 것을 의미한다.

C#에서 클래스는 자체적으로 존재할 수 있으며, 5장, '클래스, 구조체 및 OOP 작업'에서 독립형 클래스를 생성할 때 살펴본다.

NOTE

유니티 리소스에서는 '스크립트'와 '클래스'라는 용어를 가끔 호환해서 사용한다. 여기서는 혼선을 줄이고자 C# 파일이 게임 오브젝트에 연결돼 있으면 스크립트로, 독립적으로 존재하면 클래스로 언급하겠다.

클래스는 청사진

마지막 예로 동네 우체국을 생각해보자. 우체국은 물리적 주소(변수) 같은 속성을 시녔으며 메일 전송(메서드)이란 실행 기능까지 갖춘 독립적인 보관소다.

우체국은 잠재적 클래스의 좋은 예가 되며, 이 클래스는 다음과 같이 의사코드 블록으로 나타낼 수 있다.

```
PostOffice
{
  // 필드
  public string address = "1234 Letter Opener Dr."

  // 메서드
  DeliverMail()
  SendMail()
}
```

여기서 중요한 점은 정보와 행동이 미리 정의된 청사진을 따를 때, 복잡한 작업과 클래스 간의 통신이 가능하다는 것이다. 예를 들어 PostOffice 클래스로 편지를 보내고 싶은 다른 클래스가 있다면, 어디서 이 작업을 실행할지 고민하지 않아도 된다. 다음과 같이 PostOffice 클래스에서 SendMail 메서드를 간단하게 호출하면 된다.

```
PostOffice().SendMail()
```

또한 주소를 검색할 때도 사용할 수 있으므로 편지를 발송할 위치를 알 수 있다.

```
PostOffice().address
```

단어 사이에 있는 마침표(점 표기법이라고 한다)를 사용하는 방법은 다음 절에서 자세히 살펴본다.

클래스 간 통신

지금까지 클래스와 유니티 컴포넌트를 별도의 독립적 개체로 설명했다. 그러나 실제로 이 둘은 서로 밀접한 관련이 있다. 클래스 간의 상호작용이나 통신이 없이, 무언가 의미 있는 소프트웨어 애플리케이션을 만들기란 어려울 것이다.

앞서 다룬 우체국의 예를 떠올려보면, 예제 코드에서 마침표(또는 점)를 사용해 클래스, 필드, 메서드를 참조했다. 클래스를 정보 디렉터리라고 생각하면, 점 표기법은 색인 도구다.

```
PostOffice().address
```

클래스 내의 모든 필드, 메서드 또는 기타 데이터 타입[2]은 점 표기법으로 액세스할 수 있다. 이는 중첩 또는 하위 클래스 정보에도 적용되지만, 5장, '클래스, 구조체 및 OOP 작업'에서 이러한 주제를 모두 다룰 것이다.

점 표기법은 또한 클래스 간의 통신을 주도한다. 클래스에서 다른 클래스의 정보가 필

---

2 데이터 타입은 자료형이라고도 한다. – 옮긴이

요하거나 해당 메서드 중 하나를 실행하려고 할 때마다 다음과 같이 점 표기법이 사용된다.

```
PostOffice().DeliverMail()
```

점 표기법은 점(.) 연산자라고도 한다. 따라서 문서에서 점 연산자로 언급돼도 당황하지 말자.

점 표기법이 아직 익숙하지 않더라도 걱정하지 말자. 점 표기법은 필요한 곳마다 정보와 컨텍스트를 전달해 전체 프로그래밍에서 마치 '혈류'와 같은 역할을 하는 만큼, 앞으로 자주 접하며 익숙해질 것이다.

이제 클래스는 어느 정도 파악했다. 이번에는 프로그래밍에서 가장 자주 사용하는 도구인 주석을 다뤄볼 차례다.

주석 작업

스크립트에 자동으로 생성된 2개의 슬래시 //로 시작하는 특이한 텍스트(그림 2.6의 10행)를 LearningCurve에서 본 적이 있을 것이다.

이것이 바로 코드 주석이다. C#에는 주석을 작성할 수 있는 몇 가지 방법이 있으며, 비주얼 스튜디오(그리고 기타 코드 애플리케이션)에서는 기본 단축키로 더 쉽게 주석을 만들 수 있다.

일부 전문가는 주석이 프로그래밍의 필수 구성 요소가 아니라고 하지만, 나는 그렇게 생각하지 않는다. 코드에 의미 있는 정보를 담아 적절하게 주석을 다는 것은 초보 프로그래머가 길러야 할 기본적인 습관 중 하나다.

한 줄 주석

다음의 한 줄 주석은 LearningCurve에 있는 주석과 동일하다.

```
// 이것은 한 줄 주석이다
```

비주얼 스튜디오에서는 2개의 슬래시(공백 없이)로 시작하는 줄을 코드로 컴파일하지 않는다. 따라서 주석을 사용해 코드를 설명해두면 다른 사람뿐만 아니라 코드를 직접 작성했던 사람도 훗날 참고할 수 있다.

여러 줄 주석

이름에서 알 수 있듯이, 한 줄 주석은 한 줄의 코드에만 적용된다고 생각하면 된다. 반면 여러 줄의 주석을 사용하고 싶다면, 다음과 같이 주석 텍스트 주위에 슬래시와 별표(/*와 */를 열고 닫는 문자로 사용)를 사용하면 된다.

```
/* 이것은
   여러 줄 주석이다 */
```

NOTE

코드 블록을 하이라이트 처리한 다음 단축키를 사용해 주석을 달거나 제거할 수도 있다. 단축키는 맥 OS에서는 **command + /**, 윈도우에서는 **Ctrl + K + C**이다.

비주얼 스튜디오는 주석을 자동으로 생성해주는 편리한 기능도 있다. 코드(빌드, 메서드, 클래스 등)가 있는 행의 윗 줄에 3개의 슬래시를 입력하면 summary 주석 블록[3]이 나타난다.

주석 처리 방법을 익히려면, 책 속 예제로 보는 것보다 코드에 직접 작성해보는 것이 더 효과적이다. 주석을 다는 습관은 빨리 들일수록 좋다.

주석 추가

LearningCurve를 열고 ComputeAge() 메서드 위에 3개의 슬래시를 추가한다.

---

3 간단히 'summary 주석'이라 표현했지만, 정확하게는 'summary 태그를 사용한 XML 문서 주석'이라고 한다. – 옮긴이

```
22          /// <summary>
23          /// 주석 추가: CurrentAge와 AddedAge의 합을 출력한다.
24          /// </summary>
25          void ComputeAge()
26          {
27              Debug.Log(CurrentAge + AddedAge);
28          }
29      }
30
```

그림 2.8 메서드 위에 자동으로 생성된 세 줄 주석

메서드 이름 바로 위에는 비주얼 스튜디오가 만든 <summary> 태그 2개와 태그 사이의 메서드 설명 1개, 이렇게 총 세 줄의 주석을 확인할 수 있다. 물론 텍스트 문서를 작업하는 것처럼, 텍스트를 변경하거나 **Enter** 키를 눌러 새로운 행을 추가할 수도 있다. 단, <summary> 태그는 건드리면 안 된다. 태그를 건드리면 비주얼 스튜디오가 주석을 제대로 인식할 수 없기 때문이다.

이렇게 상세히 주석을 남겨두면, 작성했던 메서드를 다시 살펴볼 때 매우 유용하다. 3개의 슬래시 주석을 사용했다면, 클래스나 스크립트 안에서 호출된 메서드 이름 위에 마우스 커서를 가져가보자. 그러면, 비주얼 스튜디오가 summary 주석에 기재한 설명을 표시한다.

```
10          // Start is called before the first frame update
11          void Start()
12          {
13              ComputeAge();
14          }
15
16          // Update is
17          void Update()
18          {
```

Ⓜ void LearningCurve.ComputeAge()
주석 추가: CurrentAge와 AddedAge의 합을 출력한다.

그림 2.9 summary 주석을 보여주는 팝업 상자

이제 프로그래밍에 필요한 기본 도구는 갖춘 셈이다. 앞으로는 이번 장에서 배운 내용을 유니티 게임 엔진에 적용하는 과제가 남았다. 이는 다음 절에서 자세히 다룬다.

⁝⁝ 구성 요소 넣기

구성 요소까지 다뤘으므로, 이 장을 마무리하기 전에 유니티에 특화된 관리 작업을 다뤄보자. 특히 유니티가 게임 오브젝트에 연결된 C# 스크립트를 어떻게 처리하는지 알아야 한다.

이 예제에서는 LearningCurve 스크립트와 Main Camera 게임 오브젝트를 계속 사용할 것이다.

컴포넌트가 되는 스크립트

기본적으로 모든 게임 오브젝트 컴포넌트는 스크립트다. 유일한 차이점은 Transform 및 해당 스크립트와 같은 유니티용 컴포넌트는 사용자가 편집할 수 없다는 것이다.

생성한 스크립트를 게임 오브젝트에 드롭해보자. 그러면 스크립트가 바로 해당 오브젝트의 또 다른 컴포넌트가 되므로 **인스펙터** 패널에 표시된다. 유니티에서 스크립트는 다른 컴포넌트처럼 걷고, 말하고, 동작하며, 컴포넌트 내부에는 언제든 변경 가능한 **public** 필드가 있다. 유니티에서 제공하는 컴포넌트는 편집이 안 되지만, 해당 프로퍼티 property4와 메서드에 액세스가 가능하므로 여전히 강력한 개발 도구다.

> **NOTE**
>
> 유니티에서는 스크립트가 컴포넌트로 바뀔 때 자동으로 가독성을 조정한다. 그림 2.3과 2.5에서 Main Camera에 LearningCurve를 추가했을 때는 유니티에서 Learning Curve로 표시하고, CurrentAge를 Current Age로 변경한 것을 알 수 있다.

앞서 다뤘던 '플레이스홀더의 역할을 하는 변수' 절에서는 **인스펙터** 패널에서 필드를 어떻게 업데이트하는지 살펴봤다. 그러나 이것이 어떻게 작동하는지부터 자세히 확인해봐야 한다. 우선, 다음과 같이 프로퍼티 값을 수정할 수 있는 세 가지 상황을 살펴보자.

* 유니티 에디터 창의 재생 모드

---

4   프로퍼티는 속성이라고도 한다. - 옮긴이

- 유니티 에디터 창의 개발 모드

- 비주얼 스튜디오의 코드 편집기

재생 모드에서 변경한 사항은 실시간으로 즉시 적용되므로, 게임 플레이를 테스트하고 미세 조정하는 데 매우 유용하다. 그러나 재생 모드에서 변경한 사항은 게임을 중지하고 개발 모드로 돌아갈 때 사라진다는 점을 유의하자.

유니티는 개발 모드일 때 변수의 변경 사항을 저장한다. 즉, 유니티를 종료한 후 다시 시작해도 변경 사항은 유지된다.

NOTE

> **인스펙터** 패널에서 값을 변경하면 재생 모드일 때는 스크립트가 수정되지 않지만, 개발 모드일 때는 스크립트에 할당된 값보다 변경된 값이 우선적으로 적용된다.

재생 모드에서 변경한 사항은 재생 모드를 중지하면 항상 자동으로 리셋된다. **인스펙터** 패널에서 변경한 내용을 되돌려야 한다면, 스크립트를 기본값(초기화라고도 함)으로 리셋할 수 있다. 다음 스크린샷과 같이, 컴포넌트의 오른쪽에 있는 세로 점 3개( ) 아이콘을 클릭한 후 **초기화**를 선택한다.

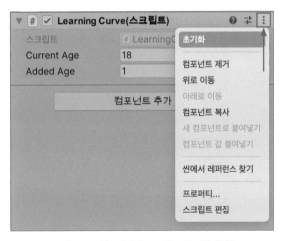

그림 2.10 인스펙터의 스크립트 초기화 옵션

혹시 필드에 문제가 생겨 수습하기 어려운 상태가 되더라도 이렇게 초기화하는 방법을 사용하면 언제든 문제를 해결할 수 있다.

MonoBehavior의 지원

C# 스크립트는 클래스다. 그렇다면, 유니티에서 어떤 스크립트가 컴포넌트 생성이 가능한지 어떻게 알 수 있을까? 간단하게 답하자면, LearningCurve(그리고 유니티에서 생성된 모든 스크립트)가 MonoBehavior(유니티에서 제공하는 기본 클래스)에서 상속된다는 것이다. 즉, C# 클래스가 컴포넌트로 변환될 수 있음을 유니티에 알려주는 것이다.

현시점에서 클래스 상속은 약간 어려운 주제다. 일단 상속은 MonoBehaviour 클래스가 몇 가지 필드와 메서드를 LearningCurve에 빌려주는 것이라 생각하자. 클래스 상속은 5장, '클래스, 구조체 및 OOP 작업'에서 다시 자세히 다룰 것이다.

지금까지 사용한 Start() 및 Update() 메서드는 MonoBehavior에 속하며, 유니티는 게임 오브젝트에 연결된 모든 스크립트에서 자동으로 실행된다. Start() 메서드는 씬이 재생되기 시작될 때 한 번 실행되는 반면에 Update() 메서드는 프레임당 한 번 실행된다(기기의 프레임 속도에 따라 다름).

이제는 유니티 문서에 익숙해졌을 것이다. 이번에는 간단한 과제에 도전해 문제를 해결해보자!

과제: 스크립팅 API에서 MonoBehavior

이제 직접 유니티 문서를 편안하게 사용해보자. 일반적인 MonoBehavior 메서드를 검색하는 것보다 다음 과제가 더 도움이 될 것이다.

- 스크립팅 API에서 Start() 및 Update() 메서드를 검색하고, 각 메서드가 유니티에서 어떤 작업을 하는지 파악한다.

- 추가로 더 도전하고 싶다면, 매뉴얼에서 MonoBehavior 클래스를 검색해 자세한 설명을 확인한다.

⫸ 요약

지금까지 많은 내용을 다뤘지만 변수, 메서드, 클래스와 같은 중요한 기본 이론을 이해했다면 강력한 프로그래밍 기반을 구축할 수 있다. 이러한 구성 요소는 현실 세계에서도 대응된다는 점을 기억하자. 우편함이 편지를 담고 있듯이 변수는 값을 담고 있다. 메서드는 미리 정의된 결과를 따르는 레시피와 같은 명령을 저장한다. 그리고 클래스는 실제 청사진과 같다. 집이 계속 튼튼하게 서 있길 바란다면, 집을 짓기 전에 신중히 디자인해야 한다.

다음 장에서 변수 생성, 값 타입 관리, 메서드 작업을 자세히 살펴보는 것을 시작으로, 이 책에서는 C# 문법을 기초부터 상세히 살펴본다.

⫸ 내용 점검: C# 구성 요소

1. 변수의 주요 목적은 무엇인가?

2. 스크립트에서 메서드는 어떤 역할을 하는가?

3. 스크립트는 어떻게 컴포넌트가 되는가?

4. 점 표기법을 사용하는 목적은 무엇인가?

03

변수, 타입 및 메서드 살펴보기

어떤 프로그래밍 언어를 사용하든 초반에는 기본적인 문제로 어려움을 겪을 수 있다. 입력하는 단어 자체는 이해해도 그 이면의 의미까지 이해하기는 어렵기 때문이다. 이렇게, 단어를 알아도 이해하지 못하는 역설적인 상황을 프로그래밍에서는 특별한 관점으로 접근해야 한다.

C#은 자체 언어가 아닌 영어를 가져다 쓴다. 하지만 비주얼 스튜디오에서 사용하는 코드는 우리가 일상적으로 사용하는 언어와 달리 문맥이 존재하지 않아 따로 프로그래밍 언어를 배워야 한다. C#에 사용된 단어를 말하고 쓸 줄은 알지만 무엇이 '언제', '어디서', '왜'에 해당하는지 모를 뿐만 아니라, 결정적으로 어떻게 문법 구조를 형성하는지도 모르기 때문이다.

이 장은 프로그래밍 이론에서 출발해 실제 코딩 여정의 도입부까지를 다룬다. 따라서 허용되는 서식, 디버깅 기술 그리고 더 복잡한 변수와 메서드 예제를 만드는 방법을 설명한다. 다룰 내용이 많긴 하지만, 마지막 퀴즈에 도착할 때쯤이면 다음과 같은 고급 주제에 익숙해질 것이다.

- 올바른 C# 작성

- 코드 디버깅

- 변수의 이해

- 연산자 소개

- 메서드 정의

그럼 시작해보자!

⫶ 올바른 C# 작성

코드의 줄은 문장의 역할을 하므로 구분 또는 종료 문자 같은 것이 필요하다. 구문 statement 이라 일컫는 C#의 모든 줄은 코드 컴파일러가 처리할 수 있도록 세미콜론으로 끝내야 한다.

그러나 주의해야 할 점이 있다. 우리에게 익숙한 문자 단어와 달리, C# 구문은 기술적으로 한 줄에 있을 필요가 없다. 또한 화이트스페이스whitespace[1]와 줄바꿈은 코드 컴파일러에서 무시된다. 예를 들어 간단한 변수는 다음과 같이 작성할 수 있다.

```
public string FirstName = "Harrison";
```

또는 다음과 같이 작성할 수도 있다.

```
public
string
FirstName
=
"Harrison";
```

---

[1] 빈 칸, 탭, 개행 문자 등과 같이 화면상으로 표시되지 않는 문자를 화이트스페이스라고 한다. – 옮긴이

두 가지 방식 모두 비주얼 스튜디오에서 허용되지만, 후자는 코드의 가독성이 많이 떨어져 소프트웨어 커뮤니티에서 권장하지 않는다. 가능한 한 효율적이고 명확하게 프로그래밍하는 것이 원칙이다.

NOTE

> 간혹 구문이 너무 길어서 한 줄에는 적합하지 않을 때가 있다. 이때는 다른 사람이 이해할 수 있는 방식으로 작성했는지 확인하고, 세미콜론을 잊지 말라.

'코딩 근력'을 기르는 데 필요한 두 번째 서식 규칙은 중괄호( )를 사용하는 것이다. 메서드, 클래스, 인터페이스는 모두 선언 후에 중괄호 한 쌍이 필요하다. 이 각각의 주제는 나중에 자세히 설명할 것이며, 우선은 표준 서식을 초기에 익히는 게 중요하다.

C#에서 사용해온 방식은 다음과 같이 새로운 줄에 중괄호를 두는 것이다.

```csharp
public void MethodName()
{

}
```

그러나 때로는 선언과 동일한 줄에서 중괄호가 시작될 때도 있다. 따라서 둘 중 더 선호하는 방식으로 중괄호를 사용하면 된다.

```csharp
public void MethodName() {

}
```

중괄호 때문에 스트레스를 받을 필요는 없지만, 일관성을 유지하는 것은 중요하다. 이 책에서 '순수한' C# 코드는 항상 각 중괄호를 새로운 줄에 배치하는 반면, 유니티와 게임 개발에 관련된 C# 예제는 대부분 두 번째 예를 따를 것이다.

프로그래밍을 시작할 때는 알맞고 일관된 서식 스타일도 중요하지만, 작업의 결과를 확인하는 부분도 매우 중요하다. 다음 절에서는 변수와 정보를 유니티 콘솔에 바로 출력하는 방법을 설명한다.

⁑ 코드 디버깅

실습 예제로 작업을 하는 동안, 유니티 에디터의 **콘솔** 창에 정보와 피드백을 출력하는 방법이 필요하다. 이를 프로그래밍 용어로 디버깅이라 하며, C#과 유니티에서는 개발자가 디버깅 프로세스를 더 쉽게 수행할 수 있도록 도우미 메서드helper method를 제공한다. 지난 장에서 이미 디버깅을 했지만 제대로 다루지는 않았으므로, 여기서 실제 작동 방식을 자세히 살펴보자.

디버깅이나 출력을 요청할 때마다 다음 방법 중 하나를 사용한다.

- 간단한 텍스트 또는 개별 변수의 경우, 표준 Debug.Log() 메서드를 사용한다. 텍스트는 한 쌍의 소괄호 안에 있어야 하며, 변수는 추가된 문자 없이 직접 사용할 수 있다. 예를 들면 다음과 같다.

```
Debug.Log("Text goes here.");
Debug.Log(CurrentAge);
```

콘솔 패널에는 다음과 같은 내용이 출력된다.

그림 3.1 Debug.Log 출력

- 더 복잡한 디버깅을 할 때 Debug.LogFormat()을 사용하면, 출력된 텍스트 내부에 플레이스홀더를 이용해 변수를 배치할 수 있다. 각각의 플레이스홀더는 인덱스를 포함하는 한 쌍의 중괄호로 표시된다. 인덱스는 0부터 시작해 1씩 순차적으로 증가하는 일반 숫자다. 다음의 예에서 {0}의 플레이스홀더는 CurrentAge 값으로, {1}은 FirstName으로 대체된 것을 볼 수 있다.

```
Debug.LogFormat("Text goes here, add {0} and {1} as variable
placeholders", CurrentAge, FirstName);
```

콘솔 패널에는 다음과 같은 내용이 출력된다.

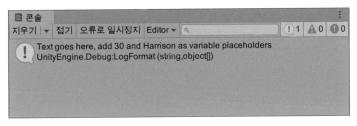

그림 3.2 Debug.LogFormat 출력

디버깅 기법에서 점 표기법을 사용하고 있다는 사실을 알아챘다면 맞게 본 것이다.
Debug는 사용 중인 클래스이며, Log()와 LogFormat()은 이 Debug 클래스에서 사용할 수
있는 다른 메서드다.

일단, 앞서 살펴본 디버깅을 바탕으로 변수의 선언과 문법이 실행되는 다양한 방법을
자세히 알아보자.

변수의 이해

이전 장에서는 변수를 작성하는 방법과 고급 기능을 간단히 살펴봤다. 그러나 모든 것
을 자유롭게 활용하려면 문법을 익혀야 한다.

변수 선언

변수는 C# 스크립트 맨 위에만 나타나는 것은 아니며, 특정 규칙 및 요구 사항에 따라
선언해야 한다. 가장 기본적인 수준에서 변수 구문은 다음의 요건을 갖춰야 한다.

- 변수가 저장할 데이터 타입을 지정해야 한다.

- 변수의 이름은 고유해야 한다.

- 할당된 값이 있으면, 지정된 타입과 일치해야 한다.

- 변수 선언은 세미콜론으로 끝나야 한다.

다음 문법은 이러한 규칙을 준수한 결과다.

```
dataType UniqueName = value;
```

변수는 C#에서 이미 사용되는 단어인 키워드를 피해 고유한 이름을 부여한다. 예약된 키워드의 전체 목록은 마이크로소프트 런(https://learn.microsoft.com/ko-kr/dotnet/csharp/language-reference/keywords)에서 확인할 수 있다.

이 구문은 단순 명료하며 효율적이다. 그러나 프로그래밍 언어로 변수와 같이 보편적인 것을 만들 때 한 가지 방법만 존재한다면, 그 언어의 유용성은 떨어질 수밖에 없다. 복잡한 애플리케이션과 게임은 각각 사용하는 경우와 시나리오가 다르며, 모두 고유한 C# 문법을 사용한다.

타입과 값 선언

변수 생성 시 가장 일반적인 상황은 변수를 선언할 때 필요한 정보를 모두 알고 있는 경우다. 예를 들어, 플레이어의 나이를 알고 있다면 다음과 같이 쉽게 저장할 수 있다.

```
int CurrentAge = 32;
```

위의 코드는 다음과 같이 필요한 기본 사항을 모두 갖췄다.

- 데이터 타입이 int(integer의 줄임말)로 지정됐다.

- 고유한 이름인 CurrentAge가 사용됐다.

- 32는 지정된 데이터 타입과 일치하는 정수다.

- 구문은 세미콜론으로 끝난다.

그러나 변수 값을 모르는 상태로 변수를 선언할 때도 있다. 다음 절에서는 이 시나리오를 주제로 다룬다.

타입만 선언

다음과 같은 시나리오를 생각해보자. 변수에 저장할 데이터의 타입과 이름은 알고 있지만, 값은 모른다. 값은 다른 곳에서 계산되고 할당되지만, 여전히 스크립트 맨 위에 변수를 선언해야 한다. 이러한 상황에서는 타입만 선언하는 것이 낫다.

```
int CurrentAge;
```

타입(int)과 고유 이름(CurrentAge)만 정의됐지만, 규칙을 따랐으므로 이 구문은 여전히 유효하다. 할당된 값이 없으면 변수의 타입에 따라 기본값이 할당된다. 이때 CurrentAge는 int 타입과 일치하는 0으로 설정된다. 변수의 실제 값을 사용할 수 있게 되면, 변수 이름을 참조하고 값을 할당해 별도의 구문에서 쉽게 설정할 수 있다.

```
CurrentAge = 32;
```

NOTE

> 모든 C#의 타입과 해당 기본값의 전체 목록은 마이크로소프트 런(https://learn.microsoft.com/ko-kr/dotnet/csharp/language-reference/builtin-types/default-values)에서 확인할 수 있다.

이쯤 되면, 이전 스크립팅 예제에서 봤던 액세스 한정자라는 public 키워드가 왜 변수에 포함되지 않았는지 궁금할 것이다. 하지만 그때는 이를 이해하는 데 필요한 기초 지식이 없는 상태였다. 이제 기본기를 갖췄으므로 다시 자세히 살펴보자.

액세스 한정자 사용

이제 기본 문법은 더 이상 어렵지 않을 테니 변수 구문을 더 자세히 살펴보자. 코드는 왼쪽에서 오른쪽으로 읽는다. 따라서 항상 먼저 나오는 키워드인 액세스 한정자부터 자세히 분석해보자.

이전 장의 LearningCurve에서 사용한 변수를 다시 살펴보면, 구문 앞에 public이라는 추가 키워드가 있는 것을 알 수 있다. 이 public 키워드가 변수의 액세스 한정자이며, 보안을 설정하는 역할을 한다. 즉, 변수의 정보에 액세스할 수 있는 사용자와 대상을 결정한다고 생각하자.

> NOTE
>
> public으로 표시되지 않은 모든 필드는 기본적으로 private으로 설정되며, 유니티 **인스펙터** 패널에 표시되지 않는다.

'변수 선언' 절에서 작성한 문법에 한정자를 포함해 업데이트하면 다음과 같다.

```
accessModifier dataType UniqueName = value;
```

변수를 선언할 때 반드시 액세스 한정자를 명시해야 하는 건 아니다. 하지만 액세스 한정자를 명시하면 코드의 가독성과 전문성을 높일 수 있으므로, 초보 프로그래머가 이 습관을 들이면 많은 도움이 될 것이다.

C#은 4개의 주요 액세스 한정자가 있으며, 초보자는 다음 두 가지를 주로 사용한다.

- **public**: 제한 없이 모든 스크립트에서 사용할 수 있다.

- **private**: 생성된 클래스 자신에서만 사용할 수 있다(포함하는 클래스라고 함). 액세스 한정자가 없는 모든 변수는 기본적으로 private이다.

나머지 2개의 고급 한정자는 다음과 같은 특징이 있다.

- **protected**: 포함하는 클래스 또는 파생된 타입에서 액세스할 수 있다.

- **internal**: 현재 어셈블리에서만 사용할 수 있다.

이러한 한정자는 각각의 목적에 맞게 쓰인다. 단, 이후 장들에서 고급 과정을 다룰 때까지는 protected와 internal은 신경 쓰지 않아도 된다.

그럼 몇 가지 액세스 한정자를 직접 사용해보자! 실생활의 정보와 마찬가지로, 일부 데이터는 보호되거나 특정 사람들과 공유돼야 한다. **인스펙터** 창에서 필드를 변경하거나 다른 스크립트에서 액세스할 필요가 없다면, private 액세스 한정자가 좋은 대안이 될 수 있다.

다음과 같은 과정을 따라 LearningCurve를 업데이트하자.

1. CurrentAge 앞의 액세스 한정자를 public에서 private으로 변경하고 파일을 저장한다.

2. 유니티로 돌아가서 Main Camera를 선택하고, Learning Curve 섹션에서 변경된 사항을 살펴본다.

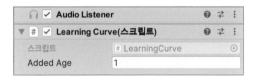

그림 3.3 Main Camera에 연결된 LearningCurve 스크립트 컴포넌트

CurrentAge는 이제 private이므로, 더 이상 **인스펙터** 창에 표시되지 않으며 LearningCurve 스크립트 안에서만 액세스할 수 있다. 재생 버튼을 클릭하면 스크립트는 이전과 동일하

게 작동한다.

이런 방법은 변수를 알아가는 좋은 출발점이 된다. 하지만 변수가 저장할 수 있는 데이터의 종류를 더 많이 알아야 한다. 데이터 타입은 변수에서 결정되며, 다음 절에서 이와 관련된 내용을 자세히 살펴본다.

타입 작업

변수에 특정 타입을 할당하는 것은 중요한 선택이며, 할당된 타입은 변수가 효력을 유지하는 동안 모든 상호작용에 영향을 준다. C#은 강 타입strongly-typed 언어 또는 타입 안전성type-safe 언어로 불리므로, 모든 변수는 예외 없이 데이터 타입이 있다. 즉, 어느 타입이든 연산 작업을 할 때 특정한 규칙이 있고, 기존 변수 타입을 다른 타입으로 변환할 때도 정해진 규정이 있는 것이다.

공용 기본 타입

C#의 모든 데이터 타입은 공통 조상인 System.Object에서 파생된다. 공용 타입 시스템CTS, Common Type System이라 하는 이 계층 구조는 서로 다른 타입에 많은 공유 기능이 있음을 의미한다. 그림 3.4는 가장 일반적인 데이터 타입 옵션과 저장되는 값을 보여준다.

타입	변수의 내용
int	숫자 3과 같은 간단한 정수
float	숫자 3.14와 같은 실수
string	"Watch me go now"와 같이 큰따옴표로 묶인 문자들
bool	부울 값(true 또는 false)

그림 3.4 변수의 공용 데이터 타입

타입은 변수가 저장할 수 있는 값의 종류를 지정할 뿐만 아니라 다음과 같이 타입 자체의 추가 정보도 포함한다.

- 필요한 저장 공간

- 최솟값과 최댓값

- 허용된 연산

- 메모리의 위치

- 접근 가능한 메서드

- 기본(파생) 타입

지금까지의 내용이 너무 벅찼다면 잠시 쉬어가도 좋다. C#이 제공하는 타입으로 작업한다는 것은 암기하는 방식이 아니라 참조 문서를 활용해 작업함을 의미한다. 머지않아, 가장 복잡한 사용자 정의 타입을 사용하는 일도 자연스럽게 느껴질 것이다.

NOTE

C#에서 제공하는 모든 기본 타입의 목록과 설명은 마이크로소프트 런(https://learn.microsoft.com/ko-kr/dotnet/csharp/fundamentals/types)에서 확인할 수 있다.

타입으로 어려움을 겪지 않으려면 직접 실습해보는 것이 가장 좋다. 결국, 새로운 것을 배울 때는 직접 사용하면서 실수하고 고쳐보는 것이 가장 효과적인 방법이다.

이어서 LearningCurve를 열고, 앞서 표에서 확인했던 각각의 공용 기본 타입으로 새 변수를 추가한다. 사용할 이름과 값을 직접 결정하고, **인스펙터** 창에서 볼 수 있도록 public으로 표시돼 있는지 확인하자. 도움이 필요하면 다음 코드를 살펴보자.

```csharp
public class LearningCurve : MonoBehaviour
{
    private int CurrentAge = 30;
    public int AddedAge = 1;

    public float Pi = 3.14f;
    public string FirstName = "Harrison";
    public bool IsAuthor = true;

    // Start is called before the first frame update
    void Start()
    {
```

```
    ComputeAge();
  }

  /// <summary>
  /// 주석 추가: CurrentAge와 AddedAge의 합을 출력한다.
  /// </summary>
  void ComputeAge()
  {
    Debug.Log(CurrentAge + AddedAge);
  }
}
```

이제 다양한 변수 타입이 모두 눈에 띈다. 유니티가 체크박스로 표시하는 bool 변수를 주목하라(true는 체크되고 false는 체크되지 않음).

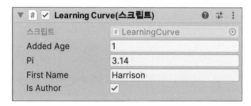

그림 3.5 LearningCurve 스크립트 컴포넌트에서 공용 필드 타입

인스펙터 창에서 private으로 선언한 필드는 보이지 않는다는 것을 기억하자. 변환으로 넘어가기 전에 string 데이터 타입의 보편적이고 강력한 사용 방법을 다뤄야 한다. 그중에서도 변수가 임의대로 배치된 문자열을 만들 것이다.

숫자형은 초등학교 수학에서 배운 이론대로 작동하지만, 문자열은 그렇지 않다. $ 문자로 시작해 변수와 리터럴literal 값을 텍스트에 직접 삽입할 수 있으며, 이를 문자열 보간string interpolation이라 한다. 보간된 문자열은 LogFormat() 디버깅에서 이미 사용한 바 있으며, $ 문자를 추가하면 어디에서나 사용할 수 있다.

LearningCurve에 보관된 문자열을 만들어 실제 작동 상황을 살펴보자. Start() 메서드 안에서 ComputeAge()가 호출된 후 보관된 문자열을 출력한다.

```
void Start()
{
    ComputeAge();

    Debug.Log($"A string can have variables like {FirstName} inserted
        directly!");
}
```

$ 문자와 중괄호 덕분에 FirstName은 문자열이 아닌 값으로 처리되고 보관된 문자열 내부에 출력된다. Debug.LogFormat을 사용할 수도 있지만, 위의 예가 더 짧고 간결하다.

```
Debug.LogFormat("A string can have variables like {0} inserted directly!",
    FirstName);
```

이러한 특별한 서식이 없다면, 문자열은 FirstName을 변수 값이 아닌 텍스트로 인식한다.

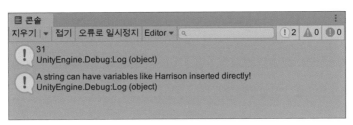

그림 3.6 콘솔에 표시된 디버그 로그 출력

향후 '연산자 소개' 절에서 다룰 + 연산자를 사용해 보관된 문자열을 만드는 것도 가능하다.

타입 변환

변수는 선언된 타입의 값만 가질 수 있음을 앞서 확인했지만, 다른 타입의 변수와 결합해야 하는 상황도 있을 것이다. 이는 프로그래밍 용어로 변환conversion이라 하며, 다음과 같은 두 가지 주요 특징이 있다.

- 암시적 변환은 일반적으로 더 작은 값이 반올림 없이 다른 변수 타입에 들어갈 때 자동으로 발생한다. 예를 들어, 모든 정수는 추가 코드 없이 암시적으로 double 또는 float 값으로 변환될 수 있다.

```
int MyInteger = 3;
float MyFloat = MyInteger;

Debug.Log(MyInteger);
Debug.Log(MyFloat);
```

다음 스크린샷에서 **콘솔** 페인에 출력된 결과를 볼 수 있다.

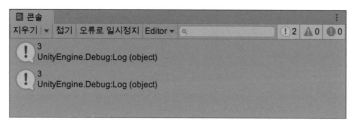

그림 3.7 암시적 타입 변환의 디버그 로그 출력

- 명시적 변환은 변환 도중에 변수의 정보를 잃을 위험이 있을 때 필요하다. 예를 들어, double 값을 int 값으로 변환할 때 변환하려는 값 앞의 괄호 안에 대상 타입을 추가해 명시적으로 캐스팅(변환)을 해야 한다.

- 이는 데이터(또는 정밀도)의 손실 가능성을 컴파일러에 알리는 것이다.

```
int ExplicitConversion = (int)3.14;
```

이 명시적 변환에서 3.14는 소수 자리를 버리고 정수 3으로 처리된다.

그림 3.8 명시적 타입 변환의 디버그 로그 출력

NOTE

C#은 값을 공용 타입으로 명시적으로 변환하는 기본 메서드를 제공한다. 예를 들어 모든 타입은 ToString() 메서드를 사용해 string 값으로 변환될 수 있는 반면, Convert 클래스는 더 복잡한 변환을 처리할 수 있다. 자세한 내용은 마이크로소프트 런(https://learn.microsoft.com/ko-kr/dotnet/api/system.convert?view=netframework-4.7.2)의 '메서드' 절에서 확인할 수 있다.

지금까지 타입의 상호작용, 연산, 변환을 배웠다. 그러나 알 수 없는 타입의 변수를 저장해야 한다면 어떻게 처리해야 할까? 예를 들어 데이터 다운로드 시나리오를 생각해보자. 정보가 게임에 들어오고 있다는 것은 알지만, 그 정보가 어떤 형식인지는 잘 모른다. 이를 어떻게 처리할지 다음 장에서 살펴보자.

타입 추론

다행히 C#은 할당된 값에서 변수의 타입을 추론할 수 있다. 예를 들면, var 키워드는 CurrentAge에 할당된 정수 값 32로 데이터 타입을 결정해 프로그램에 알릴 수 있다.

```
var CrrentAge = 32;
```

NOTE

특정 상황에서는 추론된 변수 선언이 편할 수 있지만, 지나친 사용은 금물이다. 명확해야 하는 코드에 너무 많은 추론 작업이 가중될 수 있기 때문이다.

데이터 타입과 변환을 마무리하기 전에 사용자 정의 타입을 간략히 살펴보자.

사용자 정의 타입

데이터 타입을 이야기할 때 미리 숙지해야 할 점은 변수가 저장할 수 있는 유일한 유형의 값이 숫자와 단어(리터럴 값이라고 한다)만은 아니라는 것이다. 예를 들어 클래스, 구조체 또는 열거 타입도 변수로 저장할 수 있다. 이러한 주제는 5장, '클래스, 구조체 및 OOP 작업'에서 소개하고 10장, '타입, 메서드 및 클래스의 재고찰'에서 자세히 다뤄볼 것이다.

타입은 워낙 복잡하기 때문에 친숙해지려면 직접 사용해보는 것이 가장 좋은 방법이다. 그러나 반드시 명심해야 할 몇 가지 중요 사항이 있다.

- 모든 변수는 타입이 지정돼야 한다(명시적이든 추론적이든).

- 변수는 할당된 타입의 값만 가질 수 있다(int 변수에 string 값을 할당할 수 없다).

- 각 타입은 적용 가능하거나 불가능한 연산 집합이 있다(bool은 다른 값에서 뺄 수 없다).

- 변수가 다른 타입의 변수에 할당되거나 결합될 때는 변환이 필요하다(암시적으로 또는 명시적으로).

- C# 컴파일러는 var 키워드를 사용해 값에서 변수의 타입을 추론할 수 있지만, 생성할 변수의 타입을 알 수 없을 때만 사용해야 한다.

중요한 세부 사항을 많이 다루고 있지만 아직 끝난 게 아니다. C#에서 이름을 지정하는 방식뿐만 아니라 스크립트에서 어디에 변수가 위치하는지도 이해해야 한다.

변수 네이밍

액세스 한정자와 타입에서 배웠던 것을 모두 고려했을 때 변수의 이름을 정하는 것쯤은 사소하다고 생각할 수 있지만, 그렇게 간단한 문제가 아니다. 일관되고 명확한 네이밍 규칙naming convention은 코드의 가독성을 높일 수 있다. 또한 같은 팀의 다른 개발자도 별도의 도움 없이 코드의 의도를 파악할 수 있다.

변수의 이름을 지정할 때 첫 번째 규칙은 이름에 의미가 있어야 한다는 것이며, 두 번째 규칙은 파스칼 표기법^{Pascal case}을 사용하는 것이다. 게임을 예로 들어 플레이어의 체력을 저장하는 변수를 선언해보자.

```
public int Health = 100;
```

변수를 선언한다면, 다음과 같은 질문을 떠올려야 한다. 누구의 체력인가? 최댓값 또는 최솟값을 저장하고 있는가? 이 값을 변경하면 어떤 다른 코드가 영향을 받을까? 일주일 또는 한 달 만에 자신의 코드 때문에 혼란을 겪지 않으려면, 이런 질문에 대한 답을 의미 있는 변수명으로 쉽게 만들어야 한다.

그럼 파스칼 표기법을 사용해 더 좋은 이름을 만들어보자.

```
public int MaxPlayerHealth = 100;
```

NOTE

> 파스칼 표기법은 변수 이름의 각 단어가 대문자로 시작한다는 것을 기억하자.

의미와 문맥에 좀 더 신경을 써서 변수명을 업데이트했더니 훨씬 보기 좋아졌다. 변수의 이름에는 길이 제한이 없다. 따라서 장황한 설명을 담은 이름이나 지나치게 축약된 이름을 만들지 않도록 주의하자.

필요하다면 서술형으로 변수의 이름을 지정하기도 하지만, 큰 의미는 없다. 본인만의 스타일을 찾아 일관성을 유지하자.

변수 범위의 이해

변수에 대한 설명은 끝났지만 범위라는 한 가지 중요한 주제가 더 남았다. 액세스 한정자는 필드의 정보를 외부 클래스에서 가져올 수 있는지를 결정한다. 마찬가지로, 변수 범위라는 용어는 주어진 변수의 위치와 그 변수가 포함된 클래스 안의 액세스 지점을 설명할 때 사용된다.

C#에는 세 가지 단계의 주요 변수 범위가 있다.

- 전역 범위는 전체 프로그램이 액세스할 수 있는 변수를 말하며, 게임이 이에 해당한다. C#은 전역 변수를 직접 지원하지 않지만, 전역 변수의 개념이 특정 상황에서 도움이 되기도 한다. 이는 10장, '타입, 메서드 및 클래스의 재고찰'에서 다룰 것이다.

- 클래스 범위 또는 멤버 범위는 포함하는 클래스의 어느 곳이든 액세스가 가능한 필드를 말한다.

- 지역 범위는 변수가 생성된 특정 코드 블록에서만 액세스가 가능한 변수를 말한다.

다음 스크린샷을 살펴보자. 원치 않으면, 이를 LearningCurve에 추가하지 않고 스크린샷만 확인해도 된다.

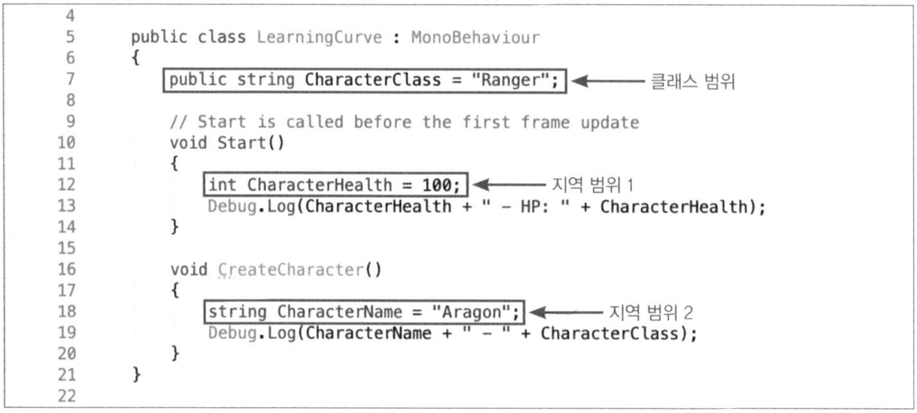

```
 4
 5    public class LearningCurve : MonoBehaviour
 6    {
 7        public string CharacterClass = "Ranger";    ◄── 클래스 범위
 8
 9        // Start is called before the first frame update
10        void Start()
11        {
12            int CharacterHealth = 100;    ◄── 지역 범위 1
13            Debug.Log(CharacterHealth + " - HP: " + CharacterHealth);
14        }
15
16        void CreateCharacter()
17        {
18            string CharacterName = "Aragon";    ◄── 지역 범위 2
19            Debug.Log(CharacterName + " - " + CharacterClass);
20        }
21    }
22
```

그림 3.9 LearningCurve 스크립트의 다양한 범위 다이어그램

NOTE

코드 블록은 중괄호 안의 영역을 말하는 것이다. 이러한 괄호는 프로그래밍에서 시각적 계층 구조 역할을 한다. 오른쪽으로 들여쓰는 정도가 커질수록 클래스의 더 깊은 계층에 자리 잡게 된다.

앞의 스크린샷에서 필드[2]와 지역 변수의 범위를 분석해보자.

- CharacterClass는 클래스의 맨 위에 선언돼 있으므로, LearningCurve 내 어디에서나 이름으로 참조할 수 있다. 들어본 적이 있을지 모르지만, 이 개념을 잘 표현한 용어가 변수의 가시성이다.

- CharacterHealth는 Start() 메서드 내부에 선언됐으므로, 코드의 블록 안에서만 볼 수 있다. Start()에서는 CharacterClass에 별문제 없이 액세스할 수 있지만, Start()가 아닌 곳에서 CharacterHealth에 액세스를 시도하면 오류가 발생한다.

- CharacterName은 CharacterHealth와 동일한 선상에 있어 CreateCharacter() 메서드에서만 액세스할 수 있다. 이는 단일 클래스에 여러 개로 중첩된 지역 범위가 있을 수 있음을 보여준다.

주변 프로그래머들과 많은 시간을 보내다 보면, 변수 선언을 할 최적의 위치를 두고 이뤄지는 대화를 듣게 될 것이다. 답은 생각보다 간단한데, 변수는 용도를 감안해 선언해야 한다는 것이다. 클래스 전체에 액세스하는 변수라면 필드를 만들어야 하며, 코드의 특정 섹션에만 변수가 필요할 때는 지역 변수를 선언한다.

NOTE

> **인스펙터** 창에서는 필드만 볼 수 있으며, 지역 또는 전역 변수에 대한 옵션이 아니다.

이번에는 중학교 시절의 수학 시간을 떠올려보자. 도구 상자에서 네이밍과 범위를 사용해 산술 연산이 어떻게 작동하는지 다시 배워보자.

---

2 원서에서는 클래스 변수라 표현했지만 C#에서 사용하는 정확한 공식 명칭은 필드다. - 옮긴이

⁝⁝ 연산자 소개

프로그래밍 언어에서 연산자 기호는 타입이 수행할 수 있는 산술, 할당, 관계, 논리 기능을 나타낸다. 산술 연산자는 기본 수학 함수를 나타내는 반면, 할당 연산자는 주어진 값에서 수학 및 할당 함수를 함께 수행한다. 관계 및 논리 연산자는 '~보다 더 크다', '~보다 더 작다', '같다'와 같이 다양한 값 간의 조건을 평가한다.

> **NOTE**
>
> C#은 비트 및 기타 연산자도 제공한다. 그러나 더 복잡한 애플리케이션을 만들 때까지는 이러한 연산자를 다루지 않을 것이다.

여기서는 산술 및 할당 연산자만 다루는 게 맞지만, 다음 장에서 관계 및 논리 기능과 관련된 내용이 나오면 그 부분도 살펴볼 것이다.

산술 및 할당

산술 연산자 기호는 이미 학교에서 다뤄봤기에 익숙할 것이다.

- +(덧셈)

- -(뺄셈)

- /(나눗셈)

- *(곱셈)

C# 연산자는 일반적인 연산 순서를 따른다. 즉, 괄호를 가장 먼저 계산하고 지수, 곱셈, 나눗셈, 덧셈, 뺄셈 순으로 연산한다. 예를 들어, 다음 두 방정식은 동일한 값과 연산자를 포함하고 있지만 서로 다른 결과를 출력한다.

```
5 + 4 - 3 / 2 * 1 = 8
5 + (4 - 3) / 2 * 1 = 5
```

연산자가 변수에 적용될 때는 리터럴 값과 동일하게 작동한다.

할당 연산자는 산술 및 등호 기호를 함께 사용해 모든 수학 연산을 축약된 형태로 사용할 수 있다. 예를 들어 변수를 곱할 때는 다음 코드를 사용할 수 있다.

```
int CurrentAge = 32;
CurrentAge = CurrentAge * 2;
```

두 번째 방법은 다음과 같다.

```
int CurrentAge = 32;
CurrentAge *= 2;
```

등호 기호는 C#에서 할당 연산자로도 간주된다. 다른 할당 기호는 앞의 곱셈 예제와 동일한 구문 패턴을 따른다. 즉, +=, -=, /=는 각각 덧셈 및 할당, 뺄셈 및 할당, 나눗셈 및 할당을 뜻한다.

연산자에서 문자열은 특별한 케이스에 해당하며, 다음과 같이 텍스트를 이어 붙일 때 덧셈 기호를 사용할 수 있다.

```
string FullName = "Harrison " + "Ferrone";
```

콘솔 패널에는 다음과 같은 결과가 출력된다.

그림 3.10 문자열에 연산자 사용

이 접근법은 코드가 길어지는 경향이 있어 서로 다른 텍스트를 조합할 때는 대부분 문자열 보간을 더 선호한다.

산술 연산자가 모든 데이터 타입에서 작동하는 것은 아니다. 예를 들어 *와 / 연산자는 string 값에서 작동하지 않으며, 이러한 연산자는 bool에서도 작동하지 않는다. 타입에 연산의 종류와 상호작용을 제어하는 규칙이 있다는 것을 알았으므로, 다음 절에서는 이를 직접 사용해보자.

string 변수와 float 변수를 함께 곱하는 실험을 해보자.

```
        Debug.Log($"A string can have variables like {FirstName} inserted directly!");

        Debug.Log(FirstName * Pi);
    }

    /// <summary>
    /// 주석 추가: C
    /// </summary>
    void ComputeAge()
    {
```

🗔 (field) string LearningCurve.FirstName
CS0019: Operator '*' cannot be applied to operands of type 'string' and 'float'

그림 3.11 비주얼 스튜디오에서 잘못된 타입 연산의 오류 메시지

비주얼 스튜디오를 보면, string 타입과 float 타입은 곱할 수 없다는 오류 메시지가 표시된다. 이 오류는 유니티 콘솔에도 표시되며, 프로젝트가 빌드되지 않는다.

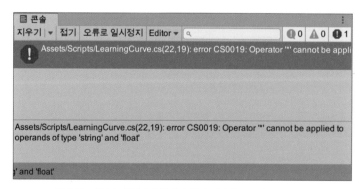

그림 3.12 데이터 타입이 호환되지 않아 연산자 오류가 표시된 콘솔

이런 오류가 뜰 때마다 되돌아가서 변수의 타입이 호환되는지 확인하자.

이 부분에서 컴파일러가 게임의 실행을 허용하지 않으므로 이 예제를 정리해야 한다. Debug.Log(FirstName * Pi) 구문이 있는 줄을 주석 처리하거나 모두 삭제하자.

이제 변수와 타입을 어느 정도 다룬 셈이다. 다음 절로 넘어가기 전에 이 장의 끝에 있는 퀴즈를 꼭 확인해 실력을 점검해보자.

⁝⁝ 메서드 정의

이전 장에서는 프로그램에서 메서드가 하는 역할을 간략히 다뤘다. 즉, 변수가 값을 저장하듯이 메서드도 명령어를 저장하고 실행한다. 이제 메서드 선언에 필요한 문법을 익히고, 메서드가 클래스에서 어떻게 작동하는지 알아보자.

변수와 마찬가지로, 메서드 선언도 다음과 같은 기본적인 요구 사항이 있다.

- 메서드에서 반환될 데이터 타입
- 대문자로 시작하는 고유한 이름[3]
- 메서드 이름 뒤에 오는 소괄호 한 쌍
- 메서드 본문을 표시하는 중괄호 한 쌍(명령어가 저장되는 위치)

이 규칙을 모두 종합하면, 다음과 같이 간단한 메서드 구조를 만들 수 있다.

```
returnType UniqueName()
{
    method body
}
```

---

3   메서드를 대문자로 시작하는 것을 권고하지만, 필수 사항은 아니다. – 옮긴이

LearningCurve의 기본 Start() 메서드를 분석해보자.

```
void Start()
{

}
```

앞의 출력에서 다음과 같은 결론을 얻을 수 있다.

- 메서드는 메서드의 반환 타입으로 시작하며, 메서드가 아무것도 반환하지 않을 때는 void 키워드로 시작한다.

- 메서드는 클래스 안에서 고유한 이름을 사용한다. 다른 클래스에서도 같은 이름을 사용할 수 있지만, 어떠한 상황에서든 항상 고유한 이름을 만드는 것을 목표로 해야 한다.

- 메서드 이름 뒤에는 잠재적인 매개변수를 갖기 위한 한 쌍의 소괄호가 있다.

- 한 쌍의 중괄호를 사용해 메서드의 본문을 표시한다.

NOTE

> 일반적으로 본문이 비어있는 메서드가 있다면, 클래스에서 삭제하는 것이 좋다. 스크립트에서 사용하지 않는 코드는 정리해두자.

메서드는 변수처럼 보안 수준을 갖기도 하지만 입력 매개변수도 갖는다. 이는 다음에 다룰 것이다.

메서드 선언

메서드는 입력 매개변수뿐만 아니라 변수에 사용되는 4개의 동일한 액세스 한정자도 가질 수 있다. 매개변수는 메서드에 전달되고 메서드 내부에 액세스할 수 있는 변수의 플레이스홀더다. 사용 가능한 입력 매개변수의 수는 제한이 없다. 그러나 각 매개변수는 쉼표로 구분되고 데이터 타입을 표시하며 고유한 이름을 갖는다.

이러한 옵션을 적용하면, 다음과 같이 업데이트된 메서드 구조를 확인할 수 있다.

```
accessModifier returnType UniqueName(parameterType parameterName)
{
    method body
}
```

메서드를 호출하려면(명령을 실행하는 의미) 메서드 이름을 사용하고, 매개변수가 있던 없던 한 쌍의 소괄호를 사용하며, 세미콜론으로 끝낸다.

```
// 매개변수가 없는 메서드의 호출
UniqueName();

// 매개변수가 있는 메서드의 호출
UniqueName(parameterVariable);
```

이제 메서드가 어떻게 구성되는지 알았으므로, 직접 메서드를 만들어보자.

2장의 '메서드도 플레이스홀더다' 절에서는 ComputeAge라는 메서드를 잘 모르는 상태에서 LearningCurve에 단순히 복사만 했다. 이번에는 목적을 갖고 메서드를 만들어보자.

1. GenerateCharacter()라는 void 반환 타입의 public 메서드를 선언한다.

```
public int GenerateCharacter()
{

}
```

2. 새로운 메서드 안에 간단한 Debug.Log()를 추가하고, 좋아하는 게임이나 영화의 캐릭터 이름을 출력한다.

```
Debug.Log("Character: Spike");
```

3. Start() 메서드 내부에서 GenerateCharacter()를 호출하고 재생play 버튼을 누른다.

```
void Start()
{
    GenerateCharacter();
}
```

게임이 시작되면 유니티는 자동으로 Start()를 호출하고, 이는 다시 GenerateCharacter() 메서드를 호출해 결과를 **콘솔** 창에 출력한다.

> **NOTE**
>
> 문서를 충분히 읽었다면, 메서드와 관련된 다른 용어를 봤을 것이다. 이 책의 나머지 부분에서 메서드를 만들거나 선언할 때는 이를 메서드 정의로 언급할 것이다. 마찬가지로 메서드의 실행이나 작동도 메서드 호출로 표현할 것이다.

이름 지정은 전체 프로그래밍 환경에 필수적인 요소이므로, 네이밍 규칙naming convention을 충분히 복습한 후 다음 단계로 넘어가자.

네이밍 규칙

메서드도 변수와 마찬가지로 코드 안에서 구별될 수 있는 고유하고 의미 있는 이름이 필요하다. 또한 작업을 유도하는 메서드의 특성을 고려해 이름을 지정하는 것이 좋다. 예를 들어 GenerateCharacter()는 스크립트에서 호출했을 때 잘 이해할 수 있는 이름이다. 하지만 Summary()란 이름은 메서드가 수행할 명확한 기능을 알기 어렵다. 변수와 마찬가지로, 메서드 이름도 파스칼 표기법으로 작성한다.

메서드의 논리적 우회

코드가 작성된 순서대로 실행되는 것을 봤지만, 메서드를 호출하면 독특한 상황이 발생한다. 메서드를 호출하면 프로그램이 메서드 명령으로 우회해 하나씩 실행한 다음, 메서드가 호출된 위치에서 순차적 실행을 다시 시작하도록 지시한다.

다음 스크린샷을 보면서 디버그 로그가 콘솔에 출력되는 순서를 파악할 수 있는지 확인하자.

```
14
15        // Start is called before the first frame update
16        void Start()
17        {
18            Debug.Log("Choose a character.");
19            GenerateCharacter();
20            Debug.Log("A fine choice.");
21        }
22
23        public void GenerateCharacter()
24        {
25            Debug.Log("Character: Spike");
26        }
```

그림 3.13 디버그 로그의 순서 파악

다음과 같은 단계로 진행된다.

1. "Choose a character"가 코드의 첫 번째 줄이므로 먼저 출력된다.

2. GenerateCharacter()가 호출되면, 프로그램은 25행으로 점프해 "Character: Spike"를 출력한 후 19행에서 다시 실행된다.

3. GenerateCharacter()의 모든 행이 실행된 후 "A fine choice"가 마지막에 출력된다.

그림 3.14 콘솔에 출력된 캐릭터 생성 코드

메서드 자체에 매개변수 값을 추가할 수 없다면, 이런 단순한 예제 이상의 유용성은 기대하기 힘들 것이다. 이제 매개변수를 알아볼 시간이다.

매개변수 지정

메서드가 항상 GenerateCharacter()와 같이 간단하지만은 않을 것이다. 추가 정보를 전달하려면, 메서드가 허용하고 작업할 수 있는 매개변수를 정의해야 한다. 모든 메서드 매개변수는 명령이며 다음 두 가지가 필요하다.

- 명시적 타입

- 고유한 이름

이미 익숙한 사항들일 것이다. 메서드 매개변수는 최소한의 요건으로 선언하며, 변수와 동일한 기능을 수행한다. 각 매개변수는 지역 변수처럼 작동하며, 특정 메서드 내부에서만 액세스할 수 있다.

NOTE

> 필요한 만큼의 매개변수를 가질 수 있다. 사용자 정의 메서드를 작성하든, 기본 메서드를 사용하든 메서드가 지정된 작업을 수행하려면 정의된 매개변수가 필요하다.

메서드가 허용할 수 있는 값의 타입이 매개변수라면, 값 자체는 인수다. 이를 자세히 다루기 전에 다음과 같은 사항을 고려해야 한다.

- 메서드에 전달되는 인수는 변수 타입과 해당 값처럼 매개변수 타입과 일치해야 한다.

- 인수는 리터럴 값(예: 숫자 2) 또는 클래스의 다른 곳에서 선언된 변수가 될 수 있다.

컴파일 때문에 인수 이름과 매개변수 이름을 같게 할 필요는 없다.

이제 메서드 매개변수를 추가해 GenerateCharacter()를 좀 더 흥미롭게 만들어보자.

2개의 매개변수를 받을 수 있도록 GenerateCharacter()를 업데이트하자.

1. 2개의 메서드 매개변수를 추가한다. 하나는 string 타입의 캐릭터 이름이고, 다른 하나는 int 타입의 캐릭터 레벨이다.

```
public void GenerateCharacter(string name, int level)
```

2. 이러한 새로운 매개변수를 사용하도록 Debug.LogFormat()으로 업데이트한다.

```
Debug.LogFormat("Character: {0} - Level: {1}", name, level);
```

3. 인수는 리터럴 값이나 선언된 변수가 될 수 있으며, Start()에서 GenerateCharacter() 메서드를 호출할 때 이 인수를 전달하도록 업데이트한다.

```
int CharacterLevel = 32;
GenerateCharacter("Spike", CharacterLevel);
```

작성된 코드는 다음과 같다.

```
14
15        // Start is called before the first frame update
16        void Start()
17        {
18            int CharacterLevel = 32;                        인수
19            GenerateCharacter("Spike", CharacterLevel);        매개변수
20        }
21
22        public void GenerateCharacter(string name ,int level)
23        {
24            Debug.LogFormat("Character: {0} - Level: {1}", name, level);
25        }
```

그림 3.15 GenerateCharacter() 메서드 업데이트

여기서는 두 매개변수인 name(string)과 level(int)을 정의했고, 이 두 매개변수를 지역 변수와 마찬가지로 GenerateCharacter() 메서드 안에서 사용했다. Start() 내부에서 메서드를 호출했을 때는 각 매개변수 타입에 해당하는 인수 값을 추가했다. 앞의 스크린샷과같이, 큰따옴표 안에 리터럴 문자열 값을 사용하면 CharacterLevel을 사용하는 것과 같은 결과를 얻는다.

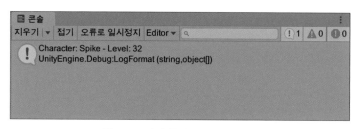

그림 3.16 콘솔에 출력된 메서드 매개변수

메서드를 더 깊이 다루게 되면, 메서드 내부에서 어떻게 값을 전달하고 다시 가져오는지 궁금할 것이다. 다음 절의 반환 값 부분에서 이 궁금증을 해결해보자.

반환 값 지정

매개변수를 허용하는 것 외에도 메서드는 모든 C# 타입의 값을 반환할 수 있다. 이전까지의 예제에서는 아무 값도 반환하지 않는 void 타입을 사용했었다. 하지만 명령을 수행하고 계산된 결과를 다시 전달할 때 메서드의 장점이 더욱 부각된다.

메서드의 구조를 보면, 메서드 반환 타입은 액세스 한정자 뒤에 지정된다. 타입 외에도

메서드에는 return 키워드와 반환 값이 포함돼야 한다. 반환 값은 선언된 반환 타입과 일치하는 변수, 리터럴 값, (심지어) 표현식도 될 수 있다.

> **NOTE**
>
> 반환 타입이 void인 메서드는 값이나 표현식이 할당되지 않은 return 키워드를 사용할 수도 있다. 메서드는 return 키워드가 있는 줄에 도착하면 실행이 중지된다. 이는 특정 작동을 피하거나 프로그램 충돌을 방지하고자 할 때 유용하다.

이번에는 GenerateCharacter()에 반환 타입을 추가하고, 반환 값을 변수에 어떻게 할당하는지 알아보자. 정수를 반환하도록 GenerateCharacter 메서드를 업데이트해보자.

1. 메서드 선언에서 반환 타입을 void에서 int로 변경하고, return 키워드를 사용해 반환 값을 level += 5로 설정한다.

```
public int GenerateCharacter(string name, int level)
{
  Debug.LogFormat("Character: {0} - Level: {1}", name, level);

  return level += 5;
}
```

2. 이제 GenerateCharacter()는 매개변수 level에 5를 더한 정수 값을 반환할 것이다. 이 반환 값의 사용 여부나 사용 방법은 지정하지 않은 상태이므로, 당장은 스크립트가 새로운 작업을 수행하지 않을 것이다.

이제 새로 추가된 반환 값을 어떻게 전달받고 사용할지 궁금할 것이다. 다음 절에서는 이 주제를 다뤄보자.

반환 값의 사용

다음과 같은 두 가지 방식으로 반환 값을 사용할 수 있다.

- 반환되는 값을 할당할 지역 변수를 만든다.

- 반환되는 값을 대신해, 호출하는 메서드 자체를 변수처럼 사용한다. 호출하는 메서드는 명령을 실행하는 실제 코드이며, 이 예제에서는 GenerateCharacter("Spike", CharacterLevel)이다. 필요한 경우, 메서드 호출을 다른 메서드에 인수로 전달할 수 있다.

> **NOTE**
>
> 대부분의 프로그래머가 가독성을 이유로 첫 번째 방식을 선호한다. 특히 다른 메서드에 변수 대신 메서드 호출을 인수로 전달하면 가독성이 떨어질 수 있다.

코드에서 GenerateCharacter()의 반환 값을 받아서 디버깅을 해보자.

실습: 반환 값 받기

반환 값을 받고 2개의 간단한 디버그 로그를 출력하는 실습을 해보자.

1. Start 메서드에 NextSkillLevel이라는 int 타입의 새로운 지역 변수를 생성하고, 호출한 GenerateCharacter() 메서드의 반환 값을 할당한다.

   ```
   int NextSkillLevel = GenerateCharacter("Spike", CharacterLevel);
   ```

2. 2개의 디버그 로그를 추가하자. 첫 번째는 NextSkillLevel을 출력하고, 두 번째는 다른 인수 값으로 호출한 GenerateCharacter()의 반환 값을 출력한다.

   ```
   Debug.Log(NextSkillLevel);
   Debug.Log(GenerateCharacter("Faye", CharacterLevel));
   ```

3. 2개의 슬래시(//)로 GenerateCharacter() 내부의 디버그 로그를 주석 처리해 콘솔 출력을 깔끔하게 만든다. 그럼 다음과 같은 코드가 작성됐을 것이다.

   ```
   // Start is called before the first frame update
   void Start()
   {
       int CharacterLevel = 32;
   ```

```
  int NextSkillLevel = GenerateCharacter("Spike", CharacterLevel);

  Debug.Log(NextSkillLevel);
  Debug.Log(GenerateCharacter("Faye", CharacterLevel));
}

public int GenerateCharacter(string name, int level)
{
  // Debug.LogFormat("Character: {0} - Level: {1}", name, level);
  return level += 5;
}
```

4. 파일을 저장하고 유니티에서 재생 버튼을 클릭한다. 컴파일 시 NextSkillLevel 변수와 GenerateCharacter() 메서드의 반환 값은 동일한 정수다. 즉, 두 로그 모두 숫자 37이 출력된다.

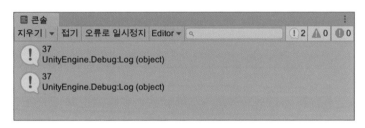

그림 3.17 콘솔에 출력된 캐릭터 생성 코드

특히, 매개변수와 반환 값이 있는 메서드의 수많은 옵션 때문에 점검할 사항이 많은 것은 사실이다. 하지만 유니티에서 가장 기본적인 메서드를 잘 활용하면 좀 더 여유를 갖고 작업할 수 있다.

그에 앞서, 과제를 해결할 수 있는지 실력을 점검해보자.

과제: 인수 역할을 하는 메서드

자신이 있다면, int 매개변수를 받아 콘솔에 출력하는 새 메서드를 만들어보자. 반환 타입은 필요 없다. Start에서 메서드를 호출하고, GenerateCharacter 메서드 호출을 인수로 전달한 다음, 출력을 확인하자.

기본 유니티 메서드 분석

이제 새로운 유니티 C# 스크립트와 함께 제공되는 중요한 기본 메서드인 Start()와 Update()를 다룰 시점이 왔다. 직접 정의한 메서드와 달리, MonoBehaviour 클래스에 속하는 메서드는 각각의 규칙에 따라 유니티 엔진이 자동으로 호출한다. 여기서 반드시 기억해둘 점은 일반적으로 코드를 시작하려면 스크립트에 MonoBehaviour 클래스의 메서드가 최소 하나 이상 있어야 한다는 것이다.

> **NOTE**
>
> MonoBehaviour 클래스의 사용 가능한 전체 메서드와 자세한 설명은 유니티 스크립팅 레퍼런스(https://docs.unity3d.com/ScriptReference/MonoBehaviour.html)에서 찾을 수 있다. 또한 각 메서드가 실행되는 순서도 웹 사이트(https://docs.unity3d.com/Manual/ExecutionOrder.html)에서 확인할 수 있다.

어떤 이야기를 들을 때는 처음부터 들어야 자연스럽게 이해되기 마련이다. 따라서 유니티 스크립트에서도 첫 번째 기본 메서드인 Start()부터 살펴보자.

Start 메서드

유니티는 스크립트가 처음 활성화된 첫 번째 프레임에서 Start 메서드를 호출한다. MonoBehaviour 스크립트는 대부분 씬의 게임 오브젝트에 연결되므로, 재생 버튼을 누르면 연결된 스크립트가 로드됨과 동시에 활성화가 이뤄진다. 프로젝트에서 LearningCurve 스크립트는 Main Camera 게임 오브젝트에 연결된다. 즉, Main Camera가 씬에 로드될 때 Start() 메서드가 실행되는 것이다. Start()는 주로 Update()가 처음 실행되기 전에 필드를 설정하거나 필요한 로직을 수행할 때 사용된다.

> **NOTE**
>
> 지금까지의 예제에서는 따로 설정하지 않았어도 모두 Start()를 사용했다. 이러한 방식이 일반적이지는 않지만, Start() 메서드는 딱 한 번만 실행되므로 콘솔에 일회성 정보를 표시할 때 매우 유용하다.

Start() 외에 유니티에서 기본으로 실행되는 Update()도 중요한 메서드다. 다음 절에서 Update() 메서드가 어떻게 작동하는지 알아보자.

Update 메서드

유니티 스크립팅 레퍼런스(https://docs.unity3d.com/ScriptReference/)에서 샘플 코드를 꼼꼼히 살펴보면, 대부분의 코드가 Update() 메서드를 사용해 실행되는 것을 확인할 수 있다. 게임이 실행되면 **씬** 창이 초당 여러 번 표시되는데, 이를 프레임 속도 또는 초당 프레임 수 FPS, Frames Per Second라고 한다.

각 프레임이 표시된 후, 게임에서 가장 많이 실행되는 메서드 중 하나인 Update() 메서드를 유니티에서 호출한다. Update()는 마우스 및 키보드 입력을 감지하거나 게임플레이 로직을 실행하는 데 적합하다.

자신이 사용하는 컴퓨터의 FPS가 궁금하다면, 유니티에서 재생 버튼을 누른 후 **게임** 뷰의 우측 상단에 있는 **통계** 탭을 클릭해보자.[4]

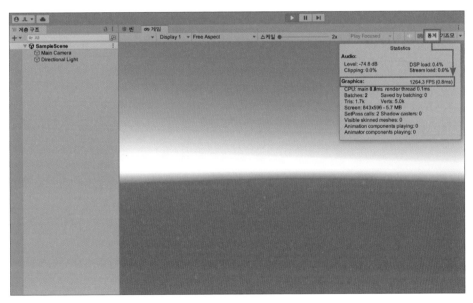

그림 3.18 통계 패널에 있는 그래픽 FPS 카운트

초기에 Start()와 Update() 메서드가 C# 스크립트에서 많은 부분을 차지하므로 두 메서

---

4   더 자세한 정보를 확인하고 싶을 경우, **창 > 분석 > 프로파일러**를 선택한다. - 옮긴이

드를 사용하는 데 익숙해져야 한다. 프로그래밍의 기본 구성 요소를 익히며 드디어 이 장의 마지막 부분에 도착했다.

⫶⫶ 요약

이 장에서는 프로그래밍의 기본 이론과 구성 요소에서 실제 코드와 C# 문법에 이르기까지 빠르게 훑어봤다. 어떤 코드 서식이 좋고 나쁜지를 살펴봤고, 유니티 콘솔에서 정보를 디버깅하는 방법도 익혔으며, 처음으로 변수도 만들어봤다.

인스펙터 창에서는 필드로 작업을 하고 메서드와 그 기능도 익히기 시작했으므로, C# 타입, 액세스 한정자, 변수 범위가 더 이상 어려운 개념이 아닐 것이다.

메서드는 코드에 작성된 명령을 이해하는 데 도움을 준다. 하지만 무엇보다 중요한 것은 메서드의 기능을 유용하게 활용하는 것이다. 입력 매개변수, 반환 타입, 메서드 시그니처도 모두 중요한 주제이긴 하지만, 이들의 강점은 새로운 종류의 작업을 수행할 잠재력이 있다는 것이다.

이제 프로그래밍의 기본 구성 요소인 변수와 메서드를 사용할 능력을 갖췄다. 앞으로의 작업은 이 두 가지 개념을 확장하거나 적용하기만 하면 된다.

C# 타입의 특수 하위 집합인 컬렉션은 관련 데이터 그룹을 저장할 수 있다. 다음 장에서는 이 컬렉션과 함께 의사결정 기반 코드를 작성하는 방법을 살펴본다.

⫶⫶ 내용 점검: 변수와 메서드

1. C#에서 변수 이름을 작성하는 올바른 방법은 무엇인가?

2. 유니티의 **인스펙터** 창에서 필드가 보이게 하려면 어떻게 해야 하는가?

3. C#에서 사용 가능한 네 가지 액세스 한정자는 무엇인가?

4. 타입 간에 명시적 변환이 필요할 때는 언제인가?

5. 메서드를 정의할 때 최소한의 요구 사항은 무엇인가?

6. 메서드의 이름 끝에 소괄호가 있는 이유는 무엇인가?

7. 메서드 정의에서 void 반환 타입이 의미하는 것은 무엇인가?

8. 유니티는 Update() 메서드를 얼마나 자주 호출하는가?

04

제어 흐름과 컬렉션 타입

컴퓨터의 중요한 임무 중 하나는 미리 정한 조건이 충족됐을 때 발생하는 일을 제어하는 것이다. 폴더를 클릭하면 폴더가 열려야 하고, 키보드를 치면 입력한 키에 해당하는 텍스트가 나타나야 한다. 애플리케이션이나 게임의 코드를 작성하는 것도 다르지 않다. 애플리케이션과 게임은 상태에 따라 정해진 방식으로 동작해야 하고, 조건이 바뀌면 동작 방식도 바뀌어야 한다. 이를 프로그래밍 용어로 제어 흐름^{control flow}이라고 하며, 그 이름에서 알 수 있듯이 흐름(즉, 다양한 상황에 따라 코드를 어떻게 실행할지)을 제어한다.

제어문을 사용하는 작업 외에 컬렉션 데이터 타입도 직접 살펴볼 것이다. 컬렉션은 복수의 값을 허용하고 값을 그룹화해 단일 변수에 저장하는 데이터 타입이다. 이번 장에서는 다음과 같은 주제를 살펴본다.

- 선택문

- 배열, 딕셔너리, 리스트 컬렉션의 사용

- for, foreach, while 루프를 사용한 반복문

- 무한 루프 수정

⁝⁝ 선택문

프로그래밍에서 가장 복잡한 문제는 게임 또는 프로그램의 연산과 실행에 필요한 간단한 선택지를 만드는 것이다. 비주얼 스튜디오와 유니티가 자체적으로 이러한 선택을 할 수 없으므로, 개발자가 선택문을 작성해야 한다.

if-else 및 switch 선택문을 사용하면, 하나 이상의 조건과 각 경우에서 수행할 동작을 기준으로 분기 경로를 지정할 수 있다. 일반적으로 다음과 같은 내용이 이러한 조건에 포함된다.

- 사용자의 입력 감지
- 식 연산 및 부울 논리Boolean logic
- 변수 또는 리터럴 값 비교

다음 절에서 가장 간단한 조건문인 if-else부터 시작해보자.

if-else문

if-else문은 코드에서 결정을 내리는 가장 일반적인 방법이다. 문법적인 부분을 제외한 기본 개념은 '조건을 충족하면 현재 코드 블록을 실행하고, 그렇지 않으면 다음 코드 블록을 실행한다'는 것이다. if-else문은 '출입문'이고 조건은 그 '열쇠'라고 해보자. 출입문을 열려면 열쇠가 맞아야 한다. 맞지 않으면 출입문을 열 수 없고, 코드는 다음 출입문으로 이동한다. 그럼 이러한 출입문을 선언하는 문법을 살펴보자.

if-else문이 유효하려면 다음이 필요하다.

- if 키워드로 시작하는 줄
- 조건을 담은 소괄호 쌍
- 중괄호 안의 본문

```
if (조건이 참이면)
{
    코드 블록 실행
}
```

if문의 조건이 실패했을 때 수행할 작업을 저장하려면 else문을 추가할 수도 있다. else문에도 동일한 규칙이 적용된다.

```
else
{
    다른 코드 블록 실행
}
```

기본 구조는 다음과 같으며, 거의 일반 문장처럼 읽을 수 있는 문법이라 권장되는 방식이다.

```
if (조건이 참이면)
{
    이 코드 블록을
    실행
}
else
{
    이 코드 블록을
    실행
}
```

if-else문은 프로그래밍에서 논리적 사고의 출발점이 될 수 있으므로, 다음과 같이 세 가지 다양한 if-else 변형을 분석해보자.

1. 조건을 충족하지 않았을 때 발생하는 상황을 신경 쓰지 않아도 된다면, 단일 if문이 단독으로 존재할 수 있다. 다음 예제에서 hasDungeonKey를 true로 설정하면 디버그 로그가 출력되고, false로 설정하면 어떠한 코드도 실행되지 않는다.

```
public class LearningCurve : MonoBehaviour
{
  public bool hasDungeonKey = true;

  void Start()
  {
    if (hasDungeonKey)
    {
      Debug.Log("You possess the sacred key - enter.");
    }
  }
}
```

NOTE

조건을 충족한다는 것은 true로 평가된다는 의미이며, 일반적으로 통과 조건이라 한다.

2. 조건이 true인지 false인지를 고려하려면 else문을 추가한다. hasDungeonKey가 false이면, if문은 실패하고 else문으로 넘어가서 코드를 실행한다.

```
public class LearningCurve : MonoBehaviour
{
  public bool hasDungeonKey = true;

  void Start()
  {
    if (hasDungeonKey)
    {
      Debug.Log("You possess the sacred key - enter.");
    }
    else
    {
      Debug.Log("You have not proved yourself yet.");
    }
  }
}
```

3. 가능한 결과가 3개 이상 필요한 경우에는 소괄호, 조건, 중괄호가 있는 else-if문을 추가한다. 다음 절에서 이 else-if문을 직접 살펴보면 쉽게 이해될 것이다.

> if문은 단독으로 사용할 수 있지만, 다른 구문은 단독으로 존재할 수 없다. >(크다), <(작다), >=(크거
> 나 같다), <=(작거나 같다), ==(같다)와 같은 기본적인 수학 연산으로 더 복잡한 조건을 만들 수도 있
> 다. 예를 들어 (2 > 3)의 조건은 false를 반환하고 실패하지만, (2 < 3) 조건은 true를 반환하고 통과한다.
> 앞으로 직접 다룰 기회가 충분하므로, 지금은 이 이상의 내용을 크게 걱정하지 말자.

캐릭터의 주머니 속에 돈이 얼마나 있는지 확인하는 if-else문을 작성한다. 그리고 세
가지 경우(50 초과, 15 미만, 기타)의 디버그 로그를 출력한다.

1. LearningCurve를 열어 CurrentGold라는 새로운 public int 필드를 추가한 후, 값을
   1에서 100 사이로 설정한다.

   ```
   public int CurrentGold = 32;
   ```

2. Thievery라는 반환 값이 없는 public 메서드를 만든다.

   ```
   public void Thievery()
   {
   }
   ```

3. Thievery 메서드 안에 if문을 추가해 CurrentGold가 50보다 큰지 확인하고, 그 값
   이 true이면 콘솔에 메시지를 출력한다.

   ```
   if (CurrentGold > 50)
   {
   Debug.Log("You're rolling in it!");
   }
   ```

4. else-if문을 추가해 CurrentGold가 15보다 작은지 확인하고, 다른 디버그 로그를
   출력한다.

   ```
   else if (CurrentGold < 15)
   {
   Debug.Log("Not much there to steal...");
   }
   ```

5. 조건이 없는 else문과 마지막 기본 로그를 추가한다.

```
else
{
  Debug.Log("Looks like your purse is in the sweet spot.");
}
```

6. Start 내부에서 Thievery 메서드를 호출한다.

```
void Start()
{
  Thievery();
}
```

7. 파일을 저장하고, Thievery 메서드가 아래의 코드와 일치하는지 확인한 후 재생 버튼을 클릭한다.

```
public void Thievery()
{
  if (CurrentGold > 50)
  {
    Debug.Log("You're rolling in it!");
  }
  else if (CurrentGold < 15)
  {
    Debug.Log("Not much there to steal...");
  }
  else
  {
    Debug.Log("Looks like your purse is in the sweet spot.");
  }
}
```

예제에서 CurrentGold를 32로 설정하면, 코드 순서를 다음과 같이 나눌 수 있다.

1. currentGold가 50보다 크지 않기 때문에 if문과 디버그 로그를 건너뛴다.

2. currentGold가 15보다 작지 않기 때문에 else-if문과 디버그 로그도 건너뛴다.

3. 이전 조건이 모두 충족되지 않았기 때문에 else문이 실행되고 세 번째 디버그 로그가 출력된다.

그림 4.1 콘솔에 표시된 디버그 출력

CurrentGold에 다른 값을 직접 대입해본 후, 실패 조건을 테스트했을 때 어떤 상황이 발생하는지 확인해보자.

NOT 연산자 사용

사용하는 조건이 항상 양수나 true인지 확인해야 하는 것은 아니며, NOT 연산자가 올 수도 있다. 단일 느낌표⁽⁾로 작성된 NOT 연산자를 사용하면, if문이나 else-if문에서 조건이 음수 또는 false가 되도록 한다. 이는 다음의 조건이 동일하다는 것을 뜻한다.

```
If (variable == false)

// 그리고

If (!variable)
```

이미 알고 있듯이, if 조건에서 부울 값, 리터럴 값 또는 표현식을 확인할 수 있다. 따라서 당연히 NOT 연산자도 적용될 수 있다.

다음 예제에서 if문에 사용되는 2개의 다른 값hasDungeonKey, weaponType을 살펴보자.

```
public class LearningCurve : MonoBehaviour
{
  public bool hasDungeonKey = false;
  public string weaponType = "Arcane Staff";
```

```
  // Start is called before the first frame update
  void Start()
  {
    if (!hasDungeonKey)
    {
      Debug.Log("You may not enter without the sacred key.");
    }
    if (weaponType != "Longsword")
    {
      Debug.Log("You don't appear to have the right type of weapon...");
    }
  }
}
```

각 구문은 다음과 같이 평가할 수 있다.

- 첫 번째 구문은 'hasDungeonKey가 false이면 if문은 true로 평가돼 코드 블록을 실행한다'로 해석할 수 있다.

- 두 번째 구문은 'weaponType의 문자열 값이 Longsword와 같지 않으면 이 코드 블록을 실행한다'로 해석할 수 있다.

다음 스크린샷에서 디버그 결과를 확인할 수 있다.

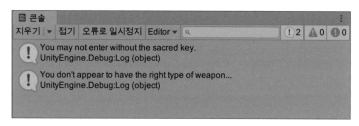

그림 4.2 콘솔에 표시된 NOT 연산자 출력

그러나 아직도 헷갈린다면, 이 절에서 살펴본 코드를 LearningCurve에 복사한 후 이해될 때까지 필드 값을 변경해가며 테스트해보자.

지금까지 살펴본 분기 조건은 매우 간단했지만, C#에서는 조건문을 중첩시켜 더 복잡한 상황을 처리할 수도 있다.

중첩 구문

if-else문의 가장 중요한 기능 중 하나는 코드로 복잡한 로직의 경로^{route}를 만들면서 서로 중첩될 수 있다는 것이다. 프로그래밍에서는 이를 의사결정 트리^{decision tree}라고 한다. 마치 미로의 문을 열면 또 다른 문이 나타나는 것처럼, 계속 중첩해나갈 수 있다.

```csharp
public class LearningCurve : MonoBehaviour
{
  public bool weaponEquipped = true;
  public string weaponType = "Arcane Staff";

  // Start is called before the first frame update
  void Start()
  {
    if (weaponEquipped)
    {
      if (weaponType == "Longsword")
      {
        Debug.Log("For the Queen!");
      }
    }
    else
    {
      Debug.Log("Fists aren't going to work against armor...");
    }
  }
}
```

앞의 예제를 분석해보자.

- 먼저 if문은 weaponEquipped가 true인지 확인한다. 이 시점에서의 코드는 weaponType

이 중요하지 않고, weaponEquipped가 true인지 여부만 중요하다.

- 두 번째 if문은 weaponType을 확인하고 관련 디버그 로그를 출력한다.

- 첫 번째 if문이 false로 평가되면 코드는 else문으로 넘어가서 디버그 로그를 출력한다. 두 번째 if문이 false로 평가되면 else문이 없으므로 아무것도 출력되지 않는다.

> **NOTE**
>
> 로직의 결과를 처리하는 책임은 100% 프로그래머에게 있다. 분기와 결과를 결정하는 코드를 작성하는 것은 개발자의 몫이다.

지금까지 배운 내용은 간단한 조건만 사용해도 별문제가 없었다. 하지만 여러 조건을 평가할 경우, 더 복잡한 구문이 필요하다.

다중 조건 평가

중첩문 외에, 여러 조건 검사를 AND와 OR 논리 연산자를 사용해 단일 if 또는 else-if문으로 결합할 수도 있다.

- AND는 2개의 앰퍼샌드ampersand 문자(&&)로 작성한다. AND 연산자를 사용하면 모든 조건이 true로 평가돼야 if문을 실행할 수 있다.

- OR는 2개의 파이프 문자(||)로 작성한다. OR 연산자를 사용하는 if문은 조건 중 하나 이상이 true이면 실행된다.

- 조건의 평가는 항상 왼쪽에서 오른쪽으로 진행된다.

다음 예제에서 if문은 weaponEquipped와 weaponType을 모두 확인하도록 업데이트됐다. 코드 블록을 실행하려면 둘 다 true가 돼야 한다.

```
if (weaponEquipped && weaponType == "Longsword")
{
```

```
    Debug.Log("For the Queen!");
}
```

지금까지 배운 if문의 내용을 테스트해보자. 복습이 필요하다면 좀 더 연습하고 다음 절
로 넘어가길 바란다.

보물함을 찾는 실습을 수행하면서 이번 주제를 구체적으로 다뤄보자.

1. LearningCurve의 상단에 세 가지 변수를 선언한다. 이때 PureOfHeart는 bool 타입
   이며 값은 true이다. 또한 HasSecretInculation도 bool 타입이지만 값은 false이다.
   RareItem은 string 타입이며 값은 사용자가 임의로 정할 수 있다.

   ```
   public bool PureOfHeart = true;
   public bool HasSecretIncantation = false;
   public string RareItem = "Relic Stone";
   ```

2. 반환 값이 없는 OpenTreasureChamber라는 public 메서드를 만든다.

   ```
   public void OpenTreasureChamber()
   {
   }
   ```

3. OpenTreasureChamber 내부에 if-else문을 선언해 PureOfHeart가 true인지, 또한
   RareItem이 할당한 문자열 값과 서로 일치하는지 확인한다.

   ```
   if (PureOfHeart && RareItem == "Relic Stone")
   {
   }
   ```

4. 첫 번째 if문 내부에 중첩된 if-else문을 만들어 HasSecretIncantation이 false인

지 확인한다.

```
if (!HasSecretIncantation)
{
  Debug.Log("You have the spirit, but not the knowledge.");
}
```

5. 각각의 if-else문에 디버그 로그를 추가한다.

6. Start 내부에서 OpenTreasureChamber 메서드를 호출한다.

```
void Start()
{
  OpenTreasureChamber();
}
```

7. 저장한 후, 작성한 코드가 아래와 일치하는지 확인하고 재생 버튼을 클릭한다.

```
public class LearningCurve : MonoBehaviour
{
  public bool PureOfHeart = true;
  public bool HasSecretIncantation = false;
  public string RareItem = "Relic Stone";

  // Start is called before the first frame update
  void Start()
  {
    OpenTreasureChamber();
  }

  public void OpenTreasureChamber()
  {
    if (PureOfHeart && RareItem == "Relic Stone")
    {
      if (!HasSecretIncantation)
      {
        Debug.Log("You have the spirit, but not the knowledge.");
      }
      else
      {
        Debug.Log("The treasure is yours, worthy hero!");
```

```
            }
          }
          else
          {
            Debug.Log("Come back when you have what it takes.");
          }
        }
      }
```

변수 값을 위의 코드와 동일하게 지정하면, 중첩된 if문의 디버그 로그가 다음과 같이
출력된다. 이는 코드가 두 가지 조건을 확인하는 첫 번째 if문을 통과하고, 내부의 if문
도 성공했음을 의미한다.

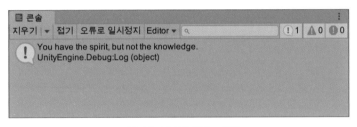

그림 4.3 콘솔의 디버그 출력

이쯤에서 모든 요구 조건에 더 큰 if-else문을 사용할 수도 있지만, 장기적으로는 효율
성이 떨어질 수밖에 없다. 좋은 프로그래밍이란 올바른 작업에 적합한 도구를 사용하는
것이므로, 여기서는 switch문을 사용해보자.

switch문

if-else문은 의사결정 논리를 작성하기에 좋은 방법이다. 그러나 3~4개 이상의 분기 작
업이 있는 경우에는 좋지 않다. 분석하기 전까지는 코드가 따라가기 어려운 뒤엉킨 매
듭처럼 보일 수 있으며, 업데이트하는 데 어려움이 따를 수 있다.

switch문은 표현식을 사용해 각각의 가능한 결과에 따른 작업을 할 수 있으며, if-else
보다 서식이 훨씬 간결하다.

switch문에는 다음과 같은 요소가 필요하다.

- switch 키워드 뒤에 조건이 담긴 소괄호 쌍

- 한 쌍의 중괄호

- **콜론⒤으로 끝나는 가능한 경로의 case문**: 코드나 메서드의 개별 행, 그 뒤에 break 키워드와 세미콜론⒤

- **콜론으로 끝나는 default문**: 코드나 메서드의 개별 행, 그 뒤에 break 키워드와 세미콜론

기본 구조는 다음과 같다.

```
switch (matchExpression)
{
  case matchValue1:
    Executing code block
    break;
  case matchValue2:
    Executing code block
    break;
  default:
    Executing code block
    break;
}
```

앞의 기본 구조에서 굵은 글꼴로 표시된 키워드는 중요한 부분이다. case문이 정의되면, 콜론과 break 키워드 사이의 모든 코드가 if-else문의 코드 블록처럼 동작한다. break 키워드는 선택된 case가 실행된 후 switch문이 완전히 종료되도록 프로그램에 알린다. 구문이 어떤 case문을 실행할지 결정하는 것을 패턴 일치^{pattern matching}라 하며, 다음 절에서 자세히 살펴본다.

패턴 일치

switch문에서 패턴 일치는 다수의 case문을 비교하며 일치 식이 유효한지 확인하는 것

이다. 일치 식은 null이나 값이 없는 상태가 아니라면 어떤 타입이든 가능하다. 모든 case문의 값은 일치 식의 타입과 일치해야 한다.

예를 들어 int 변수를 평가하는 switch문이 있다면, 각 case문은 확인할 정수 값을 지정해야 한다.

표현식과 일치하는 값의 case문이 실행되고, 일치하는 case문이 없을 때는 default문이 실행된다. 직접 실습하며 확인해보자.

새로운 문법과 정보가 많으니 직접 실습해보는 게 도움이 될 것이다. 그럼 캐릭터가 수행할 수 있는 다양한 동작을 간단한 switch문으로 만들어보자.

1. CharacterAction이라는 새로운 public string 필드를 만들고 Attack으로 설정한다.

```
public string CharacterAction = "Attack";
```

2. PrintCharacterAction이라는 반환 값이 없는 public 메서드를 만든다.

```
public void PrintCharacterAction()
{
}
```

3. PrintCharacterAction 메서드 안에 switch문을 선언하고 CharacterAction을 일치 식으로 사용한다.

```
switch (CharacterAction)
{
}
```

4. Heal과 Attack의 case문을 만들고 서로 다른 디버그 로그를 출력한다. 구문의 끝에는 break 키워드를 꼭 넣어야 한다.

```
case "Heal":
  Debug.Log("Potion sent.");
  break;
case "Attack":
```

```
      Debug.Log("To arms!");
      break;
```

5. 디버그 로그와 break가 있는 default문도 추가한다.

```
default:
    Debug.Log("Shields up.");
    break;
```

6. Start 내부에서 PrintCharacterAction 메서드를 호출한다.

```
void Start()
{
    PrintCharacterAction();
}
```

7. 파일을 저장하고 작성한 코드가 아래와 일치하는지 확인한 후, 재생 버튼을 클릭한다.

```
public string CharacterAction = "Attack";

// Start is called before the first frame update
void Start()
{
    PrintCharacterAction();
}

public void PrintCharacterAction()
{
    switch (CharacterAction)
    {
        case "Heal":
            Debug.Log("Potion sent.");
            break;
        case "Attack":
            Debug.Log("To arms!");
            break;
        default:
            Debug.Log("Shields up.");
            break;
```

```
        }
    }
```

CharacterAction이 Attack으로 설정돼 있으므로, switch문은 두 번째 case문을 실행하고 디버그 로그를 출력한다.

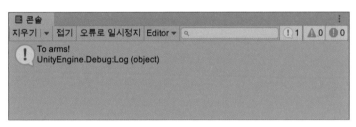

그림 4.4 콘솔의 switch문 출력

CharacterAction을 Heal 또는 정의되지 않은 동작으로 변경해, 첫 번째 case문이나 default문이 실행되는지 확인한다.

늘 그렇진 않지만, switch문에서 여러 case문이 동일한 작업을 실행하게 할 수 있다. 이를 폴스루 case라 하며, 다음 절에서 자세히 다룰 것이다.

폴스루 case

단일 if문에서 여러 조건을 지정하는 것과 유사하게, switch문도 여러 case에서 동일한 작업을 실행할 수 있다. 이를 폴스루fall-through 또는 폴스루 case라 한다. 폴스루 case를 사용하면 다양한 case를 다룰 때 단일 작업 집합으로 정의할 수 있다. case 블록이 비어 있거나 break 키워드가 없는 코드라면 바로 아래의 case로 넘어가기 때문에 중복된 case 블록 없이 switch 코드를 깔끔하고 효율적으로 유지할 수 있다.

NOTE

> case는 어떠한 순서로든 작성될 수 있으므로, 폴스루 case를 만들면 코드의 가독성과 효율성을 크게 향상시킬 수 있다.

주사위를 던진 결과에 따라 특정 작업을 실행하는 보드게임 시나리오를 switch문과 폴스루 case를 사용해 시뮬레이션해보자.

1. DiceRoll이라는 public int 필드를 만들고, 값을 7로 할당한다.

```
public int DiceRoll = 7;
```

2. RollDice라는 반환 값이 없는 public 메서드를 만든다.

```
public void RollDice()
{
}
```

3. RollDice 메서드 안에 switch문을 선언하고 DiceRoll을 일치 식으로 사용한다.

```
switch (DiceRoll)
{
}
```

4. 주사위를 던져 나올 수 있는 세 가지 case(7, 15, 20)를 추가하고, 마지막에 default문을 추가한다.

5. case 15와 case 20은 자체 디버그 로그와 break문이 있어야 하지만, case 7은 폴스루돼 case 15로 넘어간다.

```
case 7:
case 15:
  Debug.Log("Mediocre damage, not bad.");
  break;
case 20:
  Debug.Log("Critical hit, the creature goes down!");
  break;
default:
  Debug.Log("You completely missed and fell on your face.");
  break;
```

6. Start 내부에서 RollDice 메서드를 호출한다.

```
void Start()
{
    RollDice();
}
```

7. 파일을 저장하고 유니티에서 실행한다.

DiceRoll을 7로 설정하면 switch문은 case 7과 일치하며, 코드 블록과 break문이 없으므로 폴스루돼 case 15를 실행한다. DiceRoll을 15나 20으로 변경하면 콘솔에 각각의 해당 메시지가 출력되고, 다른 값은 구문의 끝에서 default문을 시작한다.

그림 4.5 폴스루 switch문 코드의 스크린샷

지금까지 조건 논리에서 알아야 할 내용을 모두 살펴봤다. 컬렉션으로 넘어가기 전에 필요한 부분을 복습하고, 내용 점검에서 제시하는 문제를 풀어보자.

내용 점검 1: if, and, or, not

다음 문제에 답하면서 실력을 점검해보자.

1. if문을 평가하는 데 사용되는 값은 무엇인가?

2. 어떤 연산자가 true 조건을 false로, 또는 false 조건을 true로 바꿀 수 있는가?

3. if문 코드를 실행하는 데 2개의 조건이 true여야 한다면, 두 조건을 결합하는 데 어떤 논리 연산자를 사용해야 할까?

4. if문 코드를 실행하는 데 2개의 조건 중 하나만 true여도 된다면, 두 조건을 결합하는 데 어떤 논리 연산자를 사용해야 할까?

문제를 다 풀었다면, 컬렉션 데이터 타입을 배울 준비가 된 셈이다. 게임과 C# 프로그램에서 컬렉션 데이터 타입은 프로그래밍 기능의 새로운 영역이 될 것이다.

⁝⁝ 컬렉션 간단히 살펴보기

지금까지는 단일 값을 저장하는 변수만 필요했지만, 그룹 값이 필요한 조건도 많이 있다. C#의 컬렉션 타입에는 배열, 딕셔너리, 리스트가 포함되며 각 타입마다 장단점이 있다. 좀 더 자세한 내용은 다음 절에서 다룬다.

배열

배열은 C#에서 제공하는 가장 기본적인 컬렉션이다. 그룹 값의 컨테이너라고 생각하면 되며, 프로그래밍 용어로는 요소라 한다. 각 값은 개별적으로 액세스하거나 수정할 수 있다.

- 배열은 모든 타입의 값을 저장할 수 있으며, 모든 요소는 동일한 타입이어야 한다.

- 배열이 생성될 때 배열의 길이나 요소의 개수가 설정되며, 추후에 변경이 불가능

하다.

- 배열이 생성될 때 초기값이 지정되지 않으면, 각 요소에는 기본값이 지정된다. 숫자 타입을 저장하는 배열은 0으로 설정되고, 다른 타입은 null로 설정되거나 미설정 상태가 된다.

배열은 C#에서 유연성이 가장 떨어지는 컬렉션 타입이다. 배열이 생성되고 나면 요소의 추가나 삭제가 불가능하기 때문이다. 그러나 변경할 가능성이 없는 정보를 저장하기에는 유용하다. 또한 유연성이 부족한 대신 다른 컬렉션 타입보다 처리 속도가 빠르다.

배열 선언은 그동안 작업했던 다른 변수 타입과 유사하지만, 몇 가지 변경 사항이 있다.

- 배열 변수는 지정된 요소 타입, 대괄호 쌍, 고유한 이름이 필요하다.
- new 키워드는 메모리에 배열을 생성하는 데 사용되며, 값 타입과 대괄호 쌍이 뒤에 따라온다. 예약된 메모리 영역은 새로운 배열에 저장할 데이터의 크기가 된다.
- 배열이 저장할 요소의 수는 두 번째 대괄호 쌍 안에 들어간다.

기본 구조는 다음과 같다.

```
elementType[] name = new elementType[numberOfElements];
```

게임에서 최상위 3개에 해당하는 점수를 저장하는 예를 들어보자.

```
int[] topPlayerScores = new int[3];
```

분석해보면, topPlayerScores는 3개의 정수 요소를 저장하는 int 배열이다. 초기값을 추가하지 않았으므로 topPlayerScores에서 3개의 값은 각각 0이다. 그러나 배열의 크기를 변경하면, 원래 배열의 내용이 손실되므로 주의해야 한다.

배열을 생성할 때 변수 선언 끝의 중괄호 쌍 안에 값을 추가하면, 배열에 값을 직접 할당할 수 있다. 이와 관련해 C#에는 일반 및 단축 표현이 있지만 어느 방법을 사용하든 모두 유효하다.

```
// 일반 초기화
int[] topPlayerScores = new int[] { 713, 549, 984 };

// 단축 초기화
int[] topPlayerScores = { 713, 549, 984 };
```

NOTE

> 단축 구문으로 배열을 초기화하는 것이 일반적이므로, 이 책의 나머지 부분도 이 방법을 사용할 것이다. 하지만 세부 사항을 표시하려면 명시적인 표현을 사용하는 것이 좋다.

이제 선언 문법이 더 이상 어렵지 않을 것이다. 다음으로는 배열 요소를 저장하고 액세스하는 방법을 알아본다.

인덱싱과 첨자

각 배열 요소는 할당된 순서대로 저장되며, 이를 인덱스^{index}라고 한다. 배열은 요소의 순서가 1이 아닌 0부터 시작하는 zero-indexed[1]이다. 요소의 인덱스를 참조나 위치로 생각하면 된다.

다음의 **topPlayerScores**에서 첫 번째 정수인 452는 인덱스 0에, 713은 인덱스 1에, 984는 인덱스 2에 위치한다.

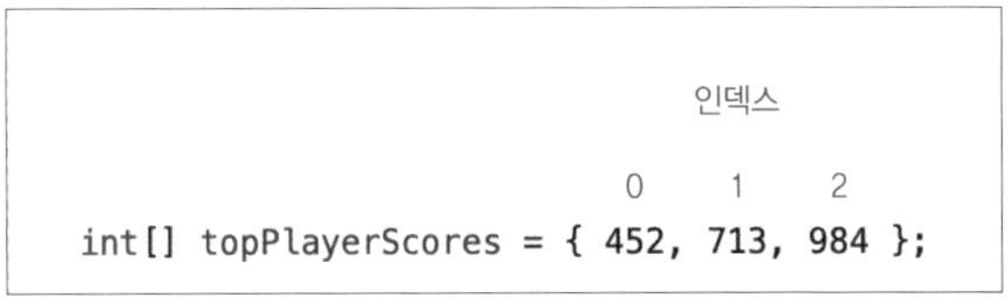

```
                              인덱스

                      0    1    2
int[] topPlayerScores = { 452, 713, 984 };
```

그림 4.6 값에 매핑된 배열 인덱스

개별 값은 인덱스별로 위치하며, 이때 요소의 인덱스가 포함된 대괄호 쌍인 첨자 연산

---

1   zero-indexed 대신에 zero-based index라고도 한다. – 옮긴이

자를 사용한다. 예를 들어 topPlayerScores에서 두 번째 배열 요소를 검색하고 저장하려면, 배열 이름 다음에 첨자 대괄호와 인덱스 1을 사용한다.

```
// score의 값은 713으로 설정된다
int score = topPlayerScores[1];
```

첨자 연산자는 다른 변수와 마찬가지로 배열 값을 직접 수정하거나 자체적으로 표현식을 전달할 때도 사용할 수 있다.

```
topPlayerScores[1] = 1001;
```

이제 topPlayerScores의 값은 452, 1001, 984이다.

범위 예외

배열이 생성되면 요소의 수가 설정되고 변경할 수 없으므로, 존재하지 않는 요소에 액세스하는 것은 불가능하다. topPlayerScores의 예에서, 배열의 길이는 3이므로 유효한 인덱스의 범위는 0에서 2까지다. 3 이상의 인덱스는 배열의 범위를 벗어나며, 콘솔에 IndexOutOfRangeException 오류를 발생시킨다.

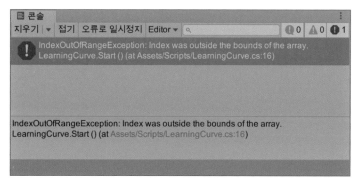

그림 4.7 범위를 벗어난 예외

Length 프로퍼티를 사용해 배열의 길이, 즉 배열에 포함된 항목의 수를 항상 확인할 수 있다.

```
topPlayerScores.Length;
```

여기서 topPlayerScores의 길이는 3이다.

C#이 제공하는 컬렉션 타입에 배열만 있는 것은 아니다. 다음 절에서는 프로그래밍 환경에서 좀 더 유연하고 일반적으로 사용하는 리스트를 다룰 것이다.

리스트

리스트는 배열과 밀접한 관련이 있으며, 단일 변수에서 같은 타입의 다양한 값을 수집한다. 리스트는 요소의 추가, 삭제, 업데이트를 처리하기가 훨씬 쉬우며, 요소가 순차적으로 저장된다. 또한 리스트는 변경이 용이하다. 전체 변수를 덮어 쓰지 않아도 저장 중인 항목의 길이나 수를 변경할 수 있기 때문이다. 그러나 이 때문에 리스트가 배열보다 성능상의 비용이 더 많이 들기도 한다.

리스트 타입의 변수는 다음과 같은 요건이 충족돼야 한다.

- List 키워드, 좌우 화살표<, > 문자 사이의 요소 타입과 고유한 이름

- 메모리에서 리스트를 초기화하는 new 키워드, 그 뒤에 List 키워드와 화살표 문자

사이의 요소 타입

- 한 쌍의 소괄호 뒤에 세미콜론

기본 구조는 다음과 같다.

```
List<elementType> name = new List<elementType>();
```

배열과 마찬가지로, 변수 선언에서 한 쌍의 중괄호 안에 요소 값을 추가해 리스트를 초기화할 수 있다.

```
List<elementType> name = new List<elementType>() { value1, value2 };
```

요소는 (값 자체의 순차적인 순서가 아니라) 추가된 순서대로 저장되며, zero-indexed이다. 또한 첨자 연산자를 사용해 액세스할 수 있다.

그럼, 직접 리스트를 설정해 이 클래스의 기본 기능을 테스트해보자.

가상의 롤플레잉 게임에서 파티 멤버의 리스트를 만들어보자.

1. Start 내부에 QuestPartyMembers라는 string 타입의 새 리스트를 만들고 캐릭터 세 명의 이름으로 초기화한다.

```
List<string> QuestPartyMembers = new List<string>()
  {
    "Grim the Barbarian",
    "Merlin the Wise",
    "Sterling the Knight"
  };
```

2. Count 프로퍼티를 사용해 리스트에 있는 파티 멤버의 수를 출력하는 디버그 로그를 추가한다.

```
Debug.LogFormat("Party Members: {0}", QuestPartyMembers.Count);
```

3. 파일을 저장하고 유니티에서 재생한다.

QuestPartyMembers라는 새 리스트가 3개의 string 값을 갖도록 초기화했고, List 클래스의 Count 프로퍼티를 사용해 요소 수를 출력했다. List에서는 Count를 사용하지만 배열에서는 Length를 사용한다는 점에 주의하자.

그림 4.8 콘솔에 출력된 리스트의 항목 수

리스트에 있는 요소의 수를 알면 유용하지만, 대부분의 상황에서는 그 정보만으로 충분치 않다. 필요하다면 리스트를 수정해야 하므로, 다음으로는 이 내용을 다뤄보자.

리스트의 액세스와 수정

인덱스가 List 클래스의 범위 안에 있는 한, 리스트 요소는 배열처럼 첨자 연산자와 인덱스를 사용해 액세스와 수정이 가능하다. 하지만 List 클래스에는 요소의 추가, 삽입, 삭제와 같이 기능을 확장할 수 있는 다양한 메서드가 있다.

QuestPartyMembers 리스트를 유지하면서 팀에 새 멤버를 추가해보자.

```
QuestPartyMembers.Add("Craven the Necromancer");
```

Add() 메서드는 리스트의 마지막에 새 요소를 추가한다. 따라서 QuestPartyMembers의 수는 4개가 되며, 요소의 순서는 다음과 같다.

```
{ "Grim the Barbarian", "Merlin the Wise", "Sterling the Knight", "Craven
the Necromancer"};
```

리스트의 특정 위치에 요소를 추가하려면, Insert() 메서드에 추가할 인덱스와 값을 넣는다.

```
QuestPartyMembers.Insert(1, "Tanis the Thief");
```

이전에 사용된 인덱스에 요소가 삽입되면, 리스트에 있는 모든 요소의 인덱스는 1씩 증가한다. 예제에서 "Tanis the Thief"는 이제 인덱스 1에 있고, "Merlin the Wise"는 인덱스 1이 아닌 2가 되면서 나머지도 인덱스가 1씩 증가한 것을 알 수 있다.

```
{ "Grim the Barbarian", "Tanis the Thief", "Merlin the Wise", "Sterling the
Knight", "Craven the Necromancer"};
```

요소를 삭제하는 것도 간단하다. 인덱스나 리터럴 값만 있으면 List 클래스가 작업을 수행할 수 있다.

```
// 이 두 메서드 모두 지정한 요소를 제거한다
QuestPartyMembers.RemoveAt(0);
QuestPartyMembers.Remove("Grim the Barbarian");
```

이제 QuestPartyMembers에는 다음과 같이 0에서 3까지 인덱스된 요소가 포함된다.

```
{ "Tanis the Thief", "Merlin the Wise", "Sterling the Knight", "Craven the
Necromancer" };
```

NOTE

List 클래스에는 값의 확인, 요소 검색 및 정렬, 범위 작업 등을 하는 많은 메서드가 있다. 전체 메서드 목록과 그에 대한 설명은 마이크로소프트 런(https://learn.microsoft.com/ko-kr/dotnet/api/system. collections.generic.list-1?view=netframework-4.7.2)에서 찾을 수 있다.

단일 값 요소를 사용할 때는 리스트가 적합하다. 하지만 값을 2개 이상 갖고 있는 정보나 데이터를 저장할 때는 딕셔너리를 사용하는 게 좋다.

딕셔너리

Dictionary 타입은 각 요소에 단일 값 대신 쌍을 이루는 값을 저장하므로 배열이나 리스트와는 차이가 있다. 이러한 요소를 키-값 쌍key-value pair이라 하며, 키는 해당 값의 인덱스 또는 검색 값 역할을 한다. 배열이나 리스트와는 달리, 딕셔너리는 순서가 없다. 그러나 딕셔너리가 생성된 후에는 다양한 설정에 맞춰 정렬할 수 있다.

딕셔너리 선언은 리스트 선언과 거의 유사하다. 하지만 한 가지 세부 사항이 더 있는데, 키와 값 타입 모두 화살표 기호 안에 지정해야 한다는 점이다.

```
Dictionary<keyType, valueType> name = new Dictionary<keyType, valueType>();
```

다음과 같이 키-값 쌍으로 딕셔너리를 초기화해보자.

- 선언 끝에 중괄호 쌍을 사용한다.

- 키와 값을 쉼표로 구분해 각 요소를 중괄호 쌍 안에 추가한다.

- 쉼표가 선택 사항인 마지막 요소를 제외하고, 요소는 모두 쉼표로 구분한다.

그럼 다음과 같을 것이다.

```
Dictionary<keyType, valueType> name = new Dictionary<keyType, valueType>()
{
  {key1, value1},
  {key2, value2}
};
```

키 값을 선택할 때 고려해야 할 점은 각 키는 고유하며 변경할 수 없다는 것이다. 만약 키를 업데이트하려면, 변수 선언에서 해당 값을 변경하거나 전체 키-값 쌍을 삭제한 후 다른 키-값을 코드에 추가해야 한다. 이는 다음 장에서 자세히 살펴본다.

캐릭터가 휴대할 아이템을 저장하는 딕셔너리를 만들어보자.

1. 키 타입이 string이고 값 타입이 int인 ItemInventory라는 Dictionary를 Start 메서드에 선언한다.

2. new Dictionary<string, int>()로 초기화하고, 원하는 3개의 키-값 쌍을 추가한다. 또한 각 요소가 중괄호 쌍 안에 있는지도 확인한다.

```
Dictionary<string, int> ItemInventory = new Dictionary<string, int>()
  {
    { "Potion", 5 },
    { "Antidote", 7 },
    { "Aspirin", 1 }
  };
```

3. 디버그 로그를 추가해 ItemInventory.Count 프로퍼티를 출력하고, 아이템이 저장되는 방식을 확인한다.

```
Debug.LogFormat("Items: {0}", ItemInventory.Count);
```

4. 파일을 저장하고 재생 버튼을 클릭한다.

이제 ItemInventory라는 새로운 딕셔너리가 생성됐으며, 3개의 키-값 쌍으로 초기화됐다. 키를 string으로, 해당 값을 int로 지정하고 현재 ItemInventory가 요소를 얼마나 갖고 있는지 출력한다.

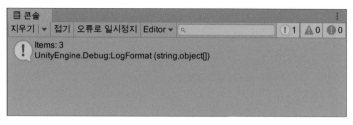

그림 4.9 콘솔에 출력된 딕셔너리 수

리스트와 마찬가지로, 주어진 딕셔너리에서 키-값 쌍의 수를 출력하는 것 외에 더 많은 작업을 하고 싶을 것이다. 다음 절에서는 값을 추가하고, 삭제하고, 업데이트하는 방법을 알아본다.

딕셔너리 키-값 쌍 작업

키-값 쌍은 첨자와 클래스 메서드를 둘 다 사용해 딕셔너리에서 추가, 제거, 액세스를 할 수 있다. 요소의 값을 검색하려면 요소의 키와 첨자 연산자를 사용한다. 다음 예에서는 numberOfPotions에 5가 할당된다.

```
int numberOfPotions = ItemInventory["Potion"];
```

동일한 방법을 사용해 요소의 값을 업데이트할 수 있다. 이제 "Potion"과 관련된 값은 10이 된다.

```
ItemInventory["Potion"] = 10;
```

Add 메서드나 첨자 연산자를 사용하면 요소를 딕셔너리에 추가할 수 있다. Add 메서드는 딕셔너리 선언과 일치하는 타입의 키와 값을 받아 새로운 키-값 요소를 만든다.

```
ItemInventory.Add("Throwing Knife", 3);
```

첨자 연산자를 사용해 딕셔너리에 없는 키에 값을 할당하면, 컴파일러는 자동으로 이를 새 키-값 쌍으로 추가한다. 예를 들어 키가 "Bandage"인 새로운 요소를 추가하려면, 다음 코드를 사용하면 된다.

```
ItemInventory["Bandage"] = 5;
```

이는 키-값 쌍을 참조하는 데 중요한 역할을 한다. 실수로 새 키-값 쌍을 추가하지 않도록, 액세스를 하기 전에 요소가 존재하는지 확인하는 게 좋다. 이때 ContainsKey 메서드와 if문을 함께 사용하면 된다. ContainsKey 메서드는 키가 있는지 여부에 따라 부울 값을 반환하기 때문이다. 다음과 같이 값을 수정하기 전에 if문을 사용해 "Aspirin" 키가 존재하는지 확인해보자.

```
if (ItemInventory.ContainsKey("Aspirin"))
{
    ItemInventory["Aspirin"] = 3;
}
```

마지막으로, 키를 매개변수로 받는 Remove() 메서드를 사용해 키-값 쌍을 딕셔너리에서 삭제할 수 있다.

```
ItemInventory.Remove("Antidote");
```

NOTE

> 리스트와 마찬가지로 딕셔너리는 개발을 더 쉽게 할 수 있는 다양한 메서드와 기능을 제공하지만, 여기서 모든 것을 다루기는 어렵다. 더 궁금한 점이 있다면 마이크로소프트 런(https://learn.microsoft.com/ko-kr/dotnet/api/system.collections.generic.dictionary-2?view=netframework-4.7.2)에서 공식 문서를 살펴보자.

이제 내용 점검 문제를 풀어보면서 다음 주제인 반복문으로 넘어갈 준비를 하자.

내용 점검 2: 컬렉션의 모든 것

1. 배열 또는 리스트의 요소는 무엇인가?

2. 배열 또는 리스트에서 첫 번째 요소의 인덱스 번호는 무엇인가?

3. 단일 배열 또는 리스트가 다른 타입의 데이터를 저장할 수 있는가?

4. 더 많은 데이터 공간을 만들고자 요소를 배열에 더 추가하려면 어떻게 해야 하는가?

컬렉션은 항목의 그룹 또는 리스트이므로 액세스를 효율적인 방법으로 해야 한다. 다행히 C#에는 여러 반복문이 있으니 다음 절에서 다뤄본다.

∷ 반복문

지금까지는 컬렉션 타입의 메서드와 첨자 연산자로 개별 컬렉션 요소에 액세스했다. 하지만 전체 컬렉션에서 요소별로 살펴봐야 할 때는 어떻게 해야 할까? 프로그래밍에서는 이를 '반복'이라 하며, C#은 컬렉션 요소를 루프_(또는 기술적으로 반복) 처리하는 다양한 문법을 제공한다. 반복문은 실행할 코드 블록을 저장한다는 점에서 메서드와 유사하지만, 조건이 충족되는 한 반복적으로 코드 블록을 실행한다는 점에서는 메서드와 차이가 있다.

for 루프

프로그램이 진행되기 전에 코드 블록을 일정 횟수만큼 실행해야 할 때는 일반적으로 for 루프를 자주 사용한다. 구문 자체에는 3개의 표현식이 있는데, 각 표현식은 루프가 실행되기 전에 수행할 특정 기능을 담고 있다. for 루프는 현재의 반복을 추적하므로, 배열과 리스트에 가장 적합하다.

다음 반복문의 기본 구조를 살펴보자.

```
for (initializer; condition; iterator)
{
  code block;
}
```

이를 분석해보자.

1. for 키워드는 소괄호 쌍이 따라오는 구문으로 시작한다.

2. 소괄호 안에는 이니셜라이저(initializer), 조건(condition), 이터레이터(iterator) 식과 같은 게이트키퍼gatekeeper가 있다.

3. 루프는 이니셜라이저 식으로 시작한다. 이니셜라이저는 루프가 얼마나 실행됐는지 추적하기 위해 생성된 지역 변수이며, 컬렉션 타입이 zero-indexed이므로 일반적으로 0으로 설정한다.

4. 다음으로, 조건식을 확인하고 true이면 이터레이터로 이동한다.

5. 이터레이터 식은 이니셜라이저를 증가시키거나 감소시키는 데 사용한다. 즉, 다음에 루프가 해당 조건을 평가할 때 이니셜라이저가 달라진다.

> **NOTE**
>
> 값을 1씩 늘리고 줄이는 것을 각각 증가와 감소라 한다(--는 값이 1씩 감소, ++는 값이 1씩 증가).

살펴볼 것이 많으므로, 앞서 만든 QuestPartyMembers 리스트를 사용하는 예제부터 다뤄보자.

```
List<string> QuestPartyMembers = new List<string>()
{ "Grim the Barbarian", "Merlin the Wise", "Sterling the Knight" };
int listLength = QuestPartyMembers.Count;

for (int i = 0; i < listLength; i++)
{
  Debug.LogFormat("Index: {0} - {1}", i, QuestPartyMembers[i]);
}
```

루프를 다시 살펴보면서 어떻게 작동하는지 알아보자.

1. 먼저, for 루프의 이니셜라이저는 int 지역 변수인 i의 시작 값을 0으로 설정한다.

2. 그다음에는 루프가 매번 길이를 확인할 필요가 없도록 리스트의 길이를 변수에 저장한다. 이 방법은 성능을 개선시키는 좋은 사례라 할 수 있다.

3. for 루프에서는 i가 QuestPartyMembers의 요소 수(listLength)보다 적을 때만 루프가 다음 번에 실행되므로, 범위에서 벗어난 예외out-of-range exception를 피할 수 있다.

   - 배열에서는 Length 프로퍼티를 사용해 얼마나 많은 항목이 있는지 확인한다.

   - 리스트에서는 Count 프로퍼티를 사용한다.

4. 마지막으로, i는 루프가 실행될 때마다 ++ 연산자로 1씩 증가한다.

5. for 루프 안에서는 i를 사용해 해당 인덱스와 리스트 요소를 출력한다.

6. i와 컬렉션 요소의 인덱스는 둘 다 0에서 시작해 함께 증가한다.

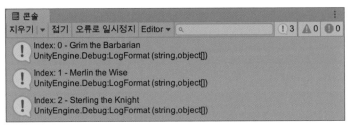

그림 4.10 for 루프로 출력된 리스트 값

기존 컬렉션 중 하나에 새로운 반복문을 추가해보자.

QuestPartyMembers의 루프가 진행되는 동안, 특정 요소가 반복되는 시기를 파악해 특별한 디버그 로그의 추가가 가능한지 알아보자.

1. QuestPartyMembers 리스트와 for 루프를 FindPartyMember라는 public 메서드로 이동시킨 후 Start에서 호출한다.

2. for 루프의 디버그 로그 아래에 if문을 추가해 현재 QuestPartyMembers 리스트가 "Merlin the Wise"와 일치하는지 확인한다.

```
if (QuestPartyMembers[i] == "Merlin the Wise")
{
    Debug.Log("Glad you're here Merlin!");
}
```

3. 일치한다면 원하는 디버그 로그를 추가하고, 작성한 코드가 아래와 일치하는지 확인한 후 재생 버튼을 누른다.

```
// Start is called before the first frame update

void Start()
{
    FindPartyMember();
}

public void FindPartyMember()
{
    List<string> QuestPartyMembers = new List<string>()
    {
        "Grim the Barbarian",
        "Merlin the Wise",
        "Sterling the Knight"
    };

    QuestPartyMembers.Add("Craven the Necromancer");
    QuestPartyMembers.Insert(1, "Tanis the Thief");
    QuestPartyMembers.RemoveAt(0);
    //QuestPartyMembers.Remove("Grim the Barbarian");

    int listLength = QuestPartyMembers.Count;
    Debug.LogFormat("Party Members: {0}", listLength);

    for (int i = 0; i < listLength; i++)
    {
        Debug.LogFormat("Index: {0} - {1}", i, QuestPartyMembers[i]);
        if (QuestPartyMembers[i] == "Merlin the Wise")
        {
            Debug.Log("Glad you're here Merlin!");
```

```
        }
      }
   }
```

Merlin the Wise가 루프를 통과할 때 추가적인 디버그 로그가 출력된 점을 제외하면, 콘솔 출력은 거의 동일하다. 더 자세히 보면, 두 번째 루프에서 i가 1일 때 if문이 실행되고 2개의 로그가 출력된다.

그림 4.11 리스트 값과 일치하는 if문을 출력하는 for 루프

별문제가 없는 상황이라면 for 루프를 사용하는 것이 유용하지만, 실제 프로그래밍에서는 다양한 방법을 사용하므로 foreach문도 살펴보자.

foreach 루프

foreach 루프는 컬렉션의 각 요소를 가져온 후 지역 변수에 저장해 구문 내에서 액세스하는 역할을 한다. 지역 변수의 타입은 컬렉션 요소 타입과 일치해야 제대로 작동할 수 있다. foreach 루프는 배열과 리스트에 사용될 수 있지만, 숫자 인덱스 대신 키-값 쌍을 사용하는 딕셔너리에 특히 유용하다.

foreach 루프의 기본 구조는 다음과 같다.

```
foreach (elementType localName in collectionVariable)
{
    code block;
}
```

계속해서 QuestPartyMembers 리스트 예제를 다루면서 각 요소를 돌아가며 호출해보자.

```
List<string> QuestPartyMembers = new List<string>()
{ "Grim the Barbarian", "Merlin the Wise", "Sterling the Knight" };

foreach (string partyMember in QuestPartyMembers)
{
    Debug.LogFormat("{0} - Here!", partyMember);
}
```

NOTE

다음과 같이 var 키워드를 사용하면, 루프를 순회하는 컬렉션 타입을 자동으로 결정할 수도 있다.

```
foreach (var partyMember in QuestPartyMembers)
{
    Debug.LogFormat("{0} - Here!", partyMember");
}
```

다음과 같이 분석할 수 있다.

- 요소의 타입은 QuestPartyMembers의 값과 일치하는 string으로 선언된다.

- 루프가 반복되면 각 요소를 저장할 partyMember라는 지역 변수가 생성된다.

- in 키워드 뒤에는 루프를 순회할 컬렉션(이 경우에는 QuestPartyMembers)을 기재한다.

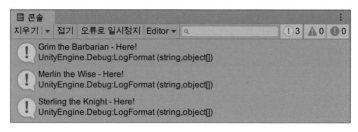

그림 4.12 리스트 값을 출력하는 foreach 루프

foreach 루프는 for 루프보다 사용하기가 더 간단하다. 그러나 딕셔너리를 다룰 때는 키-값 쌍을 지역 변수로 처리하는 방법에서 몇 가지 중요한 차이가 있다.

키-값 쌍의 루프 순회

지역 변수에 키-값 쌍을 저장하려면, KeyValuePair 타입을 사용하고 딕셔너리의 해당 타입과 일치하도록 키와 값 타입을 모두 할당해야 한다. KeyValuePair는 해당 타입이므로, 다른 요소 타입처럼 지역 변수로 작동한다.

예를 들어 이전의 '딕셔너리' 절에서 만들었던 ItemInventory 딕셔너리의 루프를 순회하면서, 상점의 아이템 설명과 같이 키-값을 각각 디버깅해보자.

```
Dictionary<string, int> ItemInventory = new Dictionary<string, int>()
{
  { "Potion", 5 },
  { "Antidote", 7 },
  { "Aspirin", 1 }
};

foreach (KeyValuePair<string, int> kvp in ItemInventory)
{
  Debug.LogFormat("Item: {0} - {1}g", kvp.Key, kvp.Value);
}
```

KeyValuePair의 지역 변수를 kvp라 지정했다. 이는 프로그래밍의 일반적인 네이밍 규칙으로, for 루프 이니셜라이저를 i라 하는 것과 같다. 또한 키와 값 타입을 string과 int로 설정해 ItemInventory와 일치시킨다.

kvp 지역 변수의 키와 값에 액세스하려면 KeyValuePair의 각 Key와 Value 프로퍼티를 사용한다.

이 예에서 키는 string, 값은 int이므로 아이템의 이름과 가격을 출력할 수 있다.

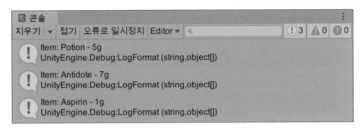

그림 4.13 딕셔너리의 키-값 쌍을 출력하는 foreach 루프

좀 더 공부하고 싶다면, 다음의 과제를 복습하며 실력을 다져보자.

과제: 구입 가능한 아이템 검색

앞의 스크립트를 사용해 가상 캐릭터가 보유한 금을 저장하는 변수를 만들고, foreach 루프 안에 if문을 추가해 보유한 금으로 구입 가능한 아이템을 확인한다.

Hint

kvp.Value를 사용해 아이템의 가격과 보유한 금액을 비교해보자.

while 루프

while 루프는 단일식 또는 조건이 true이면 실행된다는 점에서 if문과 유사하다.

값 비교 및 부울 변수는 while 조건으로 사용할 수 있을 뿐만 아니라, NOT 연산자로 수정할 수도 있다.

while 루프 문법은 조건이 true인 동안 코드 블록을 무한정으로 계속 실행한다.

```
initialize
while (condition)
{
    code block;
    iterator;
}
```

while 루프도 for 루프와 유사하게 이니셜라이저 변수를 선언하고 루프의 코드 블록 끝에서 이니셜라이저 변수를 직접 증가시키거나 감소시키는 것이 일반적이다. 이 장의 마지막 부분에서 다룰 무한 루프를 피하려면 이 작업이 필요하다. 상황에 따라 이니셜라이저는 루프 조건의 일부분이 된다.

NOTE

> while 루프는 C#에서 코딩할 때는 유용하지만, 유니티에서는 그다지 좋은 방법이 아니다. 성능에 부정적인 영향을 미칠 수 있고 일반적으로 직접 관리해야 하기 때문이다.

플레이어가 살아 있는 동안은 코드를 실행하고, 죽으면 디버깅하는 일반적인 상황을 살펴보자.

1. PlayerLives라는 int 타입의 public 필드를 만들고 3으로 설정한다.

```
public int PlayerLives = 3;
```

2. HealthStatus라는 새로운 public 메서드를 만든다.

```
public void HealthStatus()
{
}
```

3. PlayerLives가 0보다 큰지(즉, 플레이어가 아직 살아 있는지) 확인하는 조건으로 while 루프를 선언한다.

```
while (PlayerLives > 0)
{
}
```

4. while 루프 내에서 캐릭터가 아직 살아 있음을 알리는 디버그 로그를 출력하고, --
   연산자를 사용해 PlayerLives를 1씩 줄인다.

```
Debug.Log("Still alive!");
PlayerLives--;
```

5. while 루프 중괄호 뒤에 디버그 로그를 추가해 캐릭터의 수명이 다했음을 알리는
   메시지를 출력한다.

```
Debug.Log("Player KO'd...");
```

6. Start 내부에서 HealthStatus 메서드를 호출한다.

```
void Start()
{
  HealthStatus();
}
```

작성한 코드는 다음과 같다.

```
public int PlayerLives = 3;

// Start is called before the first frame update
void Start()
{
  HealthStatus();
}

public void HealthStatus()
{
  while (PlayerLives > 0)
  {
    Debug.Log("Still alive!");
    PlayerLives--;
  }

  Debug.Log("Player KO'd...");
}
```

PlayerLives가 3에서 시작하면, while 루프는 세 번 실행된다. 각 루프 동안에 디버그 로그 "Still alive!"가 실행되고, PlayerLives에서 수명이 줄어든다. while 루프가 네 번째 실행될 때 PlayerLives가 0이 돼 조건이 실패하므로, 코드 블록을 건너뛰고 최종 디버그 로그가 출력된다.

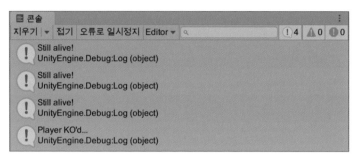

그림 4.14 콘솔의 while 루프 출력

여러 개의 "Still alive!" 디버그 로그가 표시되지 않았다면, **콘솔** 툴바의 **접기**^Collapse 버튼이 선택된 것은 아닌지 확인해보자.

혹시라도 루프가 실행을 멈추지 않는다면 어떻게 될까? 이 문제는 다음 절에서 다뤄본다.

무한 루프 저 너머로

이 장을 마치기 전에 반복문의 핵심 개념인 무한 루프를 이해해야 한다. 무한 루프는 해당 조건 때문에 루프의 실행을 멈추지 못해 프로그램을 계속 진행할 수 없는 상태를 말한다. 또한 무한 루프는 일반적으로 for나 while 루프에서 이터레이터가 증가하거나 감소하지 않을 때 발생한다. 코드의 PlayerLives--; 구문이 while 루프 예제에서 빠지면, PlayerLives를 항상 3으로 인식하고 루프가 계속 실행돼 유니티가 멈추거나 충돌이 발생한다.

이터레이터뿐만 아니라, for 루프에서 절대 실패하지 않거나 false로 평가되지 않는 조건을 설정할 때도 무한 루프가 발생한다. 앞에서 다룬 '키-값 쌍의 루프 순회' 절의 파티멤버 예제에서 for 루프 조건을 i < QuestPartyMembers.Count 대신 i >= 0으로 설정했다면, i가 항상 0 이상이므로 유니티가 충돌할 때까지 반복된다.

요약

이 장을 마치면서, 새로 습득한 이론을 얼마나 이해했고 이를 바탕으로 무엇을 만들 수 있는지 생각해봐야 한다. 이제 간단한 if-else문 검사와 더 복잡한 switch문을 사용해 코드에서 의사결정을 내릴 수 있으며, 배열과 리스트로 값의 컬렉션이 있는 변수를 만들거나 딕셔너리로 키-값 쌍이 있는 변수를 만들 수도 있다. 이러한 방법으로 복잡하고 그룹화된 데이터를 효율적으로 저장할 수 있다. 또한 무한 루프가 발생하는 것을 피하면서, 각 컬렉션 타입의 올바른 루프문을 선택할 수 있다.

내용이 많다고 느꼈다면 걱정하지 않아도 된다. 이러한 논리적이고 순차적인 사고는 프로그래밍에 필요한 두뇌 역량을 기르는 데 많은 도움을 줄 것이다.

다음 장에서는 클래스, 구조체, 객체지향 프로그래밍을 살펴보고 C# 프로그래밍의 기본 사항을 마무리한다. 또한 지금까지 배운 내용을 모두 활용해, 유니티 엔진의 오브젝트를 이해하고 제어하는 첫 실습을 준비할 것이다.

05

클래스, 구조체 및 OOP 작업

방대한 지식을 다뤄 독자에게 부담을 주는 상황은 이 책이 지향하는 바가 아니다. 하지만 이번 장에서는 초보자 수준을 벗어나서 객체지향 프로그래밍OOP, Object-Oriented Programming을 다룰 것이다. 지금까지는 C# 언어의 일부인 미리 정의된 변수 타입에만 의존했다. 문자열, 리스트, 딕셔너리도 기본 제공되는 클래스이므로, 이들을 생성하고 점 표기법으로 프로퍼티를 사용할 수 있었다. 하지만 기본 타입에만 의존하면, C#이 이미 설정한 구조에서 벗어날 수 없는 한계에 직면한다.

클래스를 생성하면 구조를 직접 정의하고 구성할 수 있다. 또한 정보를 저장하고, 게임이나 애플리케이션에 특정 작업을 추가할 수도 있다. 기본적으로 사용자 정의 클래스와 OOP는 프로그래밍에서 핵심 역할을 하므로, 이들 없이 훌륭한 프로그램을 만들기란 어렵다.

이 장에서는 처음부터 클래스를 직접 만든 후 필드, 생성자, 메서드의 내부 작동을 알아본다. 또한 참조 타입 객체와 값 타입 객체의 차이점을 소개하고 이러한 개념을 유니티에 적용하는 방법을 다룰 것이다. 이어지는 주제를 차례대로 상세히 살펴보자.

- OOP 소개

- 클래스 정의

- 구조체 선언

- 참조 타입과 값 타입의 이해

- 객체지향형 사고방식의 통합

- OOP를 유니티에 적용하기

OOP 소개

OOP는 C#으로 코딩할 때 사용하는 주요 프로그래밍 패러다임이다. 클래스와 구조체 인스턴스가 프로그램의 청사진이라면, OOP는 모든 것을 하나로 묶는 아키텍처다. OOP가 프로그래밍 패러다임이라는 것은 곧 전체 프로그램이 어떻게 작동하고 통신하는지와 관련해 구체적인 원칙이 있음을 뜻한다.

기본적으로 OOP는 온전한 순차 논리보다는 객체에 초점을 맞춘다. 즉, 객체가 보유한 데이터, 객체가 작업을 유도하는 방식, (가장 중요한) 상호 간의 통신 방법에 집중한다.

클래스 정의

2장, '프로그래밍의 구성 요소'에서는 클래스가 객체의 청사진일 뿐만 아니라 사용자 정의 변수 타입도 될 수 있다고 했다. 또한 LearningCurve 스크립트는 클래스이지만, 유니티가 씬의 오브젝트에 연결할 수 있는 특별한 스크립트임을 배웠다. 클래스에서 꼭 기억해야 할 점은 클래스가 참조 타입이라는 것이다. 즉, 클래스가 다른 변수에 할당되거나 전달될 때, 새 복사본이 아닌 원본 객체가 참조된다. 이와 관련해 더 자세한 내용은 구조체를 다룬 후 설명할 것이다. 우선, 클래스 생성의 기본 사항부터 익혀보자.

유니티에서 클래스와 스크립트의 작동 방식은 잠시 접어두고, 지금부터는 C#에서 어떻게 클래스와 스크립트가 생성되고 사용되는지를 다룬다. 클래스는 다음과 같이 class 키워드를 사용해 생성된다.

```
accessModifier class UniqueName
{
  Fields
  Constructors
  Methods
}
```

클래스 안에 선언된 모든 필드나 메서드는 해당 클래스에 속하며, 고유한 클래스 이름 으로 액세스된다.

이 장에서는 전체 예제 간 연관성을 유지하면서 보통의 게임이 지닌 간단한 캐릭터 클 래스를 만들고 수정할 것이다. 또한 코드 스크린샷에서 벗어나 프로그래밍 환경에서 코 드를 읽고 해석하는 연습을 할 것이다. 우선, 자체 사용자 정의 클래스가 필요하므로 클 래스를 하나 생성해본다.

내부 작업을 이해하기 전에 실습할 클래스가 필요하다. 새 C# 스크립트를 만들어 처음 부터 시작해보자.

1. 1장, '개발 환경 이해'에서 만든 Scripts 폴더에서 마우스 오른쪽 버튼을 클릭하고 **생성 ➤ C# Script**를 선택한다.

2. 스크립트 이름을 Character로 지정해 비주얼 스튜디오에서 연 다음, using 키워드 로 시작하는 처음 세 줄을 제외하고는 생성된 모든 코드를 삭제한다.

3. 중괄호 쌍이 따라오는 Character라는 public class를 선언하고 파일을 저장한다. 작성한 클래스 코드는 다음과 같아야 한다.

```
using System.Collections;
using System.Collections.Generic;
using UnityEngine;

public class Character
```

```
    {

    }
```

이제 Character가 public class 청사진으로 등록됐다. 즉, 프로젝트의 모든 클래스가 Character 클래스를 사용해 캐릭터를 생성할 수 있게 된 것이다. 그러나 이는 설명서일 뿐이며, 캐릭터를 생성하려면 추가적인 절차가 필요하다. 이러한 생성 단계를 인스턴스화instantiation라 하며, 다음 절의 주제로 다룰 것이다.

클래스 객체의 인스턴스화

인스턴스화는 인스턴스라고 하는 특정 명령 집합에서 객체를 생성하는 작업이다. 클래스가 청사진이라면, 인스턴스는 청사진에 따라 지어진 집이라 할 수 있다. 동일한 청사진으로 2개의 집을 지었어도 이 두 집이 각각 다른 물리적 구조를 갖듯이, Character의 새로운 인스턴스도 모두 각각의 객체를 지닌다. 즉, 어떤 한 개인에게 일어난 일이 다른 사람에게는 전혀 영향을 미치지 못하는 것과 같은 이치라 할 수 있다.

앞서 4장, '제어 흐름과 컬렉션 타입'에서는 타입과 new 키워드를 사용해 C#의 기본 클래스인 리스트와 딕셔너리를 만들었다. 앞으로 사용할 Character와 같은 사용자 정의 클래스도 이와 동일한 작업을 할 수 있다.

Character 클래스를 public으로 선언했기 때문에 다른 클래스에서 Character 인스턴스를 생성할 수 있다. 이미 LearningCurve가 작동 중이니 Start() 메서드에서 새 캐릭터를 선언해보자.

LearningCurve를 열고, Start() 메서드에서 새로운 Character 타입 변수로 hero를 선언해보자.

```
Character hero = new Character();
```

그럼 하나씩 차례로 분석해보자.

1. 변수 타입은 Character로 지정되며, 변수가 해당 클래스의 인스턴스가 된다.

2. 변수는 hero라는 이름으로 new 키워드를 사용해 생성되며, 그 뒤에 Character 클래스 이름과 2개의 소괄호가 따라온다. 이는 클래스가 지금 비어 있더라도, 실제 인스턴스가 프로그램의 메모리에 생성되는 곳이다.

3. 지금껏 작업했던 다른 객체처럼 hero 변수를 사용할 수 있다. Character 클래스가 자체 필드와 메서드를 갖게 되면, 점 표기법을 사용해 hero에서 액세스할 수 있다.

> **NOTE**
>
> 다음과 같이 hero 변수를 생성할 때 타입 추론을 쉽게 사용할 수 있다.
>
> ```
> var hero = new Character();
> ```

Character 클래스에 작업할 클래스 필드가 없으면 다양한 일을 할 수 없다. 다음 절부터는 클래스 필드를 더 추가할 것이다.

클래스 필드 추가

사용자 정의 클래스에 필드를 추가하는 것은 기존의 LearningCurve에서 수행한 작업과 크게 다르지 않다. 액세스 한정자, 필드 범위, 값의 할당도 동일한 개념이 적용된다. 그러나 클래스에 속하는 모든 필드는 클래스 인스턴스로 생성되며, 할당된 값이 없다면 기본값은 0 또는 null이다. 일반적으로는 어떤 정보를 저장할지에 따라 초기값 설정이 결정된다.

- 클래스 인스턴스가 생성될 때마다 필드가 동일한 시작 값을 가져야 한다면, 초기 값을 설정하는 게 가장 확실한 방법이다. 예를 들면, 경험치나 시작 점수 등에 사

용하면 유용하다.

- CharacterName과 같은 모든 클래스 인스턴스에서 사용자 정의로 필드를 지정할 때는 해당 값은 할당되지 않은 상태로 두고 향후 '생성자 사용' 절에서 다룰 클래스 생성자를 사용한다.

모든 캐릭터 클래스는 몇 가지 기본 필드가 필요하다. 다음 절에서 기본 필드를 직접 추가해보자.

캐릭터의 이름과 시작 경험치 수를 저장할 2개의 필드를 만들어보자.

1. Character 클래스의 중괄호 안에 2개의 public 필드[이름을 저장할 string 필드, 경험치를 저장할 int 필드]를 추가한다.

2. 이름 값은 비워둔다. 단, 모든 캐릭터가 처음부터 시작하도록 경험치는 0으로 할당한다.

```
public class Character
{
    public string name;
    public int exp = 0;
}
```

3. Character 인스턴스가 초기화되면 바로 LearningCurve에 디버그 로그를 추가한다. 점 표기법을 사용해 새 캐릭터의 name과 exp 필드를 출력한다.

```
Character hero = new Character();
Debug.LogFormat("Hero: {0} - {1} EXP", hero.name, hero.exp);
```

4. hero가 초기화되면, name은 null 값으로 할당돼 디버그 로그에 빈 공간으로 표시되고 exp는 0으로 출력된다. 씬의 어떤 게임 오브젝트든 Character 스크립트를 연결할 필요가 없었다. LearningCurve에서 게임 오브젝트를 참조만 했을 뿐, 유니티가 남은 작업을 수행한 것이다. 이제 다음과 같이 참조되는 캐릭터 정보를 콘솔에 출력한다.

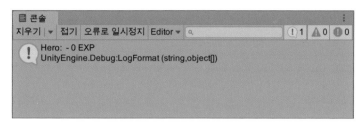

그림 5.1 콘솔에 출력된 사용자 정의 클래스의 필드

하지만 이처럼 클래스가 작동하고 있어도 빈 값으로 돌아가는 상황은 비효율적이므로, 클래스 생성자라는 것을 사용해 효율성을 높여야 한다.

생성자 사용

클래스 생성자는 클래스 인스턴스가 생성될 때 자동으로 실행되는 특수한 메서드로, LearningCurve에서 Start 메서드가 실행되는 방식과 유사하다. 생성자는 청사진에 따라 클래스를 빌드한다.

- C#에서 생성자가 지정되지 않았을 때는 기본 생성자를 만든다. 기본 생성자는 모든 필드를 기본 타입 값으로 설정하는데, 숫자 값은 0, 부울은 false, 참조 타입은 null로 설정한다.

- 사용자 정의 생성자는 다른 메서드처럼 매개변수로 정의할 수 있으며, 초기화 시 필드 값을 설정하는 데 사용된다.

- 클래스는 여러 생성자를 가질 수 있다.

생성자는 일반 메서드처럼 작성되지만 몇 가지 차이점이 있다. 예를 들면, 생성자는 반환 타입이 없으며 메서드 이름과 클래스 이름이 같다. 연습 삼아, 매개변수가 없는 기본 생성자를 Character 클래스에 추가하고 name 필드를 null 대신 다른 것으로 설정해보자.

다음과 같이 필드 밑에 새 코드를 추가한다.

```
public class Character
{
  public string name;
  public int exp = 0;

  public Character()
  {
    name = "Not assigned";
  }
}
```

유니티에서 프로젝트를 실행하면 새 생성자를 사용한 hero 인스턴스를 볼 수 있다. 디버 그 로그에서 hero의 이름이 null 값 대신 Not assigned로 표시된다.

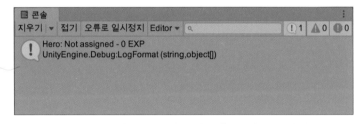

그림 5.2 콘솔에 출력된 할당되지 않은 사용자 정의 클래스의 필드

개선되긴 했지만, 값을 전달해 시작 값으로 사용할 수 있는 좀 더 유연한 클래스 생성자 가 필요하다. 관련 내용을 다음 절에 이어서 살펴보자.

이제 Character 클래스가 실제 객체처럼 동작하기 시작했다. 하지만 초기화 시 전달된 이름을 name 필드에 설정하는 두 번째 생성자를 추가하면 기능이 더 향상된다.

1. name이라는 string 매개변수를 받는 다른 생성자를 Character에 추가한다. 이와 같 이 단일 클래스에 여러 생성자가 있는 것을 생성자 오버로딩이라 한다.

2. this 키워드를 사용해 클래스의 name 필드에 매개변수를 할당한다.

```
public class Character
{
  public string name;
  public int exp = 0;
```

```
public Character()
{
  name = "Not assigned";
}

public Character(string name)
{
  this.name = name;
}
}
```

NOTE

> 편의상 생성자에서 필드와 이름이 동일한 매개변수를 사용하는 경우가 흔하다. 이때는 this 키워드를
> 사용해 클래스의 필드를 지정한다. 이 예제에서 this.name은 클래스의 필드를 참조하며, name은 매개
> 변수다. 또한 this 키워드가 없으면 필드와 매개변수 이름을 구별할 수 없으므로 컴파일러가 경고를 표
> 시한다.

3. LearningCurve에 heroine이라는 새 Character 인스턴스를 생성한다. 초기화 시 사
   용자 정의 생성자를 사용해 이름을 전달하고 콘솔에 세부 정보를 출력한다.

```
Character heroine = new Character("Agatha");
Debug.LogFormat("Hero: {0} - {1} EXP", heroine.name, heroine.exp);
```

클래스에 여러 생성자가 있거나 메서드에 여러 변형이 있다면,[1] 비주얼 스튜디오
상에 화살표가 보이는 자동 완성 팝업이 떠서 화살표 키로 스크롤할 수 있다.

그림 5.3 비주얼 스튜디오의 여러 생성자

4. 이제 새로운 Character 클래스를 초기화할 때 기본 생성자와 사용자 정의 생성자
   중에서 하나를 선택할 수 있다. 즉, Character 클래스가 다양한 상황에 따라 인스

---

1   이를 오버로드 메서드(overload method)라 한다. – 옮긴이

턴스를 구성할 때 훨씬 더 유연한 상태가 된 것이다.

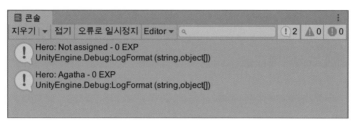

그림 5.4 콘솔에 출력된 여러 사용자 정의 클래스 인스턴스

실질적인 작업이 시작됐으므로, 필드 저장 외에 다른 유용한 기능을 할 메서드가 클래스에 필요하다. 다음으로는 이 작업을 실행해보자.

클래스 메서드 선언

사용자 정의 클래스에 메서드를 추가하는 것은 LearningCurve에 메서드를 추가하는 것과 큰 차이가 없지만, 좋은 프로그래밍의 핵심 요소인 중복 배제^{DRY, Don't Repeat Yourself}를 설명하는 데 적절한 예가 될 수 있다. DRY는 잘 작성된 모든 코드의 기준과도 같다. 만약 같은 줄을 반복해서 계속 작성하고 있다면, 기본적으로 다시 생각하면서 정리하는 시간을 가져야 한다. 일반적으로 반복되는 코드를 보유하는 새로운 메서드 형태를 갖추면, 현재 스크립트상의 다른 곳에서나 다른 스크립트에서 해당 기능을 수정하고 호출하기가 용이하다.

> NOTE
>
> 프로그래밍 용어로 메서드 또는 기능 추상화라 한다.

이미 코드에 반복되는 부분이 있으니 스크립트의 가독성과 효율성을 향상시킬 만한 부분을 살펴보자.

반복되는 디버그 로그는 일부 코드를 Character 클래스로 직접 빼낼 수 있는 좋은 기회다.

1. void 반환 타입의 새로운 public 메서드인 PrintStatsInfo를 Character 클래스에 추가한다.

2. LearningCurve에 있는 디버그 로그를 복사해 메서드 본문에 붙여넣기를 한다.

3. 이제 클래스에서 필드를 직접 참조할 수 있으므로, 변수를 this.name과 this.exp로 변경한다.

```
public void PrintStatsInfo()
{
  Debug.LogFormat("Hero: {0} - {1} EXP", this.name, this.exp);
}
```

4. 이전에 LearningCurve에 추가했던 캐릭터 디버그 로그를 PrintStatsInfo 메서드 호출로 변경하고, 재생 버튼을 클릭한다.

```
Character hero = new Character();
hero.PrintStatsInfo();

Character heroine = new Character("Agatha");
heroine.PrintStatsInfo();
```

5. 이제 Character 클래스에 메서드가 있으므로, 어떤 인스턴스든 점 표기법을 사용해 자유롭게 액세스할 수 있다. hero와 heroine은 서로 별개의 객체이므로, PrintStatsInfo는 각각의 name과 exp 값을 콘솔에 출력한다.

NOTE

LearningCurve에서 직접 디버그 로그를 출력하는 것보다는 이 방식이 더 유용하다. 기능을 클래스로 그룹화하고 메서드로 작업을 유도하는 방법은 늘 좋은 선택지가 될 것이며, 이는 디버그 로그를 출력할 때 코드를 반복하는 대신 Character 객체가 명령을 내리므로 코드의 가독성이 향상된다.

전체 Character 클래스의 코드는 다음과 같다.

```
using System.Collections;
using System.Collections.Generic;
using UnityEngine;
```

```
public class Character
{
  public string name;
  public int exp = 0;

  public Character()
  {
    name = "Not assigned";
  }

  public Character(string name)
  {
    this.name = name;
  }

  public void PrintStatsInfo()
  {
    Debug.LogFormat("Hero: {0} - {1} EXP", this.name, this.exp);
  }
}
```

클래스를 익혔으니 가독성이 높고 가벼우며 재사용이 가능한 모듈화된 코드를 작성할 수 있다. 이번에는 클래스와 유사한 구조체를 다뤄보자.

⁝⊱ 구조체 선언

구조체는 프로그램에서 만들고자 하는 객체의 청사진이라는 점에서 클래스와 유사하지만, 값 타입이라는 점에서 클래스와 차이가 있다. 즉, 구조체는 클래스처럼 참조가 아닌 값으로 전달된다. 구조체가 다른 변수에 할당되거나 전달되면, 구조체의 새 복사본이 생성되기 때문에 원본은 참조되지 않는다. 자세한 사항은 다음 절에서 다룰 것이다. 우선, 구조체의 작동 방식과 생성 시 적용되는 특정 규칙을 알아보자.

구조체는 클래스와 동일한 방식으로 선언되며 필드, 메서드, 생성자를 보유할 수 있다.

```
accessModifier struct UniqueName
{
  Fields
  Constructors
  Methods
}
```

클래스와 마찬가지로, 모든 필드와 메서드는 구조체에만 속하며 고유한 이름으로 액세스된다.

그러나 구조체를 사용할 때 몇 가지 제한 사항이 있다.

- 필드는 static이나 const 한정자로 지정되지 않는 한, 구조체 선언 내부에서 값으로 초기화될 수 없다. 좀 더 자세한 내용은 10장, '타입, 메서드 및 클래스의 재고찰'에서 확인할 수 있다. 예를 들어 다음 코드는 오류를 발생시킨다.

  ```
  public struct Author
  {
    string name = "Harrison";
    int age = 32;
  }
  ```

- 매개변수가 없는 생성자는 허용되지 않는다. 예를 들어 다음 코드도 오류를 발생시킨다.

  ```
  public struct Author
  {
    public Author()
    {
    }
  }
  ```

- 구조체는 모든 변수를 타입에 따라 기본값으로 자동 설정하는 기본 생성자가 제공된다.

모든 캐릭터는 좋은 무기가 필요하며, 이러한 무기는 클래스보다 구조체가 더 적합하다. 그 이유는 이 장의 '참조 타입과 값 타입의 이해' 절에서 설명할 것이다. 우선, 예제를 실행할 때 필요한 것부터 만들어보자.

캐릭터가 퀘스트를 수행하려면 좋은 무기가 필요한데, 이때 간단한 구조체를 만들어보면 좋은 경험이 될 것이다.

1. Scripts 폴더에서 마우스 오른쪽 버튼을 클릭하고 **생성 > C# Script**를 선택한다.

2. 이름을 Weapon으로 지정하고, 이를 비주얼 스튜디오에서 연 다음, UnityEngine을 사용해 생성된 모든 코드를 삭제한다.

3. 중괄호 쌍이 따라오는 Weapon이라는 public 구조체를 선언하고 파일을 저장한다.

4. 이름을 저장할 string 타입의 필드와 데미지를 저장할 int 타입의 필드를 추가한다.

NOTE

클래스와 구조체를 서로 중첩시킬 수 있지만, 코드가 복잡해지므로 사용하지 않는 게 일반적이다.

```
public struct Weapon
{
  public string name;
  public int damage;
}
```

5. name과 damage 매개변수가 있는 생성자를 선언하고, this 키워드를 사용해 구조체 필드를 설정한다.

```
public Weapon(string name, int damage)
{
  this.name = name;
  this.damage = damage;
}
```

6. 생성자 아래에 디버그 메서드를 추가해 무기 정보를 출력한다.

```
public void PrintWeaponStats()
{
    Debug.LogFormat("Weapon: {0} - {1} DMG", this.name, this.damage);
}
```

7. LearningCurve에서 사용자 정의 생성자와 new 키워드를 사용해 새로운 Weapon 구조체를 생성한 다음, PrintWeaponStats 메서드로 구조체 값을 디버깅한다.

```
Weapon huntingBow = new Weapon("Hunting Bow", 105);
huntingBow.PrintWeaponStats();
```

8. 새로운 huntingBow 객체는 사용자 정의 생성자를 사용하며 초기화 시 두 필드에 값을 제공한다.

NOTE

스크립트는 단일 클래스로 제한하는 것이 좋지만, 파일에 포함된 클래스에서만 사용되는 구조체를 더 자주 볼 수 있다.

이제 참조(클래스)와 값(구조체) 객체의 예제에서 세부적인 사항을 살펴볼 차례다. 더 구체적으로는 어떻게 이러한 객체가 전달되고 메모리에 저장되는지를 알아야 한다.

참조 타입과 값 타입의 이해

키워드와 초기 필드 값 외에 지금까지는 클래스와 구조체 간에 그다지 차이가 없었다. 클래스는 프로그램 전체에서 변경될 복잡한 작업과 데이터를 함께 그룹화하는 데 가장 적합하다. 하지만 대부분 일정하게 유지되는 간단한 객체와 데이터에는 구조체를 사용하는 게 더 낫다. 클래스와 구조체는 용도가 서로 다를 뿐만 아니라 근본적으로 한 가지 차이점이 있다. 즉, 클래스와 구조체는 변수 간에 전달하거나 할당하는 방법이 다르다. 클래스는 참조 타입이므로 참조로 전달되는 반면, 구조체는 값 타입이므로 값으로 전달된다.

참조 타입

Character 클래스의 인스턴스가 초기화되면, hero와 heroine 변수는 클래스 정보를 저장하지 않는다. 그 대신에 프로그램 메모리에서 객체의 위치를 참조로 저장한다. hero나 heroine을 같은 클래스의 다른 변수에 할당하면, 캐릭터 데이터가 아닌 메모리 참조가 할당된다. 이는 몇 가지 의미를 내포하는데, 그중 가장 중요한 점은 동일한 메모리 참조를 저장하는 여러 변수가 있을 때 하나를 바꾸면 모든 변수에 영향을 미친다는 것이다.

이러한 주제를 더 쉽게 이해하려면 직접 실습해봐야 한다. 그럼 예제를 살펴보자.

Character 클래스가 참조 타입인지 테스트해보자.

1. LearningCurve에서 새 Character 변수로 villain을 선언한다. villain에 hero 변수를 할당하고 PrintStatsInfo 메서드를 사용해 hero와 villain의 정보를 모두 출력한다.

```
Character hero = new Character();
Character villain = hero;

hero.PrintStatsInfo();
villain.PrintStatsInfo();
```

2. 재생 버튼을 클릭하고 콘솔에 표시된 2개의 디버그 로그를 살펴보자.

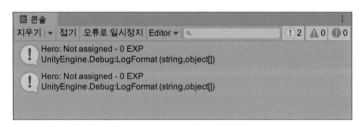

그림 5.5 콘솔에 출력된 클래스 인스턴스

3. villain이 생성 시 hero를 할당했으므로 2개의 디버그 로그는 동일하다. 이때 villain과 hero는 모두 메모리에서 hero가 저장된 위치를 가리킨다.

4. 이제 villain을 재미있는 이름으로 변경하고, 재생 버튼을 다시 클릭한다.

```
Character villain = hero;
villain.name = "Sir Krane the Brave";
```

5. 캐릭터의 데이터 중 하나만 바꿨었지만, hero와 villain이 모두 동일한 이름인 것
   을 확인할 수 있다.

그림 5.6 콘솔에 출력된 클래스 인스턴스의 필드

여기서 알아둘 점은 참조 타입은 주의해서 다뤄야 하며 새 변수에 할당될 때 복사되지
않는다는 것이다. 하나의 참조가 변하는 것만으로도 동일한 참조를 공유하는 다른 모든
변수에 영향을 준다.

클래스를 복사할 때, 별도의 새 인스턴스를 생성하는 것과 구조체 중에서 무엇이 객체
청사진에 더 적합할지 생각해봐야 한다. 다음 절에서는 값 타입을 살펴본다.

값 타입

구조체 객체가 생성될 때 구조체의 모든 데이터는 메모리 위치의 참조나 연결 없이 해
당 변수에 저장된다. 따라서 구조체는 별도의 ID를 가지면서 빠르고 효율적으로 복사하
는 객체를 만들 때 유용하다. 다음 실습에서 Weapon 구조체를 다뤄보자.

huntingBow를 새 변수에 복사한 후, 해당 데이터를 업데이트하고 변경 사항이 두 구조체
모두에 영향을 미치는지 확인해보자.

1. LearningCurve에 새 Weapon 구조체를 선언하고, huntingBow를 초기값으로 할당
   한다.

```
Weapon huntingBow = new Weapon("Hunting Bow", 105);
Weapon warBow = huntingBow;
```

2. 디버그 메서드를 사용해 각각의 무기 데이터를 출력한다.

```
huntingBow.PrintWeaponStats();
warBow.PrintWeaponStats();
```

3. 현재 huntingBow와 warBow는 데이터 변경 전의 두 캐릭터(hero, villain)처럼 동일한 디
   버그 로그를 갖는다.

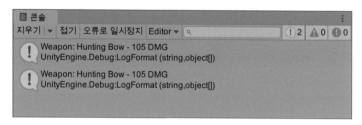

그림 5.7 콘솔에 출력된 구조체 인스턴스

4. warBow.name과 warBow.damage 필드를 원하는 값으로 변경하고, 재생 버튼을 다시
   클릭한다.

```
Weapon warBow = HuntingBow;
warBow.name = "War Bow";
warBow.damage = 155;
```

5. warBow 관련 데이터만 변경되고 huntingBow의 원본 데이터는 그대로 유지된 것을
   콘솔에서 확인할 수 있다.

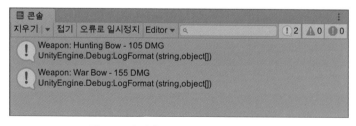

그림 5.8 콘솔에 출력된 구조체 인스턴스의 필드

이 예제에서 알 수 있듯이, 클래스는 원본 객체의 참조를 유지하는 반면에 구조체는 별도의 객체로 쉽게 복사되고 수정된다. 이제 구조체와 클래스가 내부에서 어떻게 작동하는지 어느 정도 이해했을 것이다. 또한 참조 타입과 값 타입이 어떻게 작동하는지도 확인했다. 이제 가장 중요한 코딩 주제인 OOP를 다룰 준비가 됐다. 우선, 프로그래밍 환경에 OOP를 어떻게 적용할지 살펴보자.

객체지향형 사고방식의 통합

사물은 물리적 공간에서 OOP와 비슷한 수준으로 작동한다. 예를 들어, 식료품점에 탄산음료를 사러 갔다면 우리가 집어 드는 것은 탄산음료의 캔이지 액체 자체가 아니다. 이 탄산음료 캔은 객체 역할을 하며, 자체 패키지에서 관련 정보와 작업을 함께 그룹핑한다. 그러나 프로그래밍과 식료품점 모두 객체를 다룰 때는 몇 가지 규칙이 있다. 예를 들면, 무엇이[누개] 프로그래밍이나 식료품점에 액세스할 수 있는가이다. 다양한 변형과 일반적인 작업은 우리 주변에 있는 모든 객체의 특징에 영향을 미칠 수 있다.

프로그래밍 용어로 OOP의 주요 규칙을 나열하면 캡슐화, 상속, 다형성이 있다.

캡슐화

캡슐화는 외부 코드[또는 호출 코드]에 객체의 필드와 메서드를 액세스하는 방법을 정의하는 것으로, OOP의 가장 큰 장점 중 하나가 바로 이 캡슐화를 지원하는 것이다. 탄산음료 캔을 예로 들어보자. 자판기에서 일어날 수 있는 일은 제한적일 것이다. 자판기 기계가 잠겨 있기 때문에 누군가가 함부로 캔을 빼갈 수는 없다. 돈을 지불한 후 자판기를 사용할 때라도, 지불 금액에 따라 선택할 수 있는 음료와 수량이 제한된다. 방 안에 자판기를 넣고 문을 잠갔다면, 음료가 방 안에 있다는 사실은 열쇠를 소유한 사람만 알고 있는 셈이다.

그럼 여기서 드는 의문은 '이런 제한을 어떻게 설정하는가?'일 것이다. 간단하게 답하자면, 그동안은 객체의 필드와 메서드에 액세스 한정자를 지정해 캡슐화를 사용해왔다.

복습이 필요하다면 3장, '변수, 타입 및 메서드 살펴보기'의 '액세스 한정자 사용' 절을 살펴보자.

간단한 캡슐화 예제를 다루면서 실제 어떻게 작동하는지 살펴볼 것이다. Character 클래스는 필드나 메서드와 마찬가지로 public이다. 그러나 캐릭터 데이터를 초기값으로 되돌리는 리셋 기능 메서드가 필요하다면 어떻게 해야 할까? 이러한 메서드가 편리할 수는 있지만, 잘못 호출되면 대참사를 초래할 수 있다. 따라서 private 필드의 대체 메서드를 만들어야 한다.

1. Character 클래스 안에 반환 값이 없는 Reset이라는 private 메서드를 만든다. name 과 exp 필드를 다시 "Not assigned"와 0으로 설정한다.

```
private void Reset()
{
  this.name = "Not assigned";
  this.exp = 0;
}
```

2. villain 데이터를 출력한 후 LearningCurve에서 Reset을 호출한다.

```
14
15              hero.PrintStatsInfo();
16              villain.PrintStatsInfo();
17              villain.Reset();
18
19                  M  void Character.Reset()
20                  CS0122: 'Character.Reset()' is inaccessible due to its protection level
21
22
```

그림 5.9 액세스할 수 없는 Character 클래스의 메서드

이때 비주얼 스튜디오에 문제가 발생한 건 아니므로 걱정하지 않아도 된다. 메서드나 필드를 private으로 지정하면 점 표기법을 사용해 액세스할 수 없고, 오직 자신이 속한 클래스나 구조체 내부에서만 호출이 가능하다. 해당 구문을 직접 입력하고 Reset() 위로 마우스 커서를 가져가면, 보호하고 있는 메서드의 오류 메시지가 표시된다.

이 private 메서드를 실제로 호출하려면, Character 클래스의 생성자나 다른 메서드 내

178

부에서 Reset()을 추가할 수 있다.

```
public Character()
{
  Reset();
}
```

앞으로 게임에서 클래스 계층 구조를 만들 때 유용하게 사용될 상속을 다뤄보자.

상속

C# 클래스는 다른 클래스의 이미지에서 생성돼 필드와 메서드를 공유하기도 하지만, 고유한 데이터를 정의할 수도 있다. OOP에서는 이를 상속이라 하며, 코드를 반복할 필요없이 관련 클래스를 매우 효과적으로 생성할 수 있다. 다시 탄산음료를 예로 들어본다. 마트에는 기본 탄산음료도 있고 특별한 탄산음료도 있다. 특별한 탄산음료도 기본 탄산음료의 특징을 갖고는 있으나 브랜드나 포장으로 차별화된다. 기본 탄산음료와 특별한 탄산음료 모두 탄산음료 캔에 들어 있지만, 동일한 음료가 아님은 분명하다.

일반적으로 원본 클래스를 기본 클래스나 부모 클래스라 하고, 상속받는 클래스를 파생 클래스나 자식 클래스라 한다. 생성자를 제외하고 public, protected 또는 internal 액세스 한정자로 지정된 모든 기본 클래스 멤버는 자동으로 파생 클래스의 일부가 된다. 클래스 생성자는 기본적으로 자신이 포함된 클래스에 소속되지만, 파생 클래스에서도 사용해 코드의 반복을 최소한으로 유지할 수 있다. 당장은 다른 기본 클래스 시나리오를 신경 쓰지 않아도 된다. 대신 간단한 게임 예제를 실행해보자.

대부분의 게임은 2개 이상의 캐릭터 유형이 있으므로, Character 클래스에서 상속되는

Paladin이라는 새 클래스를 만들 것이다. 이 Paladin 클래스를 Character 스크립트에 추가하거나 새로운 스크립트로 만들 수 있다. Paladin 클래스를 Character 스크립트에 추가할 때는 Character 클래스의 중괄호 밖에 추가되는지 확인하자.

```
public class Character
{
    // 기존 코드
}

public class Paladin : Character
{

}
```

LearningCurve가 Monobehavior에서 상속되는 것처럼, 콜론(:) 뒤에 상속할 기본 클래스만 추가하면 나머지는 C#이 알아서 처리한다. 이제 모든 Paladin 인스턴스는 PrintStatsInfo 메서드와 name 및 exp 필드에 액세스할 수 있다.

NOTE

> 일반적으로, 새 클래스를 기존 스크립트에 추가하는 것보다는 다른 스크립트로 만드는 것이 더 낫다. 이렇게 하면 스크립트를 분리해 단일 파일에 너무 많은 코드 줄이 생기는 것을 방지할 수 있다.

그렇다면, 상속된 클래스는 어떻게 생성자를 처리할까? 다음 절에서 자세히 살펴보자.

base 생성자

어떤 클래스가 다른 클래스에서 상속되면, 부모 클래스에서 파생돼 자식 클래스로 이어지는 피라미드와 같은 계층 구조를 형성한다. 부모 클래스는 자식 클래스를 인지하지 못하지만, 모든 자식 클래스는 자신의 부모 클래스를 인지한다. 하지만 간단한 구문 수정을 거치면 다음과 같이 자식 클래스 생성자에서 부모 클래스 생성자를 바로 호출할 수 있다.

```
public class ChildClass: ParentClass
{
```

```
    public ChildClass(): base()
    {

    }
}
```

base 키워드는 부모 생성자(이 경우, 기본 생성자)를 나타낸다. 그런데 base는 생성자를 대신하고, 생성자는 메서드다. 따라서 자식 클래스는 매개변수를 부모 생성자에 전달할 수 있다.

모든 Paladin 객체에는 name 필드가 있어야 하며, Character는 이미 이를 처리할 생성자가 있다. 따라서 Paladin 클래스에서 base 생성자를 직접 호출하는 게 가능하므로 생성자를 다시 작성하는 문제를 피할 수 있다.

1. Paladin 클래스에 name이라는 string 매개변수를 받는 생성자를 추가한다. 콜론과 base 키워드를 사용해 부모 생성자를 호출하고, name을 전달한다.

   ```
   public class Paladin: Character
   {
     public Paladin(string name): base(name)
     {

     }
   }
   ```

2. LearningCurve에 knight라는 새 Paladin 인스턴스를 생성한다. 이어서 base 생성자를 사용해 값을 할당한다. knight에서 PrintStatsInfo를 호출하고 콘솔을 살펴본다.

   ```
   Paladin knight = new Paladin("Sir Arthur");
   knight.PrintStatsInfo();
   ```

3. 디버그 로그는 다른 Character 인스턴스와 동일하나 Paladin 생성자에 할당한 이름을 사용한다.

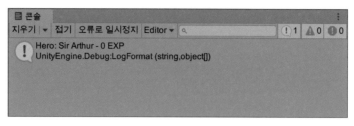

그림 5.10 base 생성자로 name 필드 초기화

Paladin 생성자가 실행되면, name 매개변수를 Character 생성자에 전달해 name 값을 설정한다. 기본적으로 Character 생성자를 사용해 Paladin 클래스의 초기화 작업을 하며, Paladin 생성자는 자신의 고유한 필드를 초기화하는 작업만 전담한다(현재는 Paladin 생성자에서 특별히 하는 작업이 없다).

상속 외에도, 기존 객체를 조합해 새 객체를 만들어야 할 때가 있다. 레고를 떠올려보자. 레고는 아무것도 없는 상태에서 시작하는 게 아니라, 이미 있는 다양한 색상과 모양의 블록을 조립해 무언가를 만든다. 프로그래밍 용어에서는 이를 컴포지션composition이라 하며, 다음 절에서 자세히 다룬다.

컴포지션

상속 외에도, 클래스는 다른 클래스로 구성될 수 있다. Weapon 구조체를 예로 들어보자. Paladin은 내부에 Weapon 필드를 쉽게 포함할 수 있고, 모든 프로퍼티와 메서드에 액세스할 수 있다. 시작 무기를 가져와서 생성자에 값을 할당하도록 Paladin을 업데이트하자.

```
public class Paladin: Character
{
  public Weapon weapon;

  public Paladin(string name, Weapon weapon): base(name)
  {
    this.weapon = weapon;
  }
}
```

182

weapon은 Character가 아닌 Paladin의 고유한 필드이므로, 생성자에서 초기값을 설정해야 한다. 또한 knight 인스턴스도 업데이트해 weapon 필드를 포함시켜야 한다. 그럼 LearningCurve.cs로 돌아가서 huntingBow를 사용해보자.

```
Paladin knight = new Paladin("Sir Arthur", huntingBow);
```

지금 게임을 실행하면, 달라진 것을 확인할 수 없다. Character 클래스의 PrintStatsInfo 메서드는 Paladin 클래스의 weapon 필드를 모르기 때문이다. 이 문제를 해결하려면 다형성^{polymorphism}을 알아야 한다

다형성

다형성은 그리스어로 '다양한 형태'를 뜻하며, 다음 두 가지 방식으로 OOP에 적용된다.

- 파생 클래스 객체는 부모 클래스 객체와 동일하게 처리된다. 예를 들어, Character 객체 배열은 Character에서 파생된 Paladin 객체도 저장할 수 있다.

- 부모 클래스는 메서드를 virtual로 지정할 수 있다. 즉, 파생 클래스에서 override 키워드를 사용해 해당 명령을 수정할 수 있다. Character와 Paladin의 각 PrintStatsInfo에서 다른 메시지를 출력하면 더 유용할 것이다.

다형성으로 파생 클래스가 부모 클래스의 구조를 유지하면서 특정 조건에 맞춰 작업을 조정할 수 있다. virtual로 지정된 모든 메서드는 자율적인 객체 다형성을 제공한다. 이 새로운 방법을 캐릭터 디버그 메서드에 적용해보자.

PrintStatsInfo가 다른 디버그 로그를 출력하도록 Character와 Paladin을 수정해보자.

1. Character 클래스에서 PrintStatsInfo 메서드의 public과 void 사이에 virtual 키워드를 추가한다.

```
public virtual void PrintStatsInfo()
{
  Debug.LogFormat("Hero: {0} - {1} EXP", this.name, this.exp);
}
```

2. Paladin 클래스에서 override 키워드를 사용해 PrintStatsInfo 메서드를 선언하고, 디버그 로그를 추가해 원하는 방식으로 Paladin의 필드를 출력한다.

```
public override void PrintStatsInfo()
{
  Debug.LogFormat("Hail {0} - take up your {1}!", this.name, this.
    weapon.name);
}
```

이미 안 좋은 형식이라 언급했던 코드의 반복처럼 보일 수도 있지만, 이 코드는 특별한 케이스에 해당한다. Character 클래스에서 PrintStatsInfo를 virtual로 지정하면, 이 메서드가 호출하는 클래스에 따라 다양한 형태가 된다는 사실을 컴파일러에 알리는 것이다.

3. Paladin에서 PrintStatsInfo가 재정의된 버전을 선언할 때, 해당 클래스에만 적용되는 사용자 정의 동작을 추가했다. 다형성 덕분에 Character나 Paladin 객체에서는 어떤 버전의 PrintStatsInfo를 호출할지 선택하지 않아도 된다. 컴파일러는 다음과 같이 이미 알고 있다.

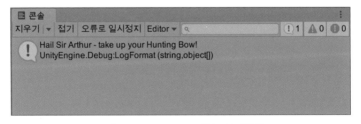

그림 5.11 PrintStatsInfo 메서드의 다형성

지금까지 많은 내용을 살펴보며 어느덧 이 장의 후반부에 도착했다. 다음 절을 시작하기 전에 OOP의 주요 사항을 정리해보자.

OOP 내용 정리

이제 마지막 목적지에 거의 다 왔다. 여기서 잠시 OOP의 주요 사항을 복습해보자.

- OOP는 관련 데이터와 작업을 서로 독립적 통신과 작동이 가능한 객체 대 객체로 그룹화하는 것이다.

- 클래스 멤버에 액세스할 때는 필드와 마찬가지로 액세스 한정자를 사용해 설정할 수 있다.

- 클래스는 다른 클래스에서 상속돼 부모/자식 관계의 계층 구조를 만들 수 있다.

- 클래스는 다른 클래스나 구조체 타입의 멤버를 가질 수 있다.

- 클래스는 virtual로 지정된 모든 부모 메서드를 재정의해, 동일한 구조를 유지하면서 사용자 정의 작업을 할 수 있다.

> **NOTE**
>
> C#에서 사용할 수 있는 프로그래밍 패러다임은 OOP만이 아니다. 웹 사이트(https://cs.lmu.edu/~ray
> /notes/paradigms)에서 다른 주요 접근 방식을 설명한 자료를 참고할 수 있다.

이 장에서 배운 모든 OOP는 직접 C#에 적용할 수 있다. 하지만 여전히 유니티를 고려해야 하므로 이에 중점을 두고 이 장을 마무리할 것이다.

▓ OOP를 유니티에 적용하기

OOP 언어를 사용하는 환경에 있다면, 개발자들 사이에서 결국 '모든 것이 객체'라는 말을 듣게 될 것이다. OOP 원칙에서 프로그램의 모든 것은 객체여야 하지만, 유니티의 게임 오브젝트는 클래스와 구조체로 나타낼 수 있다. 그러나 유니티의 모든 오브젝트가 실제 씬에 있어야 하는 것은 아니다. 따라서 씬 뒤에서 새로 프로그래밍한 클래스를 계속 사용할 수 있다.

객체는 클래스의 동작

2장, '프로그래밍의 구성 요소'에서 유니티의 게임 오브젝트에 스크립트를 추가할 때 스크립트가 어떻게 컴포넌트로 변환되는지 살펴봤다. OOP의 구성 원칙을 고려했을 때, 게임 오브젝트는 부모 컨테이너이면서 다양한 컴포넌트로 이뤄질 수 있다. 이는 스크립트당 하나의 C# 클래스라는 개념에 모순된다고 생각할 수 있지만, 실제로는 필요한 요건보다 가독성이 향상되므로 가이드라인에 더 부합한다. 클래스는 서로 중첩될 수 있는 대신 가독성이 매우 떨어지게 된다. 그러나 단일 게임 오브젝트에 여러 스크립트 컴포넌트를 연결하면 매니저 클래스나 동작을 처리할 때 매우 유용하다.

> **NOTE**
>
> 항상 객체를 기본 요소로 압축하고, 컴포지션을 사용해 작은 클래스에서 더 크고 복잡한 객체를 만들자. 크고 투박한 하나의 컴포넌트보다는 작고 교체 가능한 컴포넌트로 게임 오브젝트를 만들면 수정하기가 더 쉽다.

Main Camera를 살펴보면서 실제 작동을 확인해보자.

그림 5.12 인스펙터의 Main Camera 오브젝트

위 스크린샷에서 각 컴포넌트(Transform, Camera, Audio Listener, LearningCurve 스크립트)는 유니티에서 클래스로 시작된다. Character나 Weapon의 인스턴스처럼, 이 컴포넌트들도 재생 버튼을 클릭하면 컴퓨터 메모리에서 객체가 되고 해당 필드와 메서드를 갖춘다.

LearningCurve(또는 어떤 스크립트나 컴포넌트)를 1,000개의 게임 오브젝트에 연결하고 재생 버튼을 클릭하면 1,000개의 개별 LearningCurve 인스턴스가 생성돼 메모리에 저장된다.

컴포넌트 이름을 데이터 타입으로 사용해 이러한 컴포넌트의 인스턴트를 만들 수도 있다. 클래스와 마찬가지로, 유니티 컴포넌트 클래스도 참조 타입이며 다른 변수처럼 생성될 수 있다.

그러나 이러한 유니티 컴포넌트의 검색과 할당은 기존에 알던 방법과는 다소 차이가 있다. 그 차이를 이해하려면, 다음 절에서 게임 오브젝트가 어떻게 작동하는지 좀 더 살펴봐야 한다.

컴포넌트에 액세스

이제 게임 오브젝트에서 컴포넌트가 어떻게 작동하는지 알았다. 그럼 특정 인스턴스에 액세스하려면 어떻게 해야 할까? 다행히도, 유니티의 모든 게임 오브젝트는 GameObject 클래스에서 상속된다. 즉, 멤버 메서드를 사용하면 씬에서 필요한 것은 무엇이든 찾을 수 있다. 현재 씬에서 활성화된 게임 오브젝트를 할당하거나 검색할 때는 다음과 같은 두 가지 방법을 사용한다.

1. GameObject 클래스의 GetComponent 또는 Find 메서드를 사용한다.

2. **프로젝트** 패널의 게임 오브젝트 자체를 **인스펙터** 탭의 필드 슬롯으로 직접 드래그 앤 드롭한다. 이 옵션은 C#의 public 필드에서만 작동한다. 인스펙터에 표시되는 유일한 필드이기 때문이다. 인스펙터에 private 필드를 표시해야 할 때는 SerializeField 애트리뷰트[attribute]로 표시할 수 있다.

> NOTE
>
> 유니티 스크립팅 레퍼런스(https://docs.unity3d.com/ScriptReference/SerializeField.html)에서 애트리뷰트와 SerializeField를 더 자세히 익힐 수 있다.

첫 번째 옵션의 문법을 살펴보자.

코드의 컴포넌트에 액세스하기

GetComponent를 사용하는 것은 매우 간단하지만, GetComponent의 메서드 시그니처는 지금까지 봤던 메서드와는 조금 다르다.

```
GameObject.GetComponent<ComponentType>();
```

필요한 것은 찾고자 하는 컴포넌트 타입이다. GameObject 클래스는 컴포넌트가 있으면 이를 반환하고, 그렇지 않으면 null을 반환한다. GetComponent 메서드는 다른 변형이 있긴 하지만, 이 메서드가 가장 간단하다. 찾고자 하는 GameObject 클래스의 세부 사항을 알 필요가 없기 때문이다. 이를 제네릭 메서드라 부르며, 13장, '제네릭, 델리게이트 및 기타 사항 살펴보기'에서 더 자세히 다룰 것이다. 지금은 먼저 카메라의 트랜스폼^{transform}으로 작업을 해보자.

LearningCurve는 이미 Main Camera 오브젝트에 연결돼 있으므로, 카메라의 Transform 컴포넌트를 가져와 public 필드에 저장해보자. Transform 컴포넌트는 유니티에서 오브젝트의 위치, 회전, 크기를 쉽게 제어할 수 있다.

1. LearningCurve에 CamTransform이라는 새로운 public Transform 타입 필드를 추가한다.

   ```
   public Transform CamTransform;
   ```

2. Start에서 GameObject 클래스의 GetComponent 메서드를 사용해 CamTransform을 초기화한다. LearningCurve가 Transform 컴포넌트와 동일한 GameObject 컴포넌트에 연결돼 있으므로 this 키워드를 사용한다.

3. 점 표기법을 사용해 CamTransform의 localPosition 프로퍼티에 액세스하고 디버그한다.

   ```
   void Start()
   {
     CamTransform = this.GetComponent<Transform>();
   ```

```
        Debug.Log(CamTransform.localPosition);
    }
```

4. LearningCurve 상단에 초기화되지 않은 public Transform 필드를 추가하고, Start 내부에 GetComponent 메서드를 사용해 초기화했다. GetComponent는 이 GameObject 컴포넌트에 연결된 Transform 컴포넌트를 찾아서 CamTransform에 반환한다. 이제 CamTransform으로 Transform 오브젝트를 참조하므로, 다음 스크린샷과 같이 localPosition을 포함한 모든 클래스 프로퍼티와 메서드에 액세스할 수 있다.

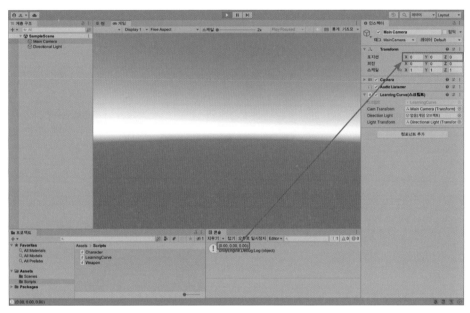

그림 5.13 콘솔에 출력된 Transform의 위치

GetComponent 메서드는 컴포넌트를 빠르게 검색하는 데는 탁월하지만, 호출 스크립트가 연결된 게임 오브젝트의 컴포넌트에서만 액세스할 수 있다. 예를 들어, Main Camera 에 연결된 LearningCurve 스크립트에서 GetComponent를 사용하면 Transform, Camera, Audio Listener 컴포넌트에만 액세스할 수 있다.

Directional Light와 같은 별도의 게임 오브젝트에서 컴포넌트를 참조하려면, 우선 Find 메서드를 사용해 오브젝트의 참조를 가져와야 한다. 게임 오브젝트의 이름만 있으면,

유니티는 적절한 GameObject를 반환해 저장이나 조작을 할 수 있다.

참고로, 각 게임 오브젝트의 이름은 선택된 오브젝트의 **인스펙터** 탭 상단에서 찾을 수
있다.

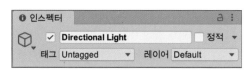

그림 5.14 인스펙터의 Directional Light 오브젝트

게임 씬에서 오브젝트를 찾는 것은 유니티에서 매우 중요하므로 연습이 필요하다. 작업
할 오브젝트를 선택해 컴포넌트를 검색하고 할당하는 것을 연습해보자.

LearningCurve에서 Find 메서드를 사용해 Directional Light 오브젝트를 검색해보자.

1. LearningCurve의 CamTransform 아래에 2개의 필드, GameObject와 Transform 타입을
   추가한다.

   ```
   public GameObject DirectionLight;
   public Transform LightTransform;
   ```

2. Start() 메서드에서 이름으로 Directional Light 컴포넌트를 검색해 Direction
   Light를 초기화한다.

   ```
   void Start()
   {
     DirectionLight = GameObject.Find("Directional Light");
   }
   ```

3. LightTransform의 값을 DirectionLight에 연결된 Transform 컴포넌트로 설정하
   고, 해당 localPosition을 디버그한다. 이제 DirectionLight가 GameObject이므로,
   GetComponent가 완벽하게 작동한다.

   ```
   LightTransform = DirectionLight.GetComponent<Transform>();
   Debug.Log(LightTransform.localPosition);
   ```

4. 게임을 실행하기 전에 반드시 알아둬야 할 점은 코드의 단계를 줄이고자 메서드 호출을 연결할 수 있다는 것이다. 예를 들어, DirectionLight를 거치지 않고 Find와 GetComponent를 결합하면 LightTransform을 한 줄로 초기화할 수 있다.

```
GameObject.Find("Directional Light").GetComponent<Transform>();
```

NOTE

> 주의 사항: 긴 줄로 연결된 코드는 복잡한 애플리케이션에서 가독성이 떨어져 혼란에 빠질 수 있다. 따라서 이 예제보다 긴 줄은 피하는 것이 좋다.

코드에서 오브젝트 검색이 잘되긴 하지만, 오브젝트 자체를 **인스펙터** 탭에 드래그 앤 드롭하는 간단한 방법도 있다. 그럼 이어서 드래그 앤 드롭을 다뤄보자.

드래그 앤 드롭

지금까지는 코드 위주의 방식을 다뤘고, 이제 유니티의 드래그 앤 드롭 기능을 간단히 살펴보자. 드래그 앤 드롭 방식은 코드에서 GameObject 클래스를 사용하는 것보다 더 빠르다. 하지만 프로젝트를 저장하거나 내보낼 때, 또는 유니티가 업데이트될 때는 드래그 앤 드롭 방식으로 만들어진 오브젝트와 필드가 서로 연결이 끊어질 수 있다.

NOTE

> 몇 개의 필드를 빨리 할당해야 한다면 우선 드래그 앤 드롭을 활용해보자. 그러나 대부분의 상황에서는 코드를 사용하는 것을 추천한다.

LearningCurve를 변경해 드래그 앤 드롭으로 GameObject 컴포넌트를 어떻게 할당하는지 확인해보자.

1. GameObject.Find()를 사용해 Directional Light 오브젝트를 검색하고 Direction Light 필드에 할당하는 다음의 코드를 주석 처리한다.

```
//DirectionLight = GameObject.Find("Directional Light");
```

2. Main Camera 게임 오브젝트를 선택하고, Directional Light를 LearningCurve 컴
포넌트의 **Direction Light** 필드로 드래그한 후, 재생 버튼을 클릭한다.

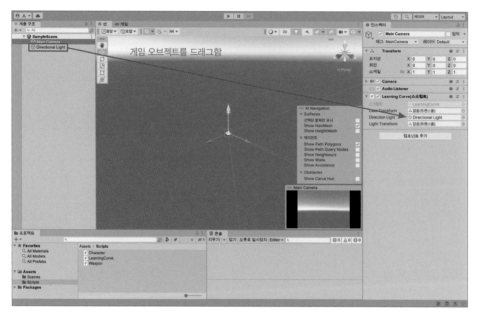

그림 5.15 Directional Light를 스크립트 필드로 드래그

3. 이제 Directional Light 게임 오브젝트가 DirectionLight 필드에 할당됐다. 유니티
가 LearningCurve 클래스를 변경하지 않고 내부에서 변수를 할당했으므로 코드가
포함되지 않았다.

NOTE

드래그 앤 드롭이나 GameObject.Find()를 사용해 필드의 할당을 결정할 때는 꼭 알아둘 사항이 있다.
첫째, Find() 메서드가 약간 느리다 보니 다수의 스크립트에서 메서드를 여러 번 호출하면 게임 성능에
문제가 발생할 수 있다. 둘째, 씬 계층 구조에서 모든 게임 오브젝트가 고유한 이름을 갖고 있는지 확인
해야 한다. 고유한 이름을 갖고 있지 않다면, 같은 이름의 오브젝트가 여러 개 있거나 오브젝트 이름 자
체를 변경하는 상황에서 심각한 버그가 발생할 수 있다.

클래스, 구조체, OOP를 익히면서 C# 입문의 첫 번째 단계를 마쳤다. 앞으로 만들 모든 애플리케이션이나 게임의 초석이 될 클래스와 구조체를 어떻게 선언하는지 배웠으며, 이 두 객체가 전달되고 액세스되는 방법의 차이점과 OOP와 어떻게 관련되는지를 확인했다. 마지막으로는 상속, 컴포지션, 다형성을 사용해 OOP 방식으로 클래스를 만들어봤다.

관련 데이터와 작업을 확인하고, 청사진으로 윤곽을 그리고, 인스턴스를 사용해 상호작용을 구축하는 것은 모든 프로그램이나 게임 작업에서 강력한 기반이 된다. 따라서 컴포넌트에 액세스할 수 있는 기능을 추가하면 유니티 개발자로서 첫 발을 내디딘 셈이다.

다음 장에서는 유니티에서 이뤄지는 게임 개발과 스크립팅 오브젝트 동작의 기본 사항을 다룬다. 간단한 오픈월드 어드벤처 게임의 요건을 구체적으로 살펴보고, 씬에서 게임 오브젝트로 작업한 후 화이트 박스 환경으로 캐릭터를 마무리한다.

⠿ 내용 점검: OOP

1. 클래스 내부에서 초기화 로직을 처리하는 메서드는 무엇인가?

2. 값 타입인 구조체는 어떻게 전달되는가?

3. OOP의 주요 규칙은 무엇인가?

4. 호출하는 클래스와 동일한 오브젝트에서 컴포넌트를 검색할 때 어떤 `GameObject` 클래스의 메서드를 사용하는가?

06

유니티 실행하기

게임을 만들 때는 코드로 동작을 시뮬레이션하는 것 외에 많은 것이 필요하다. 디자인, 스토리, 환경, 조명, 애니메이션 모두 플레이어의 스테이지를 설정하는 데 중요한 부분을 차지한다. 무엇보다 게임을 만들 때는 코드만으로는 표현할 수 없는 부분까지도 경험할 수 있다.

유니티는 프로그래머와 비프로그래머 모두에게 고급 도구를 선보이며 지난 10년간 게임 개발의 선두 주자로 자리매김했다. 따라서 애니메이션 및 효과, 오디오, 환경 디자인 등을 코드 입력 없이 유니티 에디터에서 직접 사용할 수 있다. 이러한 주제는 게임의 요구 사항, 환경, 게임 메카닉을 정의할 때 같이 다루겠지만, 우선은 게임 디자인부터 주제별로 소개할 것이다.

게임 디자인 이론은 광범위한 연구 영역이므로, 모든 것을 배우려고 하는 건 시간 낭비일 수 있다. 그러나 기본 실력만 충실히 쌓는다면 모든 부분을 자유자재로 응용할 수 있다. 이 장에서는 이 책의 나머지 부분에 필요한 설정 작업을 하고 다음과 같은 주제를 다룬다.

- 게임 디자인 기초 작업

- 레벨 만들기

- 조명의 기초

- 유니티의 애니메이션

⁑ 게임 디자인 기초 작업

본격적으로 게임 프로젝트를 시작하기 전에 만들고자 하는 게임의 청사진이 필요하다. 가끔은 아이디어가 명확히 떠오르기도 하지만, 캐릭터 클래스나 환경을 만드는 순간 원래 생각한 의도에서 멀어질 수 있기 때문이다. 게임 디자인을 계획할 때는 다음 사항을 고려하자.

- **콘셉트**: 장르와 플레이 스타일을 포함한 큰 밑그림과 게임 디자인

- **코어 메카닉**^{Core mechanics}: 게임에서 캐릭터가 할 수 있는 플레이 기능이나 상호작용. 일반적인 게임 플레이 메카닉은 점프, 슈팅, 퍼즐 풀기 또는 드라이빙 등을 포함한다.

- **제어 방식**: 플레이어가 캐릭터, 환경 상호작용, 기타 실행 가능한 동작을 제어하는 버튼 맵이나 키 맵

- **스토리**: 게임을 지속시키면서 플레이어와 게임 세계 간의 공감대와 연관성을 만드는 기본 이야기 구조

- **아트 스타일**: 캐릭터와 메뉴 아트에서 레벨과 환경에 이르기까지 게임 전반에 걸친 일관된 스타일과 느낌

- **승패 조건**: 게임의 승패를 결정하는 방식으로, 일반적으로 목표가 실패하도록 구성한다.

이 목록은 게임 디자인의 모든 주제를 담고 있지 않지만, 다음에 다룰 게임 디자인 문서를 살펴볼 때 좋은 출발점이 될 것이다.

게임 디자인 문서

게임 디자인 문서를 검색하면 템플릿, 서식 규칙, 콘텐츠 가이드라인 등 초보 프로그래머라면 주눅이 들 만큼 엄청난 양의 결과가 쏟아진다. 그러나 사실은 회사나 팀에 맞춰 디자인 문서가 편집되므로, 인터넷에서 본 것보다는 훨씬 쉽게 초안을 작성할 수 있다.

일반적으로 디자인 문서는 다음과 같이 세 가지 유형이 있다.

- **게임 디자인 문서**^{GDD, Game Design Document}: GDD는 게임 플레이 방법부터 분위기, 스토리, 창작 경험까지 모든 것을 담고 있다. 이 문서의 분량은 게임에 따라 몇 페이지에서 수백 페이지까지 될 수 있다.

- **기술 디자인 문서**^{TDD, Technical Design Document}: 이 문서는 게임이 실행될 하드웨어부터 클래스 및 프로그램 아키텍처의 구축 방법까지 게임의 모든 기술적 측면에 초점을 맞춘다. GDD와 마찬가지로 프로젝트에 따라 분량이 결정된다.

- **원페이지**^{one-page}: 보통 마케팅이나 프로모션에 사용되며, 기본적으로 게임의 스냅샷이다. 이름에서 짐작할 수 있듯이 한 페이지만 할애된다.

> **NOTE**
>
> GDD를 만들 때 따로 정해진 방법이 있는 것은 아니니 창의력을 발휘해보자. 영감을 줄 만한 이미지를 떠올리며 창의력을 발휘해 레이아웃을 만들다 보면 목표한 비전을 정의할 수 있을 것이다.

이 책의 나머지 부분에서 다룰 게임은 꽤 간단하며 GDD나 TDD처럼 자세한 사항이 필요하지도 않다. 그 대신에 원페이지를 만들어 프로젝트 목표와 배경 정보를 기록할 것이다.

Hero Born 원페이지

다음 주제를 다루는 데 도움이 될 수 있도록 게임 프로토타입의 기본을 설명한 문서를 만들었다. 문서를 먼저 읽고, 지금까지 배운 프로그래밍 개념이 실제로 어떻게 적용될지 생각해보자.

콘셉트

게임 프로토타입은 FPS의 특징을 살짝 지니면서 적을 교묘히 피하고 체력 아이템을 수집하는 데 초점을 둔다.

게임 플레이

기본 메카닉은 플레이어의 시야에서 적보다 한발 앞서 정찰하고 필요한 아이템을 수집하는 것이다.

전투는 적에게 발사하는 것으로 이뤄지며, 자동으로 공격 반응을 트리거한다.

인터페이스

카메라를 제어할 때는 마우스를 사용하고, 이동을 제어할 때는 WASD 키나 화살표 키를 사용한다. 총을 쏠 때는 스페이스 바를 사용하며, 아이템을 획득하려면 오브젝트에 닿으면 된다.

간단한 헤드업 디스플레이(HUD, Head-Up Display)에는 수집된 아이템, 남은 총알, 체력 바가 표시된다.

아트 스타일

효율적이고 신속하게 기본 요소만 개발할 때는 레벨과 캐릭터 아트 스타일이 모두 프리미티브(Primitive) 게임 오브젝트가 될 것이다. 하지만 나중에 필요하다면 3D 모델이나 터레인(Terrain) 환경으로 교체할 수도 있다.

그림 6.1 Hero Born 원페이지

이제 게임 구조를 보는 관점이 향상됐을 것이다. 이번에는 게임을 경험해볼 수 있는 프로토타입 레벨을 만들어보자.

⫶ 레벨 만들기

게임 레벨[1]을 만들 때는 플레이어의 관점으로 사고해야 한다. 플레이어가 어떻게 주변을 관찰하고 상호작용하며 무엇을 느끼고 주변을 거닐지 생각해보자. 즉, 게임 속에 하

---

[1] 레벨은 캐릭터의 레벨이나 난이도를 나타내기도 하지만, 게임 세계의 배경이나 맵을 의미하기도 한다. 이 책에서 레벨은 후자의 의미로만 사용된다. - 옮긴이

나의 세상이 돌아가고 있는 것이므로 일관성을 유지해야 한다.

유니티에서는 터레인 툴을 사용해 외부 환경을 만들거나 기본 도형과 지오메트리로 내부 환경을 구성할 수 있으며, 두 방법을 혼용할 수도 있다. 또한 블렌더^{Blender}와 같은 다른 프로그램에서 3D 모델을 불러와 씬에서 오브젝트로 사용할 수도 있다.

NOTE

유니티에서는 웹 사이트(https://docs.unity3d.com/Manual/script-Terrain.html)에 터레인 툴을 잘 설명해 놓았다. 자료가 더 필요하다면, 웹 사이트(https://assetstore.unity.com/packages/tools/terrain/terrain-toolkit-2017-83490)에서 유니티 에셋스토어에 있는 Terrain Toolkit 2017이라는 무료 에셋을 이용할 수 있다. 또한 웹 사이트(https://www.blender.org/features/modeling/)에 가면 블렌더와 같은 툴을 사용해 게임 에셋을 만들 수 있다.

Hero Born에서는 돌아다니기 쉬운 단순한 실내 아레나^{arena 2} 형태에 숨기 좋은 코너를 몇 군데 만들 것이다. 씬에서는 생성, 크기 조정, 위치 지정이 쉽다. 따라서 유니티에서 제공하는 기본 오브젝트 형태인 프리미티브를 사용해 모두 하나로 엮을 것이다.

프리미티브 생성

평소 즐겨 하는 게임에서 스크린 속의 생동감 넘치는 모델과 사물이 어떻게 구현된 것인지 궁금했을 것이다. 다행히도 유니티에는 프로토타입을 더 빨리 선택할 수 있는 프리미티브 게임 오브젝트 세트가 있다. 아주 화려하거나 고화질은 아니지만, 배우는 중이거나 개발 팀에 3D 아티스트가 없을 때 도움이 될 것이다.

유니티를 열고, **계층 구조** 패널로 가서 **+ > 3D 오브젝트**를 클릭하면 사용 가능한 옵션이 표시된다. 하지만 다음 스크린샷의 빨간색으로 표시된 부분에서 볼 수 있듯이 절반 이상이 프리미티브나 기본 도형이다.

---

2   아레나는 경기장이나 전투장을 뜻하는 단어다. – 옮긴이

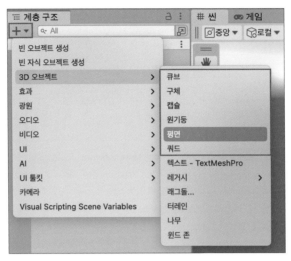

그림 6.2 3D 오브젝트 옵션이 선택된 계층 구조 창

터레인, 윈드 존, 나무 등과 같은 다른 3D 오브젝트 옵션은 이번에 사용할 옵션보다 고급 옵션에 속하지만, 관심이 있다면 자유롭게 사용해봐도 좋다.

> **NOTE**
>
> 유니티 환경 설정과 관련된 자세한 사항은 웹 사이트(https://docs.unity3d.com/Manual/CreatingEnvi ronments.html)에서 확인할 수 있다.

평지를 걷는 것이 가장 기본적인 이동 방법이므로, 다음 단계에 따라 아레나의 기준 평면을 만들어보자.

1. **계층 구조** 패널에서 **+ ➤ 3D 오브젝트 ➤ 평면**을 클릭한다.

2. **계층 구조** 탭에서 새 오브젝트가 선택됐는지 확인하고, **인스펙터** 탭에서 게임 오브젝트의 이름을 Ground로 변경한다.

3. **Transform**에서 **X, Y, Z**축의 **스케일**을 3으로 변경한다.

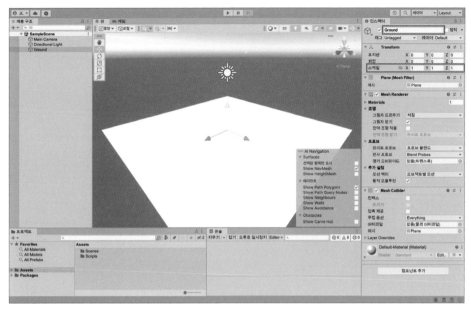

그림 6.3 기준 평면이 있는 유니티 에디터

4. 이전 스크린샷과 비교했을 때 씬의 조명이 어둡거나 다르게 보이면, **계층 구조** 패
널에서 Directional Light를 선택하고 컴포넌트의 **강도**^{Intensity} 값을 1로 설정한다.

그림 6.4 인스펙터 페인에서 선택된 Directional Light 오브젝트

평면 게임 오브젝트를 만들고 크기를 늘려 캐릭터가 활동할 공간을 마련했다. 이 평면은 실제 물리 법칙에 따른 3D 오브젝트이므로 다른 오브젝트가 통과할 수 없다. 유니티 물리 시스템과 작동 방식은 7장, '이동, 카메라 제어 및 충돌'에서 다룬다. 우선, 3D 공간에서 어떻게 사고해야 하는지부터 알아보자.

3D 공간에서의 사고방식

이제 씬에 첫 오브젝트가 생겼으니 3D 공간에서 오브젝트의 위치, 회전, 크기가 어떻게 작동하는지 살펴본다. 고등학교 때 배운 기하학을 떠올려보자. x와 y 좌표계가 있는 그래프가 떠오를 것이다. 또한 그래프에 점을 표시하려면 x와 y 값이 있어야 한다.

유니티는 2D와 3D 게임 개발을 모두 지원하며, 2D 게임을 만들 때는 설명을 남길 수 있다. 그러나 유니티 에디터에서 3D 공간을 다룰 때는 z축이 추가된다. z축으로 깊이, 원근을 매핑하면 공간과 그 안의 오브젝트는 3D 성질을 갖게 된다.

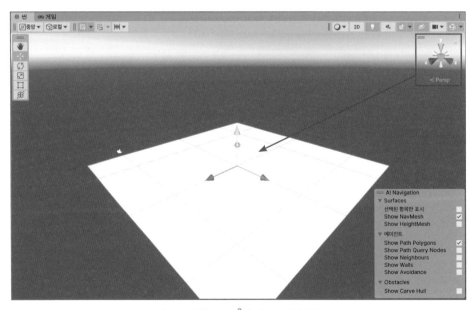

그림 6.5 방향 기즈모[3]가 강조 표시된 씬 뷰

---

3   기즈모는 씬에 있는 게임 오브젝트와 연관된 그래픽스다. 이에 대한 자세한 설명은 https://docs.unity3d.com/Manual/GizmosMenu.html에서 확인할 수 있다. - 옮긴이

처음에는 헷갈릴 수도 있지만, 유니티의 훌륭한 시각 도구를 사용하면 어려움 없이 작업할 수 있다. 씬 패널의 우측 상단에는 x, y, z축이 빨강, 초록, 파랑으로 표시된 기하학 모양의 아이콘이 있다. **계층 구조** 창에서 선택된 씬의 모든 게임 오브젝트는 축 화살표가 표시된다.

기즈모는 씬의 현재 방향과 내부에 배치된 오브젝트의 위치를 나타낸다. 이 세 가지 색으로 구분된 축 중 하나를 클릭하면 선택된 축으로 씬의 방향이 바뀐다. 직접 실습해보면서 시점 전환에 익숙해지자.

인스펙터 창에서 Ground 오브젝트의 **Transform** 컴포넌트를 살펴보면 **포지션, 회전, 스케일**이 모두 이 세 축으로 결정된다는 사실을 알 수 있다.

포지션은 씬에서 오브젝트가 배치되는 위치를 결정하고, **회전**은 각도를 조절하며, **스케일**은 크기를 결정한다. 이러한 값은 **인스펙터** 창이나 C# 스크립트에서 언제든 변경할 수 있다.

그림 6.6 계층 구조에서 선택된 Ground 오브젝트

현재의 지면은 조금 단조로워 보이니 머티리얼^{material}을 사용해 변경해보자.

머티리얼

지금은 기준 평면이 단순하지만, 머티리얼을 사용하면 레벨을 좀 더 생동감 있게 만들 수 있다. 머티리얼의 셰이더^{Shader}가 씬을 결정할 때, 머티리얼은 게임 오브젝트가 렌더링되는 방식을 제어한다. 셰이더는 조명과 텍스처 데이터를 결합해 머티리얼의 모습을 표현한다.

각 게임 오브젝트는 기본 머티리얼과 셰이더(다음 그림의 인스펙터 페인)로 시작하고, 색상을 표준 흰색으로 설정한다.

그림 6.7 오브젝트의 기본 머티리얼

색상을 변경하려면, 머티리얼을 만들어 수정하려는 오브젝트로 드래그한다. 유니티에 서는 모든 것이 오브젝트임을 명심하자. 머티리얼도 마찬가지다. 머티리얼에서 발생하는 모든 변경 사항은 머티리얼과 연결된 모든 오브젝트에도 적용된다. 씬에 적의 오브젝트가 여러 개 있고 머티리얼이 모두 빨간색으로 설정된 상태에서, 기본 머티리얼 색을 파란색으로 변경하면 모든 적이 파란색으로 바뀐다.

파란색이 눈에 띄기 때문에 기준 평면의 색상도 같은 색으로 변경해보자. 새로운 머티리얼을 만들어 밋밋한 흰색의 기준 평면을 어둡고 생동감 있는 파란색으로 바꿔보자.

1. **프로젝트** 패널에 새 폴더를 만들고 이름을 Materials로 지정한다.

2. Materials 폴더에서 **생성 ➤ 머티리얼**을 선택하고 이름을 Ground_Mat으로 지정한다.

3. **알베도**^{Albedo} 속성 옆의 컬러 박스를 클릭하고 컬러 피커 창이 뜨면 색상을 선택한 후 창을 닫는다.

4. **프로젝트** 패널의 Ground_Mat 오브젝트를 드래그해 **계층 구조** 패널의 Ground 게임 오브젝트에 드롭한다.

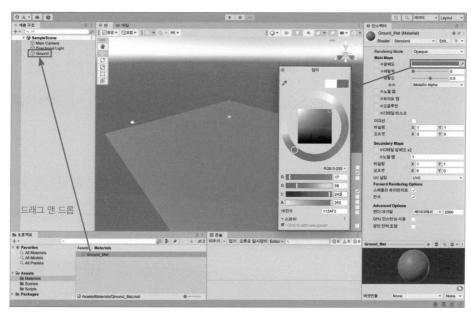

그림 6.8 계층 구조에서 선택된 Ground 오브젝트

새로 생성된 머티리얼은 이제 프로젝트의 에셋이 된다. Ground_Mat을 Ground 게임

오브젝트로 드래그 앤 드롭하면 평면의 색이 바뀐다. 즉, Ground_Mat의 모든 변경
사항이 Ground에 반영되는 것이다.

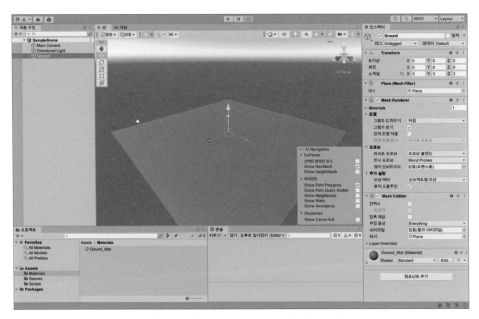

그림 6.9 색상 머티리얼이 업데이트된 기준 평면

지면은 기본적으로 캔버스^{canvas} 역할을 하지만, 3D 공간에서는 다른 3D 오브젝트를 지
탱하는 표면 역할을 한다. 필요하다면 플레이어가 흥미를 느낄 만한 장애물을 추가할
수도 있다.

화이트 박싱

화이트 박싱^{whiete-boxing}은 최종적으로 완성된 에셋으로 교체하고자 플레이스홀더를 사용
해 아이디어를 배치할 때 쓰는 디자인 용어다. 화이트 박싱은 레벨 디자인에서 프리미
티브 게임 오브젝트로 환경을 구성해 원하는 모습을 파악할 때 진행한다. 특히 게임이
프로토타이핑 단계일 때 화이트 박싱을 시작하는 게 좋다.

유니티로 들어가기에 앞서, 레벨의 기본 레이아웃과 위치를 간단히 스케치해보자. 그림

방향을 잡고 환경을 구성하는 데 도움이 될 것이다.

다음 그림은 앞으로 구현할 아레나다. 경사로로 접근할 수 있는 높은 플랫폼[4]이 중앙에 있으며 각 모서리에 작은 탑을 갖추고 있다.

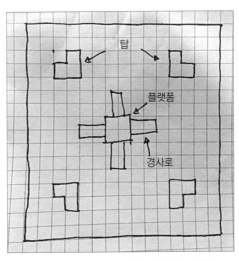

그림 6.10 Hero Born 레벨 아레나의 스케치

NOTE

> 그림을 잘 그리지 못해도 괜찮다. 종이에 아이디어를 표현하면서 생각을 정리하고 바빠지기 전에 미리 복잡한 문제를 해결해두는 것이 중요하다.

본격적으로 이 스케치를 적용해 작업하기 전에 유니티 에디터 단축키를 알아두면 화이트 박싱을 더 쉽게 할 수 있다.

에디터 툴

1장, '개발 환경 이해'에서 유니티 인터페이스를 다룰 때 툴바 기능 일부를 훑어봤다. 여기서 해당 내용을 다시 살펴보면서 게임 오브젝트를 어떻게 효율적으로 조작할지 알아

---

4   '플랫폼'이란 용어는 여러 가지 의미로 쓰이며, 게임에서 밟을 수 있는 '평평한 발판'을 의미하기도 한다. 여기서는 발판을 가리키는 용어로 사용됐다. - 옮긴이

보자. 유니티 에디터의 왼쪽 상단에서 다음 툴바를 찾을 수 있다.

그림 6.11 유니터 에디터 툴바

이전 스크린샷의 툴바에서 활용 가능한 다양한 도구를 분석해보자.

1. **손**: 마우스를 클릭한 후 드래그해 씬에서 위치를 보여주거나 변경할 수 있다.

2. **이동**: 각각의 화살표를 드래그해 x, y, z축에 따라 오브젝트를 이동할 수 있다.

3. **회전**: 각각의 마커를 돌리거나 드래그해 오브젝트의 회전을 조정할 수 있다.

4. **스케일**: 특정 축으로 드래그해 오브젝트의 크기를 수정할 수 있다.

5. **사각 트랜스폼**: 이동, 회전, 스케일 기능을 하나의 패키지로 결합한 도구다.

6. **트랜스폼**: 오브젝트의 위치, 회전, 스케일에 모두 액세스할 수 있다.

> NOTE
>
> **씬** 패널에서 게임 오브젝트의 탐색과 위치 지정에 관한 자세한 정보를 찾고 싶다면 웹 사이트(https://docs.unity3d.com/Manual/PositioningGameObjects.html)를 방문해보자. 앞의 '3D 공간에서의 사고방식' 절에서 언급했듯이, Transform 컴포넌트를 사용해 오브젝트의 이동, 위치 지정, 크기 조정이 가능하다는 점도 염두에 두자.

씬을 이동하고 탐색할 때는 유니티 에디터 대신 이와 유사한 다른 도구를 사용할 수도 있다.

- 주변을 둘러보려면, 마우스 오른쪽 버튼을 누른 채 드래그해 카메라를 이동하면 된다.

- 카메라를 사용하는 동안 이동하려면, 마우스 오른쪽 버튼을 계속 누르고 W, A, S, D 키를 사용해서 앞, 뒤, 좌, 우로 이동한다.

- Shift + F 키를 눌러 **계층 구조** 패널에서 선택한 게임 오브젝트를 확대하고 초점을 맞춘다.

NOTE

이런 종류의 씬 탐색은 플라이스루(fly-through) 모드로 더 잘 알려져 있다. 따라서 특정 오브젝트나 시점에 초점을 맞추거나 탐색해야 할 때는 이 기능을 조합해 사용하자.

때로는 **씬** 뷰를 둘러보는 것 자체가 일이 될 수 있다. 결국은 자주 해보는 수밖에 없다. 씬 탐색 기능의 자세한 목록은 웹 사이트(https://docs.unity3d.com/Manual/SceneViewNavigation.html)에서 확인할 수 있다.

캐릭터가 기준 평면을 통과할 수는 없지만 가장자리를 벗어날 수는 있다. 따라서 아레나에 벽을 세워 플레이어의 활동 영역에 제한을 둬야 한다.

과제: 벽 세우기

프리미티브 큐브와 툴바의 이동, 회전, 스케일 도구를 사용해 레벨 주위에 4개의 벽을 설치하고 주 아레나를 분리해보자.

1. **계층 구조** 패널에서 + ➤ **3D 오브젝트** ➤ **큐브**를 선택해 첫 번째 벽을 만들고, 이름을 Wall_01로 지정한다.

2. 스케일 값을 x축은 30, y축은 1.5, z축은 0.2로 설정한다.

NOTE

평면은 오브젝트보다 10배 더 큰 크기가 적용된다. 따라서 길이가 3인 평면은 길이가 30인 오브젝트와 같은 길이가 된다.

3. **계층 구조** 패널의 Wall_01 오브젝트를 선택한 상태에서 좌측 상단 코너의 위치 도구로 전환하고 빨강, 초록, 파랑 화살표를 사용해 기준 평면 가장자리에 벽을 세운다.

4. 아레나를 둘러싸는 4개의 벽을 세울 때까지 1~3단계를 반복한다.

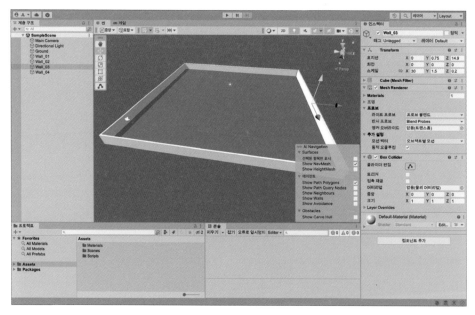

그림 6.12 벽 4개와 기준 평면으로 이뤄진 레벨 아레나

NOTE

이 장부터는 벽의 위치, 회전, 크기의 기본값만 제시할 것이므로, 다양한 값을 입력하며 창의력을 발휘해보자. 유니티 에디터 툴로 직접 실습하다 보면 빨리 익숙해질 것이다.

약간만 신경 썼는데도 어느덧 아레나의 모습을 갖추기 시작했다. 우선, 장벽과 플랫폼을 추가하기 전에 오브젝트 계층을 정리하는 습관을 들여야 한다. 다음 절에서 그 방법을 살펴본다.

계층 구조 정리

보통 이런 내용은 절 끝부분의 안내 문구에 넣을 수도 있지만, 프로젝트 계층을 가능한한 잘 정돈해두는 게 중요하므로 이렇게 별도의 절을 할애했다. 단일 부모 오브젝트 아래에는 관련된 게임 오브젝트가 모두 있는 게 이상적이다. 당장은 씬에 몇 개의 오브젝트만 있어 별문제 없지만, 큰 프로젝트에 수백 개의 오브젝트가 있다면 관리하는 데 어려움을 느낄 것이다.

계층 구조를 정리하는 가장 쉬운 방법은 데스크톱에서 폴더 안에 파일을 저장하는 것처럼 부모 오브젝트에서 관련 오브젝트를 저장하는 것이다. 레벨에는 조직화할 수 있는 일부 오브젝트가 있으며, 유니티에서는 빈 게임 오브젝트를 생성해 쉽게 구성할 수 있다. 빈 오브젝트는 어떤 컴포넌트도 연결돼 있지 않으므로 관련 오브젝트 그룹을 보관할 수 있는 완벽한 컨테이너(또는 폴더)인 것이다.

기준 평면과 4개의 벽을 공통의 빈 게임 오브젝트 아래에 모두 그룹화해보자.

1. **계층 구조** 패널에서 **+ ➤ 빈 오브젝트 생성**을 선택하고, 새 오브젝트의 이름을 Environment로 지정한다.

2. 지면과 벽 4개를 Environment로 드래그 앤 드롭해 자식 오브젝트로 만든다.

3. Environment를 선택하고 X, Y, Z의 위치가 모두 0으로 설정돼 있는지 확인한다.

그림 6.13 부모 게임 오브젝트를 보여주는 계층 구조 패널

Environment는 **계층 구조** 탭에서 부모 오브젝트이며, 아레나(Ground, Wall_01~Wall_04)는 자식 오브젝트가 된다. 이제 Environment 오브젝트의 드롭다운 리스트를 화살표 아이콘으로 확장하거나 닫아서 **계층 구조** 패널을 좀 더 깔끔하게 만들 수 있다.

Environment 오브젝트의 X, Y, Z 위치를 0으로 설정하는 게 중요하다. 자식 오브젝트의 위치는 부모 위치에 상대적이기 때문이다. 여기서 흥미로운 질문을 던져볼 수 있다.

이렇게 설정한 위치, 회전, 크기의 원점은 무엇인가? 그 답은 유니티에서 사용하는 공간 (전역 또는 지역)에 따라 달라질 수 있다.

- 전역 공간은 씬에서 설정된 원점을 모든 게임 오브젝트의 상수 참조로 사용한다. 유니티에서 이 원점은 x, y, z축에서 (0, 0, 0) 또는 0이다.

- 지역 공간은 오브젝트의 부모 Transform 컴포넌트를 원점으로 사용해 씬의 시점을 기본적으로 변경한다. 또한 유니티는 이 지역 원점을 (0, 0, 0)으로 설정한다. 즉, 부모 Transform이 우주의 중심에 해당하고, 나머지가 그 궤도를 돈다고 생각하면 된다.

둘 다 모두 각각의 상황에서 유용하게 사용할 수 있지만, 현재 이 시점에서 재설정을 하면 모든 것이 동일 선상에서 시작된다.

프리팹 작업

프리팹^{Prefab}은 유니티에서 접하게 될 가장 강력한 도구 중 하나이며, 레벨 구축뿐만 아니라 스크립팅에도 유용하다. 프리팹을 자식 오브젝트, 컴포넌트, C# 스크립트, 속성 설정을 그대로 유지해 저장하고 재사용할 수 있는 게임 오브젝트로 생각하자. 일단 생성된 프리팹은 클래스 템플릿과 같으며, 씬에서 사용된 각 사본은 해당 프리팹의 개별 인스턴스가 된다. 따라서 기본 프리팹이 변경되면 씬의 모든 활성 인스턴스도 변경된다.

아레나는 단순하고 개방된 형태여서 프리팹의 생성과 편집을 테스트하기에 완벽한 장소다. 아레나 각 모서리에는 동일한 4개의 탑이 필요하므로, 다음 단계에 따라 프리팹을 구현해보자.

> **NOTE**
>
> 다시 언급하지만, 유니티 에디터 툴을 직접 다루며 익숙해져야 하므로 정확한 장벽의 위치, 회전, 크기 값은 제시하지 않았다.
>
> 앞으로 특정 위치, 회전, 크기 값이 제시되지 않은 작업을 만나면, 직접 시행착오를 겪으면서 익히길 바란다.

1. Environment 부모 오브젝트에서 **+ ➤ 빈 오브젝트 생성**을 선택하고 이름을 Barrier_01로 지정해 빈 부모 오브젝트를 만든다.

2. **+ ➤ 3D Object ➤ 큐브**를 선택해 2개의 큐브를 만들고 V자형으로 위치와 크기를 조정한다.

3. 프리미티브 큐브를 2개 더 만들어 탑 끝에 놓는다.

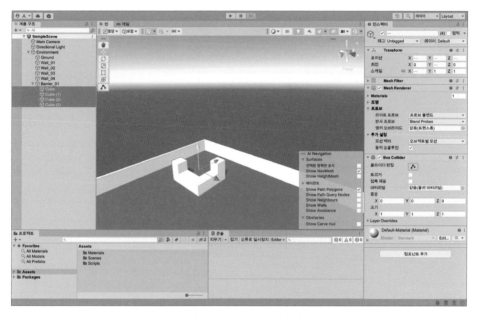

그림 6.14 큐브로 만들어진 탑

4. **프로젝트** 패널에서 Assets 아래에 새 폴더를 만들고 이름을 Prefabs로 지정한다. 그런 다음, **계층 구조** 패널에서 Barrier_01 게임 오브젝트를 **프로젝트** 뷰의 Prefabs 폴더로 드래그한다.

그림 6.15 Prefabs 폴더의 Barrier 프리팹

이제 Barrier_01과 그 자식 오브젝트는 프리팹이 됐다. 즉, Prefabs 폴더에서 사본을 드래그하거나 씬에서 사본을 복제해 재사용할 수 있다. Barrier_01은 **계층 구조** 탭에서 파란색으로 변해 상태 변경을 알리고, **인스펙터** 탭의 해당 이름 아래에 프리팹 기능 버튼 행이 추가됐다.

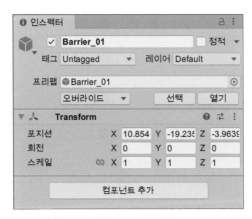

그림 6.16 인스펙터 창에서 강조 표시된 Barrier_01 프리팹

이제 원본 프리팹 오브젝트인 Barrier_01을 편집하면 씬의 모든 사본에 영향을 준다. 장벽을 완성하려면 다섯 번째 큐브가 필요하므로, 프리팹을 업데이트하고 저장해 실제로 작동하는지 확인해보자.

214

현재 탑은 중앙에 큰 틈이 있어 캐릭터를 보호하기에 적합하지 않으므로, 다른 큐브를 추가하고 변경 사항을 적용해 Barrier_01 프리팹을 업데이트해보자.

1. 프리미티브 큐브를 생성하고 탑 토대의 교차점에 배치한다.

2. 새 프리미티브 큐브는 아직 정식 프리팹의 일부가 아니다. 따라서 **계층 구조** 탭에서 이름 옆에 작은 **+** 아이콘을 단 채 회색으로 표시된다.

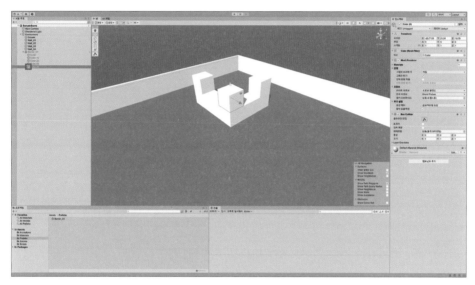

그림 6.17 새 프리팹 업데이트가 표시된 계층 구조 창

3. **계층 구조** 패널의 새 프리미티브 큐브에서 마우스 오른쪽 버튼을 클릭하고, **Added GameObject ➤ 프리팹 'Barrier_01'에 적용**을 선택한다.

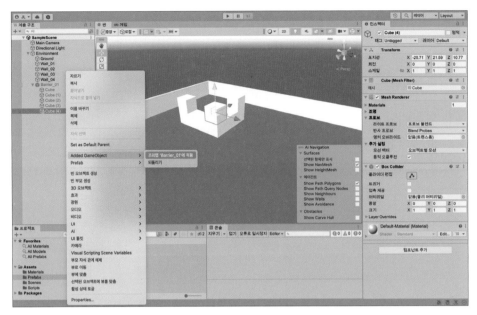

그림 6.18 기본 프리팹에 프리팹 변경 사항을 적용하는 옵션

Barrier_01 프리팹이 업데이트돼 새 큐브를 포함하게 됐고, 전체 프리팹 계층 구조가 다시 파란색이 돼야 한다. 이제 앞의 스크린샷과 같은 탑의 프리팹이 생겼다. 그러나 탑이 아레나의 각 코너마다 있어야 하므로, 나머지도 추가해보자.

이제 재사용이 가능한 장벽 프리팹을 갖췄으니, '화이트 박싱' 절 초반에 구상한 대략적인 스케치대로 나머지 레벨을 구축해보자.

1. Barrier_01 프리팹을 세 번 복제해 아레나의 각 코너에 배치한다. 두 가지 방법이 있는데, Prefabs 폴더에서 Barrier_01 오브젝트를 씬으로 여러 번 드래그하거나 **계층 구조**의 Barrier_01에서 마우스 오른쪽 버튼을 클릭하고 복제를 선택하면 된다.

2. Environment 부모 오브젝트 안에 빈 오브젝트를 새로 만들고, 이름을 Raised_ Platform으로 지정한다.

3. 그림 6.19와 같이 큐브를 만들고 크기를 조정해 플랫폼을 구축한다.

4. 평면을 만들고 경사로의 크기를 조정한다.

- 힌트: 평면의 x 또는 y축을 회전해 각진 평면을 만든다.

- 그다음에는 이 각진 평면을 플랫폼에서 지면까지 연결되도록 배치한다.

5. 맥에서는 **command** + **D**를, 윈도우에서는 **Ctrl** + **D**를 사용해 경사로 오브젝트를 복사한다. 이어서 회전 및 위치 지정 단계를 반복한다.

6. 플랫폼으로 이어지는 4개의 경사로가 생길 때까지 앞의 단계를 두 번 더 반복한다.

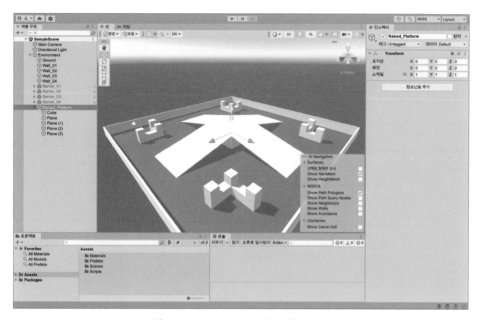

그림 6.19 Raised_Platform 부모 게임 오브젝트

이제 첫 번째 게임 레벨을 성공적으로 화이트 박싱했다. 그러나 이제 시작이므로 너무 얽매일 필요는 없다. 좋은 게임은 하나같이 플레이어가 선택하거나 상호작용할 수 있는 아이템을 갖추고 있다. 다음 과제에서 체력 아이템을 생성하고 프리팹을 만들어보자.

과제: 체력 아이템의 생성

이 장에서 그동안 배운 것을 다 적용하면 시간은 좀 걸리더라도 복습하는 의미가 있을 것이다. 다음과 같이 체력 아이템을 생성해보자.

1. **+ ➤ 3D 오브젝트 ➤ 캡슐**을 선택해 Capsule 게임 오브젝트를 만들고, 이름을 Health_Pickup으로 지정한다.

2. *x*, *y*, *z*축의 크기를 0.3으로 설정하고 이동 툴로 전환한 다음, 어느 한 장벽 주변에 Health_Pickup을 배치한다.

3. 새로운 노란색 머티리얼을 생성해 Health_Pickup 오브젝트에 연결한다.

4. Health_Pickup 오브젝트를 **계층 구조** 창에서 프리팹 폴더로 드래그한다.

다음의 스크린샷에서 완성된 모습을 참고하자.

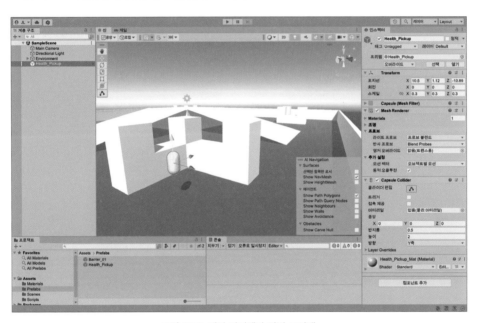

그림 6.20 체력 아이템과 장벽 프리팹

지금까지 레벨 디자인과 레이아웃으로 작업을 마무리했다. 이어서 조명을 사용하는 방법을 빠르게 익힌 후, 이 장의 후반부에서는 아이템에 애니메이션 효과를 어떻게 주는지 살펴본다.

조명의 기초

유니티에서 조명은 매우 광범위한 주제이지만, 크게 두 가지 범주인 실시간^{realtime} 조명과 미리 계산된^{precomputed} 조명으로 나눌 수 있다. 두 가지 방식 모두 **인스펙터** 창에서 조명의 색과 강도 같은 속성뿐만 아니라 씬을 비추는 방향도 설정할 수 있다. 차이점은 유니티 엔진이 어떻게 조명의 동작을 계산하는가에 있다.

실시간 조명은 모든 프레임에서 계산된다. 즉, 해당 경로를 지나는 모든 오브젝트가 현실감 넘치는 그림자를 드리우며 일반적으로 현실 세계의 광원처럼 작동한다. 하지만 씬의 조명 수에 따라 게임이 급격히 느려지고 컴퓨팅 파워에 엄청난 비용이 들 수 있다. 반면에 미리 계산된 조명은 라이트맵이라고 하는 텍스처에 씬의 조명을 저장한 다음, 씬에 적용하거나 베이크^{bake}한다. 이렇게 미리 계산된 조명은 컴퓨팅 파워를 절약할 수 있지만 베이크된 조명이 고정된 상태이므로, 씬에서 오브젝트가 움직일 때 현실적인 반응이나 변화가 일어나지 않는다.

> **NOTE**
>
> 실시간과 미리 계산된 프로세스 사이의 간극을 메워줄 미리 계산된 실시간 전역 조명(Precomputed Realtime Global Illumination)이라는 혼합 유형의 조명도 있다. 이는 유니티에 특화된 고급 주제로 이 책에서는 다루지 않지만, 웹 사이트(https://docs.unity3d.com/Manual/LightingOverview.html)에서 관련 내용을 자유롭게 참고할 수 있다.

이제 유니티 씬 자체에서 조명 오브젝트를 어떻게 생성하는지 살펴보자.

조명 생성

기본적으로, 모든 씬에는 주요 광원 역할을 하는 Directional Light 컴포넌트가 있다. 그러나 조명도 다른 게임 오브젝트처럼 **계층 구조**에서 만들 수 있다. 광원을 제어한다는 개념이 낯설겠지만, 유니티의 오브젝트이므로 필요에 따라 배치, 크기 조정, 회전을 할 수 있다.

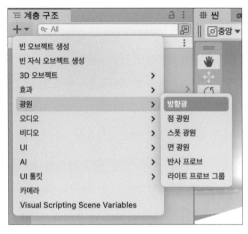

그림 6.21 조명 생성 메뉴 옵션

실시간 조명 오브젝트와 그 성능을 몇 가지 예를 들어 살펴보자.

- 방향광Directional Light은 햇빛과 같은 자연광을 표현하기에 적합하다. 방향광은 씬에서 실제 위치는 없지만, 항상 같은 방향에서 모든 곳을 비추는 효과를 낸다.

- 점 광원Point Light은 기본적으로 떠다니는 구체 형태이며, 중심점에서 모든 방향으로 빛을 보낸다. 점 광원은 씬에서 위치와 강도를 정의한다.

- 스폿 광원Spotlight은 지정된 방향으로 빛을 보내지만, 각도를 고정해 씬의 특정 영역에 초점을 맞춘다. 현실에서 스포트라이트나 투광 조명으로 생각하면 된다.

- 면 광원Area Light은 직사각형 모양으로, 직사각형의 한 면에서 표면의 빛을 발산한다.

NOTE

Hero Born을 만드는 데 반사 프로브(Reflection Probe)와 라이트 프로브 그룹(Light Probe Groups)은 필요 이상의 기능이다. 하지만 관심이 있다면 웹 사이트(https://docs.unity3d.com/Manual/Reflection Probes.html과 https://docs.unity3d.com/Manual/LightProbes.html)를 참고하자.

유니티의 다른 게임 오브젝트와 마찬가지로, 조명도 특정 환경이나 테마를 씬에 적용하는 속성이 있다.

Light 컴포넌트 속성

다음 스크린샷은 씬에서 방향광의 Light 컴포넌트를 보여준다. 이러한 속성을 모두 설정하면 몰입형 환경을 만들 수 있다. 하지만 기본적으로 숙지해야 할 사항은 **컬러, 모드, 강도**다. 조명의 색감, 실시간 또는 계산된 효과, 일반적인 강도를 이러한 속성으로 제어할 수 있다.

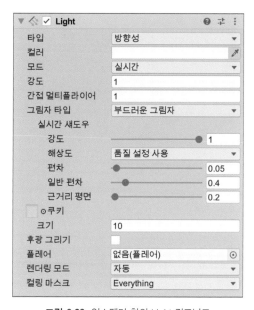

그림 6.22 인스펙터 창의 Light 컴포넌트

NOTE

다른 유니티 컴포넌트와 마찬가지로 이런 속성은 스크립트와 Light 클래스로 액세스할 수 있으며, 유니티 스크립팅 레퍼런스(https://docs.unity3d.com/ScriptReference/Light.html)에서 확인할 수 있다.

+ ❯ 광원 ❯ 점 광원을 선택해 면 광원에 어떠한 영향을 미치는지 다양하게 시도해보자. 그 후 **계층 구조** 패널에서 점 광원을 마우스 오른쪽 버튼으로 클릭한 다음, **삭제**를 선택해 삭제한다.

게임 씬에 어떻게 조명을 사용하는지는 어느 정도 익혔으니 이제 애니메이션을 어떻게 추가하는지 알아보자.

유니티의 애니메이션

유니티에서 애니메이션 오브젝트는 단순한 회전 효과부터 복잡한 캐릭터의 이동 및 동작에 이르기까지 다양하다. 애니메이션은 코드에서 구현할 수 있을 뿐만 아니라 애니메이션 및 애니메이터 창을 사용해 만들 수도 있다.

- 애니메이션 창은 타임라인을 사용해 클립이라는 애니메이션 세그먼트를 만들고 관리한다. 오브젝트 속성은 이 타임라인에 따라 녹화된 후 재생돼 애니메이션 효과를 만든다.
- 애니메이터 창은 애니메이션 컨트롤러라는 오브젝트를 사용해 이러한 클립과 전환transition을 관리한다.

NOTE

애니메이터 창과 해당 컨트롤러에 대한 자세한 정보는 웹 사이트(https://docs.unity3d.com/Manual/AnimatorControllers.html)에서 찾을 수 있다.

클립에서 타깃 오브젝트를 만들고 조작하면 게임의 움직임을 바로 확인할 수 있다. 유니티 애니메이션을 간단히 살펴보기 위해 코드에 동일한 회전 효과를 만들고 애니메이터를 사용할 것이다.

코드에서 애니메이션 생성

우선, 코드에서 체력 아이템을 회전하는 애니메이션을 만들 것이다. 모든 게임 오브젝트에는 Transform 컴포넌트가 있으므로, 아이템의 Transform 컴포넌트를 가져와 이를 무한 회전한다.

코드에서 애니메이션을 만들려면, 다음과 같은 단계를 거쳐야 한다.

1. Scripts 폴더 안에 새로운 스크립트를 생성하고, 이름을 ItemRotation으로 지정한 후 비주얼 스튜디오에서 연다.

2. 새 스크립트 상단 클래스 내부에 100의 값을 담은 RotationSpeed라는 public int 필드와 itemTransform이라는 private Transform 필드를 추가한다.

```
public int RotationSpeed = 100;
private Transform itemTransform;
```

3. Start() 메서드 본문 안에서 게임 오브젝트의 Transform 컴포넌트를 가져와 itemTransform에 할당한다.

```
itemTransform = this.GetComponent<Transform>();
```

4. Update() 메서드 본문 안에서 itemTransform.Rotate를 호출한다. 이 Transform 클래스의 메서드는 회전을 실행할 각 3개의 축인 X, Y, Z를 사용한다. 아이템이 빙글빙글 회전해야 하므로, x축을 사용하고 나머지는 0으로 설정한다.

```
itemTransform.Rotate(RotationSpeed * Time.deltaTime, 0, 0);
```

NOTE

> RotationSpeed에 Time.deltaTime을 곱하고 있는 것을 알 수 있다. 이 방법은 유니티에서 움직임 효과를 일정하게 만드는 표준적인 방법으로, 플레이어의 컴퓨터 실행 속도와 상관없이 매끄럽게 보여준다. 일반적으로 이동이나 회전 속도에 Time.deltaTime을 항상 곱하면 된다.

5. 유니티로 돌아가서 **프로젝트** 페인의 Prefabs 폴더에 있는 Health_Pickup 오브젝트를 선택하고, **인스펙터** 창의 맨 아래로 스크롤한다. **컴포넌트 추가**를 클릭하고, ItemRotation 스크립트를 검색한 후 **Enter** 키를 누른다.

그림 6.23 인스펙터 패널의 컴포넌트 추가 버튼

6. 이제 프리팹이 업데이트됐으니 Health_Pickup 오브젝트를 볼 수 있도록 Main
   Camera를 이동하고 재생 버튼을 클릭하자!

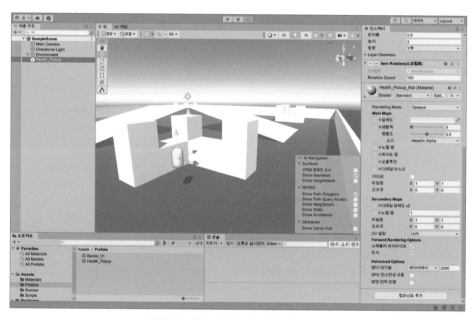

그림 6.24 체력 아이템에 초점을 맞춘 카메라

체력 아이템이 *x*축을 중심으로 자연스럽게 회전을 지속하는 애니메이션을 볼 수 있다.
지금까지는 코드에서 아이템에 애니메이션을 적용했다. 이번에는 유니티에서 기본으로
제공하는 애니메이션 시스템을 사용해 애니메이션을 복제할 것이다.

유니티 애니메이션 창에서 애니메이션 생성

애니메이션 클립을 적용할 모든 게임 오브젝트는 애니메이션 컨트롤러가 설정된 애니메이터 컴포넌트에 연결해야 한다. 새로운 클립을 만들 때 프로젝트에 컨트롤러가 없다면, 유니티에서는 컨트롤러를 생성한 다음 이를 **프로젝트** 패널에 저장해 클립을 관리하는 데 사용할 수 있다. 지금부터는 체력 아이템에 쓰일 새로운 애니메이션 클립을 생성할 것이다.

무한 루프로 오브젝트를 회전시키는 새로운 애니메이션 클립을 만들어 Health_Pickup 프리팹을 애니메이팅^{animating}할 것이다. 다음 단계에 따라 새로운 애니메이션 클립을 만들어보자.

1. **창 ➤ 애니메이션 ➤ 애니메이션**을 클릭해 **애니메이션** 패널을 열고, **콘솔** 옆에 **애니메이션** 탭을 드래그 앤 드롭한다.

2. **계층 구조**에서 Health_Pickup 오브젝트가 선택됐는지 확인한 후, **애니메이션** 패널에서 **생성** 버튼을 클릭한다.

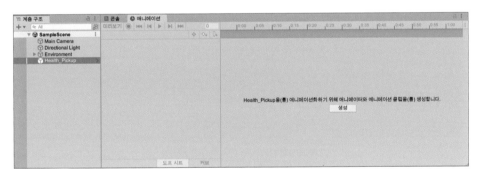

그림 6.25 유니티의 애니메이션 창

3. 다음의 드롭다운 리스트에서 Assets 아래에 새 폴더를 만든 후 이름을 Animations로 하고, 새 클립 이름을 Pickup_Spin으로 지정한다.

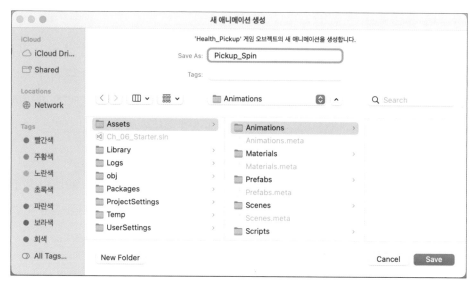

그림 6.26 새 애니메이션 생성 창

4. **애니메이션** 패널에 새 클립이 표시되는지 확인한다.

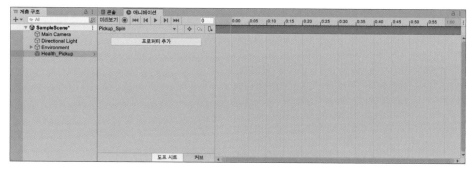

그림 6.27 클립이 선택된 애니메이션 창

5. 애니메이터 컨트롤러가 없었기 때문에 유니티는 Animations 폴더에 Health_
   Pickup이라는 애니메이터 컨트롤러를 만들었다. Health_Pickup을 선택한 상태
   에서 클립을 만들 때, **인스펙터** 창에서 Animator 컴포넌트도 추가된 것을 확인할
   수 있다. 하지만 Health_Pickup 컨트롤러가 설정된 상태에서 프리팹에 Animator
   컴포넌트가 아직 정식으로 저장되지는 않았다.

6. Animator 컴포넌트의 좌측 상단에 + 아이콘이 보이는 이유는 아직 Health_Pickup 프리팹의 일부가 아니기 때문이다.

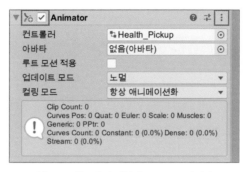

그림 6.28 인스펙터 패널의 Animator 컴포넌트

7. 좌측 상단에서 3개의 세로 점 아이콘 ⋮ 을 선택한 후 **Added Component ➤ 프리팹 'Health_Pickup'에 적용**을 선택한다.

그림 6.29 프리팹에 적용되는 새 컴포넌트

지금까지 애니메이터 컴포넌트를 생성하고 Health_Pickup 프리팹에 추가했다. 이번에는 애니메이션 프레임을 녹화해야 한다. 영화의 모션 클립을 생각했다면, 프레임을 떠올렸을 수 있다. 클립이 프레임을 이동하면, 애니메이션이 진행되면서 이동 효과가 발생한다. 유니티도 마찬가지다. 각 프레임 전반에 걸쳐 서로 다른 위치에 대상 오브젝트

를 녹화해 유니티가 클립을 재생하게 된다.

키프레임 녹화

이제 작업할 클립이 있으니 애니메이션 창에서 빈 타임라인을 확인할 수 있을 것이다.
기본적으로, Health_Pickup 프리팹의 z 회전을 할 때 또는 애니메이션이 가능한 속성
수정을 할 때 타임라인은 키프레임으로 이러한 변경 사항을 녹화한다. 그다음에는 아날
로그 필름의 개별 프레임이 움직이는 화면으로 재생되는 방식과 비슷하게, 유니티도 이
러한 키프레임을 완전한 애니메이션으로 조합한다.

다음 스크린샷을 살펴보고 녹화 버튼과 타임라인의 위치를 기억하자.

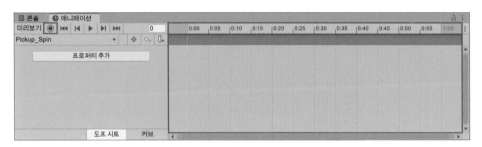

그림 6.30 애니메이션 창 및 키프레임 타임라인

이제 아이템을 회전시켜보자. 회전하는 애니메이션 효과를 주려면, Health_Pickup 프
리팹이 매초마다 z축에서 360도로 완전히 회전해야 하는데, 이때 3개의 키프레임을 설
정하면 유니티가 나머지 부분을 처리하게 된다.

1. **계층 구조** 창의 Health_Pickup 오브젝트를 선택한 다음, **프로퍼티 추가 ➤
   Transform**을 선택하고, **회전** 옆에 있는 + 표시를 클릭한다.

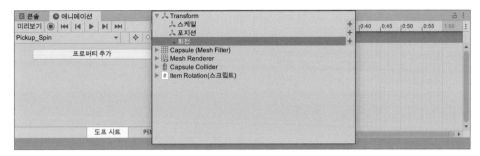

그림 6.31 애니메이션을 위한 Transform 속성 추가

2. 녹화 버튼을 클릭해 애니메이션을 시작한다.

- 커서를 타임라인의 0:00에 놓고, Health_Pickup 프리팹의 z 회전은 0으로 둔다.

- 커서를 타임라인의 0:30에 놓고, z 회전을 180으로 설정한다.

- 커서를 타임라인의 1:00에 놓고, z 회전을 360으로 설정한다.

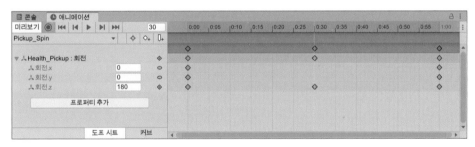

그림 6.32 녹화 중인 애니메이션 키프레임

3. 녹화 버튼을 클릭해 애니메이션을 끝낸다.

4. 녹화 버튼 우측에 있는 재생 버튼을 클릭해 애니메이션 반복을 확인한다.

애니메이터 애니메이션이 이전에 코드에서 작성한 애니메이션을 재정의한다는 것을 알 수 있다. 이는 예측 가능한 상황이므로 걱정하지 않아도 되며, **인스펙터** 패널의 컴포넌트 좌측에 있는 작은 체크박스를 클릭해 활성화하거나 비활성화할 수 있다. Animator 컴포넌트를 비활성화하면, Health_Pickup이 코드를 사용해 x축을 중심으로 다시 회전한다.

이제 Health_Pickup 오브젝트가 z축에서 매초마다 0, 180, 360도로 회전하는 반복 회전 애니메이션을 만들었다. 지금 게임을 실행한다면, 게임이 멈출 때까지 애니메이션이 끊임없이 실행될 것이다.

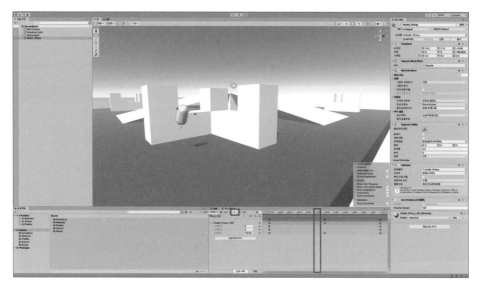

그림 6.33 애니메이션이 실행되고 있는 애니메이션 창

모든 애니메이션에는 어떤 속성이 애니메이션을 실행케 하는지를 결정하는 커브가 있다. 이 부분을 많이 다루지는 않지만, 기본 사항은 알아둬야 하므로 다음 절에서 이어서 살펴본다.

커브와 탄젠트

오브젝트 속성에 애니메이션을 적용하는 것 외에도, 유니티는 시간의 흐름에 따른 애니메이션의 재생 방식을 애니메이션 커브로 관리한다. 지금까지는 애니메이션 창의 하단에서 변경할 수 있는 **도프 시트**^{Dopesheet} 모드를 사용했었다. **커브** 뷰를 클릭하면(다음 스크린샷 참조), 녹화된 키프레임 대신 강조점이 찍힌 다른 그래프를 확인할 수 있다.

부드러운 회전 애니메이션(선형^{linear}이라 칭함)을 원하면 아무런 변경 없이 그대로 두면 된다. 하지만 애니메이션 실행 중에 어떤 지점에서 속도를 조절하거나 변경하고 싶다면, 커브 그래프의 점을 드래그하거나 조정하면 된다.

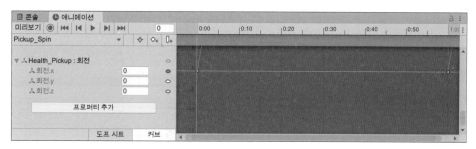

그림 6.34 애니메이션 창의 커브 타임라인

시간 경과에 따라 속성이 작동하는 방식을 처리하는 애니메이션 커브를 사용하면, Health_Pickup 애니메이션이 반복될 때마다 발생하는 끊김 현상을 수정해야 한다. 이를 해결하려면, 키프레임이 서로 혼합되는 방식을 관리하는 애니메이션의 탄젠트를 변경해야 한다.

여기서 볼 수 있듯이, 이런 옵션은 **도프 시트** 모드에서 타임라인의 키프레임에 마우스 오른쪽 버튼을 클릭해 사용할 수 있다.

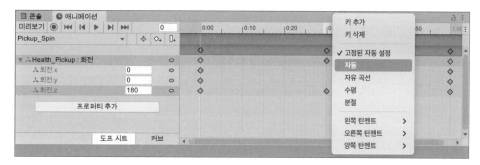

그림 6.35 키프레임 스무딩 옵션

지금처럼 회전 애니메이션을 재생하면, 아이템이 완전히 한 바퀴를 회전한 후 다시 새로운 회전을 시작하려는 사이에 살짝 멈춤 현상이 발생한다. 다음에 도전할 주제는 바로 이 멈춤 현상을 매끄럽게 만드는 것이다.

애니메이션의 처음과 마지막 프레임에서 탄젠트를 조절해 회전 애니메이션이 매끄럽게 반복되도록 만들자.

1. 애니메이션 타임라인에서 처음과 마지막 키프레임의 다이아몬드 아이콘(◆)을 마우스 오른쪽 버튼으로 클릭하고 **자동**을 선택한다.

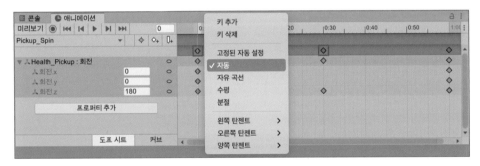

그림 6.36 키프레임 스무딩 옵션 변경

2. 아직 Main Camera를 이동하지 않았다면, Health_Pickup 오브젝트를 볼 수 있도록 Main Camera를 이동하고 재생 버튼을 클릭한다.

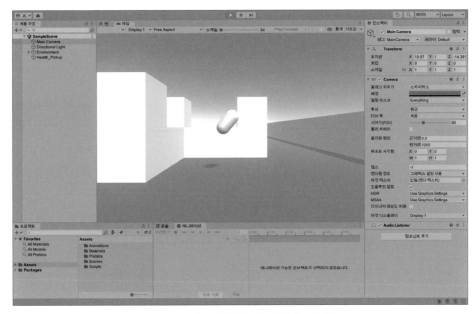

그림 6.37 매끄럽게 재생되는 최종 애니메이션

처음과 마지막 키프레임의 탄젠트를 **자동**으로 변경하면 유니티가 전환을 부드럽게 처리한다. 즉, 애니메이션이 반복될 때 갑자기 발생하는 멈춤stop/시작start 동작이 사라진다.

지금까지 이 책에서 알아야 할 애니메이션의 모든 것을 다뤘다. 그러나 유니티가 제공하는 애니메이션 관련 전체 도구를 확인해보길 바란다. 그렇게 하면 게임의 완성도와 플레이어의 만족도를 모두 높일 수 있다.

요약

이번 6장은 특히 유니티 초보라면 동작 파트가 많다고 느낄 만했지만, 어느덧 마지막 부분에 도달했다.

이 책은 C# 언어를 유니티에서 구현하는 데 초점을 맞추고 있지만 게임 개발, 문서, 엔진의 비스크립팅non-scripting 기능 전반을 익히려면 시간이 더 필요하다. 한편 조명과 애니메이션을 깊이 다루기에는 시간이 부족했지만, 유니티 프로젝트를 꾸준히 만들 생각이라면 이 두 가지를 많이 알아둘수록 좋다.

다음 장에서는 이동 가능한 플레이어 오브젝트의 설정, 카메라 제어, 유니티의 물리 시스템이 게임 세계를 제어하는 방법 등을 차례로 살펴보면서 Hero Born의 코어 메카닉 프로그래밍에 다시 주목할 것이다.

⁞ᐅ 내용 점검: 기본적인 유니티의 특징

1. 큐브, 캡슐, 구체는 어떤 종류의 게임 오브젝트를 나타내는 예인가?

2. 유니티는 씬에 3D를 반영해 깊이를 나타낼 때 어떤 축을 사용하는가?

3. 게임 오브젝트를 재사용 가능한 프리팹으로 바꾸는 방법은 무엇인가?

4. 유니티 애니메이션 시스템은 오브젝트 애니메이션을 기록할 때 어떤 측정 단위를 사용하는가?

07

이동, 카메라 제어 및 충돌

새로운 게임을 시작할 때 플레이어가 가장 먼저 시도하는 것 중 하나는 캐릭터의 이동(게임상에서 이동 가능한 캐릭터일 경우)과 카메라 제어다. 흥미롭기도 하고 플레이어가 어떤 종류의 게임 플레이가 가능한지 알 수 있기 때문이다. Hero Born의 캐릭터는 **W, A, S, D**와 화살표 키로 이동과 회전이 가능한 캡슐 오브젝트다.

이 장의 도입부에서는 플레이어 오브젝트의 Transform 컴포넌트를 어떻게 조작하는지 배우고, 힘을 적용해 동일한 플레이어 제어 방식을 복제할 것이다. 이러한 작업은 좀 더 사실적인 움직임을 만드는 데 효과가 있다. 플레이어를 움직일 경우, 플레이어의 조금 뒤쪽 위에서 카메라가 따라가기 때문에 슈팅 메카닉을 구현할 때 조준이 더 수월하다. 마지막으로는 체력 아이템 프리팹을 작업하며 유니티의 물리 시스템에서 충돌과 물리적 상호작용을 어떻게 다루는지 살펴본다.

아직 어떠한 슈팅 메카닉이 있는 것은 아니지만, 이 모든 것이 플레이가 가능한 레벨에서 함께 작용할 것이다. 또한 다음의 주제를 함께 다루며 게임 기능을 프로그래밍하는 데 사용할 C#을 처음 경험하게 될 것이다.

- 플레이어의 이동 관리하기

- Transform 컴포넌트를 사용해 플레이어 이동하기

- 카메라 동작 스크립팅

- 유니티의 물리 시스템으로 작업하기

플레이어 이동 관리하기

가상 세계에서 플레이어 캐릭터를 움직일 좋은 방법을 찾는다면, 가장 현실감 넘치는 비주얼이 무엇인지 고려해보고 계산 처리에 많은 비용이 들지 않는 것을 선택해야 한다. 대부분 이런 문제는 균형을 유지하며 절충점을 찾는데, 유니티도 이와 크게 다르지 않다.

게임 오브젝트를 이동하는 일반적인 세 가지 방법과 그 결과는 다음과 같다.

- **옵션 A**: 이동 및 회전에 게임 오브젝트의 Transform 컴포넌트를 사용한다. 이는 가장 쉬운 방법이자 가장 먼저 할 작업이기도 하다.

- **옵션 B**: 리지드바디^{Rigidbody} 컴포넌트를 게임 오브젝트에 연결하고 코드에서 힘을 적용한다. 리지드바디 컴포넌트는 시뮬레이션된 실제 물리를 연결된 모든 게임 오브젝트에 추가한다. 이 방법은 유니티의 물리 시스템을 사용해 어려운 작업을 좀 더 실감 나게 표현한다. 이 장의 후반부에서는 코드를 업데이트해 이 방법을 사용함으로써 두 가지 방법을 모두 익힐 것이다.

> **NOTE**
>
> 유니티는 게임 오브젝트를 이동하거나 회전시킬 때 일관된 접근법을 사용하길 권장한다. 또한 오브젝트의 Transform 또는 Rigidbody 컴포넌트를 조작할 수 있지만, 이 둘을 동시에 처리해서는 안 된다.

- **옵션 C**: Character Controller 또는 First Person Controller와 같이 미리 만들어진 유니티 컴포넌트나 프리팹을 연결한다. 그러면 상용구 코드가 제거되고 프로토

타이핑 시간을 단축하면서 사실적인 효과를 얻을 수 있다.

> **NOTE**
>
> Character Controller 컴포넌트와 그 사용 방법은 유니티 스크립팅 레퍼런스(https://docs.unity3d.com /ScriptReference/CharacterController.html)에 자세히 나와 있다.
>
> First Person Controller 프리팹은 웹 사이트(https://assetstore.unity.com/packages/essentials/ starter-assets-first-person-character-controller-196525#description)에서 Starter Assets 패키지 를 다운로드해 사용할 수 있다.

유니티에서 플레이어 이동을 이제 막 시작했으므로 다음 절에서 플레이어 Transform 컴포넌트를 사용한 후, 이 장의 후반부에서는 리지드바디 물리로 넘어갈 것이다.

⁙ Transform 컴포넌트를 사용해 플레이어 이동하기

Hero Born에 3인칭 어드벤처 설정을 해야 하므로, 키보드 입력으로 조종하는 캡슐과 캡슐이 움직일 때 따라가는 카메라의 설정을 먼저 시작해보자. 이 두 게임 오브젝트가 게임에서 함께 작동하더라도, 게임 오브젝트와 스크립트를 별도로 관리하면 제어를 좀 더 수월하게 할 수 있다.

스크립팅을 수행하기에 앞서 씬에 플레이어 캡슐을 추가하는 작업을 진행할 것이다.

다음과 같이 몇 단계만 거치면 멋진 플레이어 캡슐을 만들 수 있다.

1. **계층 구조** 패널에서 **+ ➤ 3D 오브젝트 ➤ 캡슐**을 클릭하고 이름을 Player로 지정한다.

2. Player 게임 오브젝트를 선택하고 **인스펙터** 탭 하단에서 **컴포넌트 추가** 버튼을 클릭한다. 리지드바디를 검색한 후 **Enter** 키를 눌러 추가한다. 당장은 이 컴포넌트를 사용하지 않지만 초반에 잘 설정해두는 게 좋다.

3. Rigidbody 컴포넌트 하단의 **Constraints** 속성을 확장한다.

   - **X, Y, Z**축의 **회전 고정** 체크박스를 선택해 나중에 작성한 코드로만 플레이어

가 회전할 수 있도록 한다.

그림 7.1 리지드바디 컴포넌트

4. **프로젝트** 패널에서 Materials 폴더를 선택하고 **생성 ➤ 머티리얼**을 클릭한다. 이름을 Player_Mat으로 지정한다.

5. Player_Mat을 선택해 **인스펙터**의 **알베도** 속성을 밝은 녹색으로 변경한 다음, 머티리얼을 **계층 구조** 패널의 Player 오브젝트로 드래그한다.

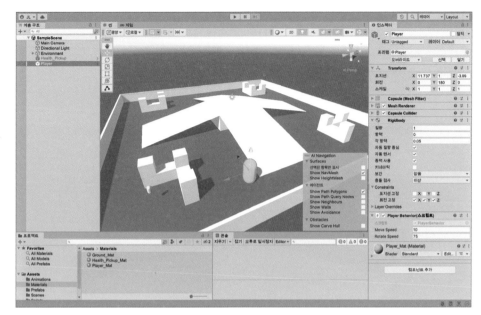

그림 7.2 캡슐에 연결된 Player 머터리얼

프리미티브 캡슐, 리지드바디 컴포넌트, 새로운 밝은 녹색 머터리얼로 Player 오브젝트를 만들었다. 무엇이 리지드바디 컴포넌트인지 아직 걱정할 필요는 없다. 지금은 캡슐이 물리 시스템과 상호작용할 수 있다는 점이 중요하다. 이 장의 후반부에서는 유니티의 물리 시스템이 어떻게 작동하는지 더 자세히 설명할 것이다. 그 전에 3D 공간에서 매우 중요한 주제인 벡터를 먼저 살펴보자.

벡터의 이해

이제 플레이어 캡슐과 카메라를 설정했으므로, Transform 컴포넌트를 사용해 게임 오브젝트를 어떻게 이동하고 회전하는지 살펴볼 수 있다. Translate와 Rotate 메서드는 유니티에서 제공하는 Transform 클래스의 일부이며, 각각의 주어진 기능을 수행하려면 벡터 매개변수가 필요하다.

유니티에서 벡터는 2D와 3D 공간에서 위치와 방향 데이터를 유지하는 데 사용한다. 그렇기 때문에 Vector2와 Vector3의 두 타입을 사용하는 것이다. 이 두 타입은 정보만 바꿔

었을 뿐, 그동안 봐왔던 다른 변수 타입처럼 사용할 수 있다. 여기서 만들 게임은 3D이기 때문에 x, y, z 값으로 Vector3 객체를 만들어 사용할 것이다.

2D 벡터는 x, y 위치만 있으면 된다. 그러나 6장, '유니티 실행하기'에서 다뤘다시피 3D 씬의 가장 최신 방향은 우측 상단 그래픽에 표시된다.

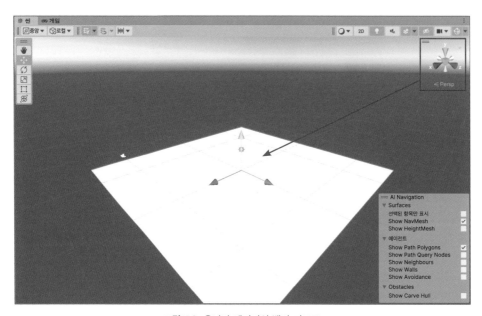

그림 7.3 유니티 에디터의 벡터 기즈모

NOTE

유니티에서 벡터를 좀 더 자세히 알고 싶다면 유니티 스크립팅 레퍼런스(https://docs.unity3d.com/ScriptReference/Vector3.html)에서 해당 내용을 살펴보자.

예를 들어, 씬에서 위치를 유지할 새로운 벡터를 생성하려면 다음과 같은 코드를 사용할 수 있다.

```
Vector3 Origin = new Vector(1f, 1f, 1f);
```

여기서는 새로운 Vector3 변수를 만들고 차례대로 x 위치를 1, y 위치를 1, z 위치를 1로 초기화했다. float 값은 소수를 포함하거나 포함하지 않아도 쓸 수 있지만, 항상 f나 F로 끝나야 한다.

Vector2나 Vector3 클래스의 프로퍼티를 사용해 방향 벡터를 만들 수도 있다.

```
Vector3 ForwardDirection = Vector3.forward;
```

ForwardDirection은 위치를 유지하는 게 아니라 3D 공간에서 z축을 따라 씬의 전방 위치를 참조한다. Vector3 방향을 사용하면, 플레이어가 어떤 방식으로 보이든 간에 코드에서는 항상 정면이 어디인지 알 수 있다는 장점이 있다. 이 장의 후반부에서 벡터의 사용법을 살펴보기 하고, 여기서는 x, y, z의 위치와 방향에서 3D 움직임을 사고하는 데 익숙해지자.

NOTE

> 벡터라는 개념을 처음 접했더라도 걱정하지는 말자. 원래 복잡한 주제다. 유니티에서 벡터를 시작할 때 해당 웹 사이트(https://docs.unity3d.com/Manual/VectorCookbook.html)를 방문하면 많은 도움을 받을 수 있다.

이제 벡터를 조금은 이해했기 때문에 기본적인 플레이어 캡슐 이동을 구현할 수 있을 것이다. 그러려면 우선 키보드에서 플레이어 입력을 받아야 하는데, 이와 관련된 내용은 다음 절에서 자세히 다룬다.

플레이어 입력 받기

위치와 방향은 그 자체로 유용하지만, 플레이어의 입력이 없으면 이동은 불가능하다. Input 클래스는 키 입력 및 마우스 위치에서 가속 및 회전 데이터에 이르기까지 모든 것을 처리한다.

Hero Born에서 이동을 하려면 W, A, S, D와 화살표 키를 사용해야 한다. 또한 플레이어가 마우스를 조작하는 방향으로 카메라가 따라가는 스크립트도 함께 사용할 것이다. 이러한 작업을 하려면 우선 입력 축input axis이 어떻게 작동하는지 알아야 한다.

먼저 **편집 ➤ 프로젝트 설정**을 선택한 후 다음 스크린샷과 같이 **입력 관리자**^{Input Manager} 탭을 연다.

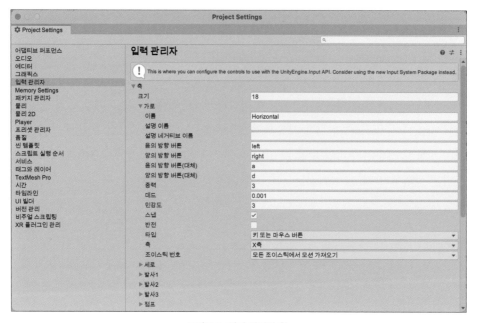

그림 7.4 입력 관리자 창

NOTE

유니티 2022는 과중한 코딩 작업을 없애는 새로운 입력 시스템을 갖추고 있으므로, 에디터에서 입력을 액션(action)으로 쉽게 설정할 수 있다. 이 책에서는 기초적인 내용부터 시작하지만, 새로운 입력 시스템이 어떻게 작동하는지 확인하고 싶다면 웹 사이트(https://learn.unity.com/project/using-the-input-system-in-unity)에서 튜토리얼을 참고하자.

이미 설정된 유니티의 기본 입력을 긴 목록으로 볼 수 있다. 하지만 가로축을 예로 들어보자. 가로축의 입력란에서 음의 방향 버튼과 양의 방향 버튼이 left와 right로 설정되고, 음의 방향 버튼^(대체)과 양의 방향 버튼^(대체)이 a와 d 키로 설정돼 있음을 알 수 있다.

입력 축이 코드에서 쿼리될 때마다 값은 -1과 1 사이가 된다. 예를 들어 왼쪽 화살표나 A 키를 누르면 가로축의 값이 -1로 등록되고, 키에서 손을 떼면 값이 0으로 돌아온다. 마찬가지로 오른쪽 화살표나 D 키를 사용하면 가로축의 값은 1로 등록된다. 이렇게 하면 각각의 긴 **if-else**문 체인을 사용하는 것과는 대조적으로, 코드 한 줄로 단일 축에 4개의 다른 입력을 캡처할 수 있다.

입력 축을 캡처하려면 Input.GetAxis()를 호출하면서 원하는 축을 이름으로 지정한다. 다음 절에서는 Horizontal과 Vertical을 입력해 진행해볼 것이다. 부수적인 이점으로, 유니티는 스무딩 필터를 적용해 입력 프레임 속도를 독립적으로 만든다.

NOTE

> 기본 입력은 원하는 방법으로 수정할 수 있지만, 입력 관리자에서 **크기** 속성을 증가시키고 생성된 복사본의 이름을 변경해 사용자 정의 축을 만들 수도 있다. 사용자 정의 입력을 추가하려면 **크기** 속성을 증가시켜야 한다.

유니티 입력 시스템과 사용자 정의 이동 스크립트를 사용해 플레이어 이동을 시작해보자.

플레이어 이동

플레이어를 이동하기 전에 플레이어 캡슐에 스크립트를 연결해야 한다.

1. Scripts 폴더에 새로운 C# 스크립트를 만들고 이름을 PlayerBehavior로 지정한 후, **계층 구조** 패널의 Player로 드래그한다.

2. 다음 코드를 추가하고 저장한다.

```
using System.Collections;
using System.Collections.Generic;
using UnityEngine;

public class PlayerBehavior : MonoBehaviour
{
  // 1
  public float MoveSpeed = 10f;
  public float RotateSpeed = 75f;

  // 2
  private float _vInput;
  private float _hInput;
```

```
// Update is called once per frame
void Update()
{
  // 3
  _vInput = Input.GetAxis("Vertical") * MoveSpeed;

  // 4
  _hInput = Input.GetAxis("Horizontal") * RotateSpeed;

  // 5
  this.transform.Translate(Vector3.forward * _vInput * Time.
    deltaTime);

  // 6
  this.transform.Rotate(Vector3.up * _hInput * Time.deltaTime);
  }
}
```

NOTE

> this 키워드의 사용은 선택 사항이다. 비주얼 스튜디오에서는 코드를 단순화하고자 this 키워드의 삭제를 제안할 수 있지만, 코드의 명확성을 높이고 싶다면 그대로 두는 것이 낫다. 이때 Start처럼 빈 메서드가 있으면, 삭제해서 코드를 명확히 하는 게 일반적이다.

다음은 앞의 코드를 분석한 것이다.

1. 승수로 사용할 2개의 public 변수를 선언한다.

   - Player가 앞, 뒤로 이동하는 속도는 MoveSpeed로 선언

   - Player가 좌, 우로 회전하는 속도는 RotateSpeed로 선언

2. 플레이어의 입력을 저장할 2개의 private 필드를 선언하되, 초기값은 없는 것으로 설정한다.

   - _vInput은 세로축 입력을 저장한다.

   - _hInput은 가로축 입력을 저장한다.

3. 위쪽 화살표, 아래쪽 화살표, W 또는 S 키를 누르면 Input.GetAxis("Vertical")이 감지하고, 해당 값에 MoveSpeed를 곱한다.

- 위쪽 화살표와 W 키를 누르면 1을 반환하고, 플레이어가 앞(앞) 방향으로 이동한다.

- 아래쪽 화살표와 S 키를 누르면 –1을 반환하고, 플레이어가 뒷(뒤) 방향으로 이동한다.

4. 왼쪽 화살표, 오른쪽 화살표, A 또는 D 키를 누르면 Input.GetAxis("Horizontal")이 감지하고, 해당 값에 RotateSpeed를 곱한다.

- 오른쪽 화살표와 D 키를 누르면 1을 반환하고, 캡슐이 오른쪽으로 회전한다.

- 왼쪽 화살표와 A 키를 누르면 –1을 반환하고, 캡슐이 왼쪽으로 회전한다.

NOTE

'한 줄로 모든 이동을 계산하는 것이 가능한가?'라는 질문에 단순히 답하자면 '가능하다'이다. 그러나 코드를 보는 사람이 본인뿐이더라도 코드는 세분화하는 것이 좋다.

5. Vector3 매개변수를 받는 Translate 메서드를 사용해 캡슐의 Transform 컴포넌트를 이동한다.

- this 키워드는 현재 스크립트가 연결된 게임 오브젝트(이 경우 플레이어 캡슐)를 지정한다는 점을 기억하자.

- Vector3.forward에 _vInput과 Time.deltaTime을 곱하면, 캡슐이 계산된 속도로 z축을 따라 앞뒤로 이동하는 데 필요한 방향과 속도를 얻을 수 있다.

- Time.deltaTime은 게임의 마지막 프레임이 실행된 후 항상 초 단위로 값을 반환한다. Time.deltaTime은 디바이스의 프레임 속도로 결정되는 것이 아니라 Update 메서드에서 캡처되거나 실행되는 값을 균일하게 만들 때 흔히 사용된다.

6. Rotate 메서드를 사용해 매개변수로 전달한 벡터를 기준으로 캡슐의 Transform

컴포넌트를 회전한다.

- Vector3.up에 _hInput과 Time.deltaTime을 곱하면 원하는 왼쪽/오른쪽 회전
  축을 얻을 수 있다.
- 같은 이유로 여기서도 this 키워드와 Time.deltaTime을 사용한다.

> **NOTE**
>
> 앞서 언급했듯이, Translate와 Rotate 메서드에서 방향 벡터를 사용하는 것은 작업 가능한 방법 중 하
> 나일 뿐이다. 또한 축 입력으로 새로운 Vector3 변수를 만들고 매개변수로 쉽게 사용할 수도 있다.

재생 버튼을 클릭하면, 위/아래 화살표 키와 **W/S** 키로 캡슐을 앞뒤로 이동할 수 있고
좌/우 화살표 키와 **A/D** 키를 사용해 회전할 수 있다.

이렇게 몇 줄의 코드로, 수정이 용이하고 독립된 프레임 속도를 지닌 2개의 분리된 컨트
롤을 설정했다. 하지만 캡슐이 이동할 때 카메라가 따라 움직이지 않으므로, 다음 절에
서 이 문제를 해결해보자.

⠿ 카메라 동작 스크립팅

어떤 게임 오브젝트가 다른 게임 오브젝트를 따라가게 하는 가장 쉬운 방법은 게임 오
브젝트 중 하나를 다른 게임 오브젝트의 자식 오브젝트로 만드는 것이다. 이렇게 하면
자식 오브젝트의 위치와 회전은 부모 오브젝트를 기준으로 하게 된다. 즉, 모든 자식 오
브젝트는 부모 오브젝트와 함께 이동하고 회전한다.

하지만 이러한 방식은 플레이어 캡슐에 발생하는 모든 이동이나 회전이 카메라에도 영
향을 미쳐 원치 않는 결과를 낳는다. 카메라는 플레이어의 일정 거리 뒤에 위치하고, 어
떤 상황에서든 항상 회전하며 볼 수 있어야 한다. 다행히도, Transform 클래스의 메서드
를 사용해 캡슐과 연결된 카메라의 위치와 회전을 설정할 수 있다. 다음 과제에서 카메
라 로직을 스크립트로 작성해보자.

카메라 동작과 플레이어의 이동 방식이 완전히 분리돼야 하므로, **인스펙터** 탭에서 설정 가능한 대상을 기준으로 카메라의 위치를 제어할 것이다.

1. Scripts 폴더에 새로운 C# 스크립트를 만들고 이름을 CameraBehavior로 지정한 후, **계층 구조** 패널의 Main Camera로 드래그한다.

2. 다음 코드를 추가하고 저장한다.

```csharp
using System.Collections;
using System.Collections.Generic;
using UnityEngine;

public class CameraBehavior : MonoBehaviour
{
  // 1
  public Vector3 CamOffset = new Vector3(0f, 1.2f, -2.6f);

  // 2
  private Transform _target;

  // Start is called before the first frame update
  void Start()
  {
    // 3
    _target = GameObject.Find("Player").transform;
  }

  // 4
  void LateUpdate()
  {
    // 5
    this.transform.position = _target.TransformPoint(CamOffset);

    // 6
    this.transform.LookAt(_target);
  }
}
```

다음은 앞의 코드를 분석한 것이다.

1. Vector3 타입의 필드를 선언해 Main Camera와 Player 캡슐 간 원하는 거리를 저장한다.

   - public 필드이므로 **인스펙터** 탭에서 카메라 오프셋의 *x*, *y*, *z* 위치를 직접 설정할 수 있다.

   - 이 기본값이 가장 적당해 보이지만, 다른 값을 넣으면 어떻게 되는지도 실험해보자.

2. 플레이어 캡슐의 Transform 정보를 담을 필드를 만든다.

   - 이 필드로 플레이어 캡슐의 위치, 회전, 크기에 액세스할 수 있다.

   - 다른 스크립트에서 카메라의 타깃을 변경하면 안 되므로 private 필드로 선언한다.

3. GameObject.Find를 사용해 이름으로 플레이어 캡슐을 찾고 씬에서 해당 Transform 프로퍼티를 검색한다.

   - 즉, 캡슐의 *x*, *y*, *z* 위치가 프레임마다 업데이트되고 _target 필드에 저장된다.

   - 씬에서 오브젝트를 찾는 것은 계산 비용이 많이 드는 작업이므로, Start 메서드에서 한 번만 수행하고 참조를 저장하는 것이 좋다. Update 메서드에서 GameObject.Find는 사용하지 말자. 찾으려는 오브젝트를 계속 검색해 게임이 충돌할 가능성이 있다.

4. LateUpdate는 Start나 Update와 같은 MonoBehavior 클래스의 메서드로, Update 후에 실행된다.

   - PlayerBehavior 스크립트는 Update 메서드에서 캡슐을 이동하므로, 이동 후에는 CameraBehavior의 코드가 실행되고, _target이 가장 최신 위치를 참조한다.

5. 카메라 위치를 각 프레임마다 _target.TransformPoint(camOffset)으로 설정하면

다음과 같은 효과가 발생한다.

- TransformPoint 메서드는 월드 공간[world space][1]에서 상대 위치를 계산하고 반환한다.

- 이 경우에는 x축에서 0, y축에서 1.2[카메라가 캡슐 위에 위치], z축에서 -2.6[카메라가 살짝 캡슐 뒤에 위치]만큼 오프셋된 대상[캡슐]의 위치를 반환한다.

6. LookAt 메서드는 전달받은 Transform 매개변수[이 경우 _target]에 초점을 맞춰 각 프레임마다 캡슐의 회전을 업데이트한다.

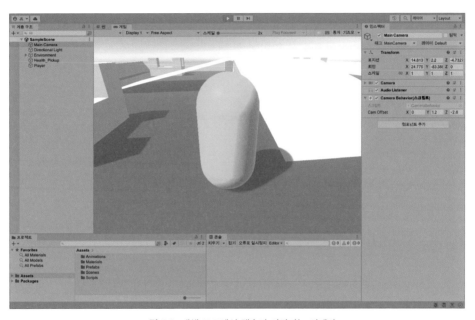

그림 7.5 재생 모드에서 캡슐과 따라가는 카메라

처리할 것이 많지만, 순서대로 분석하면 쉽게 해결할 수 있다.

1. 카메라의 오프셋 위치를 만든다.

---

1 전역 공간(global space)이라고도 한다. – 옮긴이

2. 플레이어 캡슐의 위치를 찾고 저장한다.

3. 각 프레임마다 위치와 회전을 수동으로 업데이트해 항상 일정 거리를 유지하면서 따라가 플레이어를 바라보도록 한다.

플레이어의 이동을 관리하고자 작성한 코드가 완벽하게 작동하긴 하지만, 어딘가 좀 불안정하다고 느꼈을 것이다. 좀 더 매끄럽고 실감 나는 움직임 효과를 만들려면, 다음에 다룰 유니티 물리 시스템의 기본을 알아야 한다.

⠿ 유니티 물리 시스템으로 작업하기

지금까지는 유니티 엔진의 작동 방식이나 가상 공간에서 실제와 같은 상호작용과 움직임을 만드는 방법을 다루지 않았다. 이 장의 나머지 부분에서는 유니티 물리 시스템의 기본을 배울 것이다.

유니티의 NVIDIA PhysX 엔진을 작동시키는 두 가지 주요 컴포넌트는 다음과 같다.

- 리지드바디 컴포넌트에서는 게임 오브젝트가 중력의 영향을 받고 **질량**Mass과 **향력**Drag 같은 속성을 추가할 수 있게 한다. 또한 리지드바디 컴포넌트는 콜라이더Collider 컴포넌트가 연결됐을 때 적용된 힘의 영향을 받을 수 있으므로 좀 더 사실적인 움직임을 만들 수 있다.

그림 7.6 인스펙터 창의 리지드바디 컴포넌트

- 콜라이더 컴포넌트에서는 게임 오브젝트가 서로의 물리적 공간에 드나드는 시기
  와 방법뿐만 아니라 단순 충돌 후 튕겨 나가는 것까지도 결정한다. 주어진 게임 오
  브젝트에 연결된 리지드바디 컴포넌트는 하나만 존재하지만, 다른 모양이나 상호
  작용이 필요할 때는 여러 콜라이더 컴포넌트가 있을 수 있다. 이를 흔히 복합 콜라
  이더 설정이라고 한다.

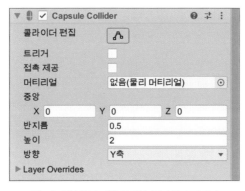

그림 7.7 인스펙터 페인의 캡슐 콜라이더 컴포넌트

2개의 콜라이더 컴포넌트가 서로 상호작용을 할 때, 그 상호작용의 결과는 리지드바디
속성에 따라 결정된다. 예를 들어 하나의 게임 오브젝트 질량이 다른 것보다 높다면, 현

실 세계와 마찬가지로 좀 더 가벼운 게임 오브젝트가 더 강한 힘으로 튕겨 나간다. 이 두 컴포넌트는 유니티에서 모든 물리적 상호작용과 시뮬레이션된 움직임을 담당한다.

유니티의 이동 유형을 살펴보면 컴포넌트를 사용할 때 유의할 점을 쉽게 파악할 수 있다.

- 키네마틱^{kinematic} 이동은 리지드바디 컴포넌트가 게임 오브젝트에 연결될 때 발생하지만, 씬의 물리 시스템에는 등록되지 않는다. 즉, 키네마틱 오브젝트가 물리적 상호작용을 하지만 실제 벽이 있는 것처럼 반응하지는 않는다. 이는 특정한 상황에만 사용되며 리지드바디 컴포넌트의 **키네마틱**^{Is Kinematic} 속성을 체크해 활성화할 수 있다. 하지만 여기서 작업할 캡슐은 물리 시스템과 상호작용을 해야 하므로, 이러한 종류의 모션은 사용하지 않는다.

- 비키네마틱^{non-kinematic} 이동은 게임 오브젝트의 Transform 프로퍼티를 수동으로 변경하는 대신, 힘을 적용해 리지드바디 컴포넌트를 이동하거나 회전하는 것을 말한다. 이러한 유형의 모션을 구현할 수 있도록 PlayerBehavior 스크립트를 업데이트하는 것이 이 절의 목표다.

NOTE

> 앞으로의 설정 작업, 즉 리지드바디 컴포넌트를 사용해 물리 시스템으로 상호작용하면서 캡슐의 Transform 컴포넌트를 조작할 때는 이동과 회전이 3D 공간에서 펼쳐진다는 점을 염두에 두자. 그러나 유니티에서는 코드에 키네마틱과 비키네마틱 이동을 함께 사용하지 않는 것을 권장한다.

다음으로는 힘을 적용해 지금의 이동 방식보다 사실적인 이동 경험을 할 수 있도록 변환 작업을 해볼 것이다.

리지드바디 컴포넌트 이동

플레이어에 리지드바디 컴포넌트가 연결돼 있으므로, 수동으로 Transform을 변환하고 회전하는 대신 물리 엔진이 움직임을 제어한다. 힘을 적용할 때는 다음과 같이 두 가지 옵션이 있다.

- AddForce와 AddTorque 같은 Rigidbody 클래스의 메서드를 사용해 직접 각 오브젝트를 이동하고 회전할 수 있다. 이러한 접근법은 문제점을 갖고 있어 원하지 않는 토크^{torque}나 충돌 중에 적용된 힘과 같은 예기치 않은 물리적 동작을 대비할 수 있는 추가 코드가 필요하다.

- 또는 계속 힘을 적용하는 MovePosition과 MoveRotation 같은 다른 리지드바디 클래스의 메서드를 사용할 수도 있다.

> **NOTE**
>
> 다음 절에서는 두 번째 방법을 선택해 유니티에 물리를 적용해볼 것이다. 하지만 게임 오브젝트에서 수동으로 힘과 토크를 적용하는 방법이 궁금하다면 유니티 스크립팅 레퍼런스(https://docs.unity3d.com/ScriptReference/Rigidbody.AddForce.html)를 방문해보길 바란다.

플레이어는 이 두 가지 방법 중 하나로 좀 더 생동감을 느낄 것이다. 8장, '게임 메카닉 스크립팅'에서는 점프와 대시 메커니즘을 추가해본다.

> **NOTE**
>
> 리지드바디 컴포넌트 없이 이동하는 오브젝트와 해당 컴포넌트를 갖춘 환경이 상호작용할 때 어떤 일이 일어나는지 궁금하다면, Player의 리지드바디 컴포넌트를 제거하고 아레나를 돌아다녀보자. 아마도 마치 유령처럼 벽을 통과하는 현상이 벌어질 것이다. 확인하고 난 후 리지드바디 컴포넌트를 꼭 다시 추가하자!

플레이어 캡슐에는 이미 리지드바디 컴포넌트가 연결돼 있어 해당 프로퍼티에 액세스하고 수정할 수 있다. 하지만 먼저 컴포넌트를 검색하고 저장해야 하며, 이는 다음 절에서 다룰 것이다.

수정하기 전에 플레이어 캡슐의 리지드바디 컴포넌트에 액세스하고 저장해야 한다. PlayerBehavior를 다음의 변경 사항으로 업데이트한다.

```
using System.Collections;
using System.Collections.Generic;
using UnityEngine;
```

```
public class PlayerBehavior : MonoBehaviour
{
  public float MoveSpeed = 10f;
  public float RotateSpeed = 75f;

  private float _vInput;
  private float _hInput;

  // 1
  private Rigidbody _rb;

  // 2
  void Start()
  {
    // 3
    _rb = GetComponent<Rigidbody>();
  }

  void Update()
  {
    _vInput = Input.GetAxis("Vertical") * MoveSpeed;
    _hInput = Input.GetAxis("Horizontal") * RotateSpeed;

    //this.transform.Translate(Vector3.forward * _vInput * Time.deltaTime);
    //this.transform.Rotate(Vector3.up * _hInput * Time.deltaTime);
  }
}
```

사용된 코드를 분석해보자.

1. 캡슐의 리지드바디 컴포넌트 정보를 참조할 Rigidbody 타입의 private 필드를 추가한다.

2. 스크립트가 씬에서 초기화되면 Start 메서드가 실행된다. Start 메서드는 재생 버튼을 클릭할 때 발생하며, 클래스 시작 부분에서 필드를 설정해야 할 때마다 사용된다.

3. GetComponent 메서드는 찾고자 하는 컴포넌트 타입(이 경우 Rigidbody)이 스크립트가 연결된 게임 오브젝트에 있는지 확인하고 반환한다.

- 컴포넌트가 게임 오브젝트에 연결돼 있지 않으면, 메서드는 null을 반환한다. 하지만 플레이어에 해당 컴포넌트가 있다는 것을 알고 있으므로, 당장은 오류 검사를 신경 쓰지 않아도 된다.

4. Update 메서드에서 Translate와 Rotate 메서드 호출을 주석 처리해 두 가지 다른 종류의 플레이어 제어를 실행하지 않도록 한다.

- 나중에도 계속 사용할 수 있도록 플레이어 입력을 캡처하는 코드는 유지한다.

플레이어 캡슐에 리지드바디 컴포넌트를 초기화하고 저장했으며, 사용하지 않는 Transform 코드를 주석 처리해 물리 기반으로 움직일 수 있는 단계를 설정했다. 이제 다음 과제에서 캐릭터에 힘을 추가해보자.

다음 단계를 거쳐 리지드바디 컴포넌트를 이동하고 회전해보자. PlayerBehavior의 Update 메서드 아래에 다음 코드를 추가한 후 파일을 저장한다.

```
// 1
void FixedUpdate()
{
  // 2
  Vector3 rotation = Vector3.up * _hInput;

  // 3
  Quaternion angleRot = Quaternion.Euler(rotation * Time.fixedDeltaTime);

  // 4
  _rb.MovePosition(this.transform.position +
    this.transform.forward * _vInput * Time.fixedDeltaTime);

  // 5
  _rb.MoveRotation(_rb.rotation * angleRot);
}
```

사용된 코드를 분석해보자.

1. 모든 물리 또는 리지드바디와 관련된 코드는 Update나 다른 MonoBehavior 메서드

가 아닌 항상 `FixedUpdate` 메서드 내부에 작성한다.

- `FixedUpdate`는 프레임 속도에 영향을 받지 않으며 모든 물리 코드에 사용된다.

2. 좌, 우 회전을 저장할 새로운 Vector3 변수를 만든다.

- `Vector3.up * _hInput`은 이전 예제의 Rotate 메서드에서 사용한 것과 동일한 회전 벡터다.

3. `Quaternion.Euler`는 Vector3 매개변수를 받고 오일러 각$^{Euler\ angles}$으로 회전 값을 반환한다.

- `MoveRotation` 메서드를 사용하려면 Vector3 매개변수 대신 쿼터니언^{Quaternion} 값이 필요하다. 이는 단지 유니티가 선호하는 회전 타입으로 변환하는 것이다.

- `Update`에서 `Time.deltaTime`을 사용한 것과 같은 이유로 `Time.fixedDeltaTime`을 곱한다.

4. `_rb` 컴포넌트에서 Vector3 매개변수에 따라 힘을 적용하는 `MovePosition`을 호출한다.

- 사용되는 벡터를 자세히 살펴보면, 플레이어의 Transform 전방 위치에 세로축 입력과 `Time.fixedDeltaTime`을 곱한 후 플레이어의 위치에 더한다.

- 리지드바디 컴포넌트가 백터 매개변수의 값만큼 이동하는 힘을 적용한다.

5. `_rb` 컴포넌트에서 `MoveRotation` 메서드를 호출한다. 이 메서드는 Quaternion 매개변수를 받고 다음과 같은 힘을 적용한다.

- `angleRot`는 이미 키보드에서 가로축 입력을 받았으므로 현재 리지드바디의 회전(`_rb.rotation`)에 `angleRot`를 곱하기만 하면 동일한 좌, 우 회전이 가능하다.

NOTE

비키네마틱 게임 오브젝트에서 MovePosition과 MoveRotation은 서로 다르게 작동한다. 유니티 스크립팅 레퍼런스의 리지드바디 관련 문서(https://docs.unity3d.com/ScriptReference/Rigidbody.html)에서 좀 더 자세한 정보를 찾을 수 있다.

지금 재생 버튼을 클릭하면, 보는 방향에서 앞, 뒤 이동뿐만 아니라 y축을 중심으로 회전도 가능하다.

적용된 힘은 Transform 컴포넌트를 변환하고 회전하는 것보다 더 강한 효과를 만들기 때문에 **인스펙터**에서 MoveSpeed와 RotateSpeed 필드를 미세 조정해야 할 수도 있다. 지금은 좀 더 사실적인 물리를 사용해 이전과 동일한 유형의 이동 방식을 재현했다.

경사로를 올라가거나 중앙 플랫폼에서 떨어지면 플레이어가 공중에 붕 뜨거나 바닥으로 서서히 떨어지는 것을 볼 수 있다. 리지드바디 컴포넌트가 중력을 사용하도록 설정돼 있지만, 매우 약하게 작용하기 때문이다. 다음 장에서는 점프 메카닉을 구현할 때 플레이어에게 중력을 적용하는 방법을 다룰 것이다. 그럼 지금부터는 유니티에서 콜라이더 컴포넌트가 어떻게 충돌을 처리하는지 알아보자.

콜라이더와 충돌

콜라이더 컴포넌트를 사용하면 유니티의 물리 시스템에서 게임 오브젝트를 인식할 수 있을 뿐만 아니라 상호작용 및 충돌도 가능하다. 콜라이더가 게임 오브젝트를 둘러싼 보이지 않는 힘의 영역이라고 생각해보자. 콜라이더는 설정에 따라 통과하거나 충돌할 수 있으며, 서로 다른 상호작용 중에 실행할 여러 메서드도 제공한다.

NOTE

> 유니티의 물리 시스템은 2D나 3D 게임에서 다르게 작동하므로, 이 책에서는 3D 주제만 다룰 것이다. 2D 게임 제작에 관심이 있다면 웹 사이트(https://docs.unity3d.com/Manual/class-Rigidbody2D.html)에서 Rigidbody2D 컴포넌트를 참고하고, 사용 가능한 2D 콜라이더의 목록(https://docs.unity3d.com/Manual/Collider2D.html)을 살펴보자.

다음 스크린샷에서 Health_Pickup 오브젝트의 캡슐을 살펴보자. 캡슐 콜라이더^{Capsule Collider}를 더 잘 보고 싶다면 **반지름**^{Radius} 속성을 증가시키면 된다.

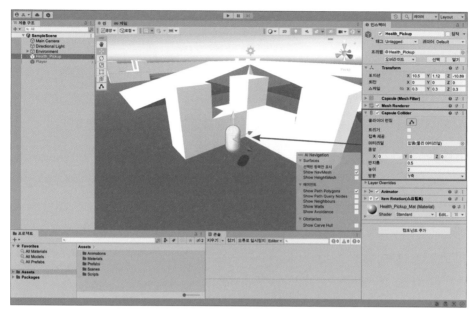

그림 7.8 Health_Pickup에 연결된 캡슐 콜라이더 컴포넌트

오브젝트 주위의 녹색 모양이 캡슐 콜라이더이며 **중앙, 반지름, 높이** 속성을 사용해 이동과 크기를 조정할 수 있다.

프리미티브가 생성되면, 콜라이더는 기본적으로 프리미티브의 모양과 일치한다. 여기서는 캡슐 프리미티브가 생성됐으므로 캡슐 콜라이더가 제공된다.

> **NOTE**
>
> 콜라이더는 박스(Box), 스피어(Sphere), 메시(Mesh) 모양으로도 제공되며, 메뉴의 **컴포넌트 > 물리** 또는 **인스펙터**의 **컴포넌트 추가** 버튼을 눌러 추가할 수 있다.

콜라이더가 다른 컴포넌트와 만나면, 메시지나 브로드캐스트를 보낸다. 이러한 메서드 중 하나 이상을 추가한 스크립트는 콜라이더가 메시지를 보낼 때 알림을 받는다. 이를 이벤트라 하며, 13장, '제네릭, 델리게이트 및 기타 사항 살펴보기'에서 다룰 것이다.

예를 들어 콜라이더가 있는 2개의 게임 오브젝트가 충돌했다면, 두 오브젝트 모두 OnCollisionEnter 이벤트를 등록하고 충돌한 오브젝트의 정보를 서로 참조한다. 메시지를 전달하는 이벤트를 생각해보자. 메시지를 받도록 설정해두면, 충돌이 발생했을 때 알림을 받는다. 이 정보는 다양한 상호작용 이벤트를 추적하는 데 쓰이지만, 가장 단순하게는 아이템 수집에 사용될 수 있다. 어떤 오브젝트가 다른 오브젝트를 통과해야 한다면, 이때는 다음 절에서 다룰 충돌 트리거를 사용하면 된다.

이전에 만들어둔 체력 아이템으로 충돌이 어떻게 발생하는지 확인하는 최적의 테스트를 해볼 수 있다. 다음 절에서 이어서 다뤄보자.

아이템 수집

다음과 같이 충돌 로직을 사용해 Health_Pickup 오브젝트를 업데이트해보자.

1. Scripts 폴더에 새로운 C# 스크립트를 만들고 이름을 ItemBehavior로 지정한 후, **계층 구조** 패널의 Health_Pickup 오브젝트로 드래그한다.

    - 충돌 감지를 사용하는 모든 스크립트는 프리팹의 하위에 있더라도 콜라이더 컴포넌트가 있는 게임 오브젝트에 연결돼야 한다.

2. **계층 구조** 패널의 Health_Pickup을 선택한 다음, **인스펙터**에서 **Item Behavior(스크립트)** 컴포넌트 우측에 있는 3개의 세로 점 아이콘을 클릭하고, **Added Component ❯ 프리팹 'Health_Pickup'에 적용**을 선택한다.

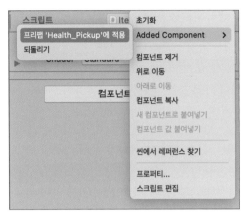

그림 7.9 Health_Pickup에 변경된 프리팹을 적용

3. ItemBehavior의 기본 코드를 다음과 같이 변경한 후 저장한다.

```
using System.Collections;
using System.Collections.Generic;
using UnityEngine;

public class ItemBehavior : MonoBehaviour
{
  // 1
  void OnCollisionEnter(Collision collision)
  {
    // 2
    if (collision.gameObject.name == "Player")
    {
      // 3
      Destroy(this.transform.gameObject);

      // 4
      Debug.Log("Item collected!");
    }
  }
}
```

4. 재생 버튼을 클릭하고 플레이어를 캡슐로 이동해 수집한다.

사용된 코드를 분석해보자.

1. 다른 오브젝트가 아이템 프리팹과 충돌하면, 유니티는 OnCollisionEnter 메서드를 자동으로 호출한다.

   - OnCollisionEnter에는 충돌한 콜라이더의 참조를 저장하는 매개변수가 온다.

   - 충돌은 Collider가 아닌 Collision 타입이다.

2. Collision 클래스에는 충돌하는 게임 오브젝트의 콜라이더를 참조하는 gameObject 프로퍼티가 있다.

   - 이 프로퍼티를 사용해 게임 오브젝트의 이름을 가져오고, if문을 사용해 충돌하는 오브젝트가 플레이어인지 확인할 수 있다.

3. 충돌하는 오브젝트가 플레이어라면 Destroy() 메서드를 호출한다. Destroy() 메서드는 GameObject 매개변수를 받아 씬에서 오브젝트를 삭제한다.

4. 아이템을 수집했다는 간단한 로그를 콘솔에 출력한다.

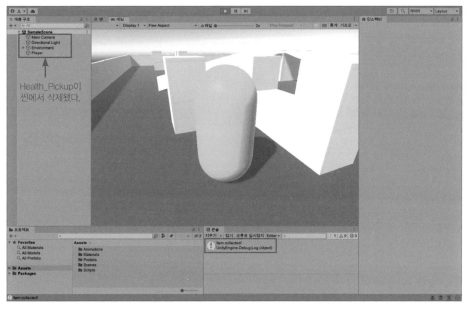

그림 7.10 씬에서 게임 오브젝트가 삭제된 예

기본적으로 Health_Pickup 오브젝트 프리팹과의 모든 충돌을 수신할 수 있게 `ItemBehavior`를 설정했다. 충돌이 발생할 때마다 `ItemBehavior`는 `OnCollisionEnter()`를 사용하고 충돌하는 오브젝트가 플레이어인지 확인한다. 만약 플레이어가 충돌한 것이라면, 아이템을 파괴(또는 수집)한다.

잘 이해되지 않는다면, Health_Pickup의 알림을 받고자 작성한 충돌 코드를 생각해보자. 조건이 충족될 때마다 코드가 실행될 것이다.

`OnCollisionEnter()` 메서드가 있는 유사한 스크립트를 만들어 플레이어에 연결한 후, 충돌하는 오브젝트가 Health_Pickup 프리팹인지 확인하는 방법도 있다. 충돌 로직은 충돌하는 오브젝트의 관점에 따라 달라진다.

다음 절에서는 서로 멈추지 않고 그대로 통과하는 오브젝트의 충돌을 어떻게 설정할지 생각해보자.

콜라이더 트리거의 사용

기본적으로 콜라이더는 **트리거**Is Trigger 속성이 체크되지 않은 상태로 설정된다. 즉, 물리 시스템은 콜라이더를 물체로 인식해 충돌 시 충돌 이벤트를 발생시킨다. 그러나 어떤 경우에는 게임 오브젝트가 멈추지 않고 콜라이더 컴포넌트를 통과해야 할 수도 있다. 바로 이때 트리거가 필요하다. 트리거를 체크하면 게임 오브젝트가 콜라이더를 통과할 수 있다. 그렇지만 콜라이더는 `OnTriggerEnter`, `OnTriggerExit`, `OnTriggerStay` 알림을 보낸다.

게임 오브젝트가 특정 영역에 진입하거나 특정 지점을 통과하는 것을 감지해야 할 때는 트리거가 가장 유용하다. 트리거를 사용해 적 주변의 영역을 설정하고, 플레이어가 트리거 구역으로 들어가면 적이 알림을 받고 플레이어를 공격한다. 이번에는 적의 로직에 중점을 둔 과제에 도전해보자.

적 생성

다음 단계에 따라 적을 생성해보자.

1. **계층 구조** 패널에서 **+ ➤ 3D 오브젝트 ➤ 캡슐**을 선택해 새로운 프리미티브를 만들고 이름을 Enemy로 지정한다.

2. Materials 폴더에서 **+ ➤ 머티리얼**을 선택하고 이름을 Enemy_Mat으로 지정한 후, **알베도** 속성을 밝은 빨강으로 설정한다.

   - Enemy_Mat을 Enemy 게임 오브젝트로 드래그 앤 드롭한다.

3. Enemy를 선택하고 **컴포넌트 추가** 버튼을 클릭한 후, 스피어 콜라이더를 검색한다. 그다음에는 **Enter** 키를 눌러 스피어 콜라이더를 추가한다.

   - **트리거** 속성을 체크하고 **반지름**을 8로 변경한다.

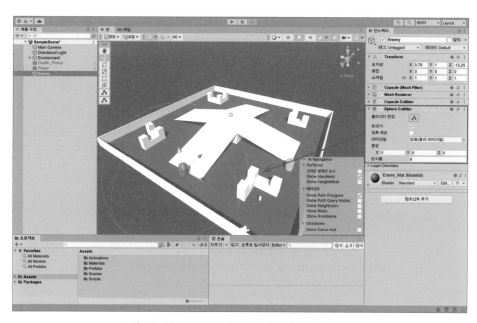

그림 7.11 적 오브젝트에 연결된 스피어 콜라이더 컴포넌트

이제 새로운 적 프리미티브는 반경이 8인 구체 모양의 트리거에 둘러싸여 있다. 다른 오브젝트가 이 영역에 들어오거나, 머물거나, 나갈 때마다 유니티는 충돌이 발생했을 때와 같이 이를 감지할 수 있는 알림을 보낸다. 이번에는 알림을 캡처해 코드에 반영하는 과제에 도전해볼 것이다.

새로운 스크립트를 생성하고 다음 단계에 따라 트리거 이벤트를 캡처하자.

1. Scripts 폴더에서 새로운 C# 스크립트를 생성하고 이름을 EnemyBehavior로 지정한 후, Enemy로 드래그한다.

2. 다음 코드를 추가하고 파일을 저장한다.

```csharp
using System.Collections;
using System.Collections.Generic;
using UnityEngine;

public class EnemyBehavior : MonoBehaviour
{
  // 1
  void OnTriggerEnter(Collider other)
  {
    // 2
    if (other.name == "Player")
    {
      Debug.Log("Player detected - attack!");
    }
  }

  // 3
  void OnTriggerExit(Collider other)
  {
    // 4
    if (other.name == "Player")
    {
      Debug.Log("Player out of range, resume patrol");
    }
  }
}
```

3. 재생 버튼을 클릭하고 적에게 다가가 첫 알림을 보낸 후, 적에게서 다시 멀어져 두 번째 알림을 보낸다.

사용된 코드를 분석해보자.

1. 오브젝트가 적의 스피어 콜라이더 반경에 들어갈 때마다 `OnTriggerEnter()`가 실행
된다.

    - `OnCollisionEnter()`와 유사하게, `OnTriggerEnter()`는 침입한 오브젝트의 콜
라이더 컴포넌트의 참조를 저장한다.

    - `other`는 `Collision`이 아닌 `Collider` 타입이다.

2. `other`를 사용해 충돌하는 게임 오브젝트의 `name`에 액세스하고, `if`문으로 `Player`인
지 확인할 수 있다. `Player`로 확인됐다면, 콘솔은 플레이어가 위험 영역에 있다는
로그를 출력한다.

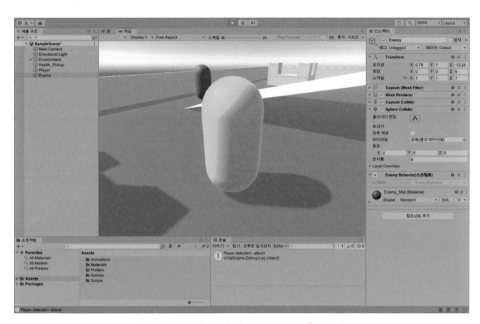

그림 7.12 플레이어와 적 오브젝트 간의 충돌 감지

3. 오브젝트가 적의 스피어 콜라이더 반경을 벗어나면 `OnTriggerExit()`가 실행된다.

    - 이 메서드는 충돌하는 오브젝트의 콜라이더 컴포넌트도 참조한다.

4. 스피어 콜라이더의 반경을 벗어나는 오브젝트를 `if`문을 사용해 `name`으로 확인
한다.

- 그 오브젝트가 Player라면, 안전하다는 내용의 다른 로그를 콘솔에 출력한다.

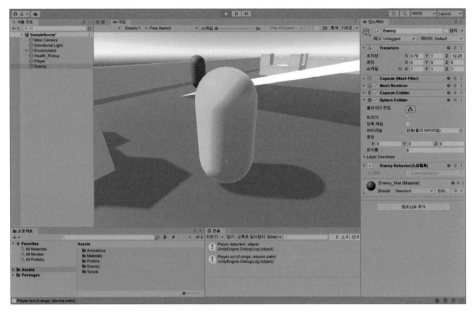

그림 7.13 충돌 트리거의 예

적의 스피어 콜라이더는 해당 영역에 침입을 받으면 알림을 보내고, EnemyBehavior 스크립트는 이러한 이벤트 중 2개를 캡처한다. 플레이어가 충돌 반경에 들어가거나 나올 때마다 콘솔에 디버그 로그가 출력돼 코드가 작동 중임을 알려준다. 이는 9장, '기본 AI와 적의 행동'에서 계속 다룰 것이다.

NOTE

유니티는 컴포넌트 디자인 패턴이라는 것을 사용한다. 간단히 말하면, 하나의 큰 파일에 모든 코드가 있는 것과 반대로 오브젝트(그리고 더 나아가 클래스)가 자신의 동작을 책임진다는 멋진 방법이다. 이러한 이유로 단일 클래스가 모든 것을 처리하는 방식 대신에 체력 아이템과 적에게 별도의 충돌 스크립트를 두는 것이다. 좀 더 자세한 사항은 14장, '이 책을 마친 후'에서 살펴본다.

이 책에서는 가능한 한 다양하고 좋은 프로그래밍 습관을 기르는 데 중점을 두고 있다. 따라서 이 장의 마지막 과제에서는 모든 핵심 오브젝트가 프리팹으로 변환되는 것을 다룬다.

과제: 모든 프리팹

다음 장의 프로젝트를 준비하려면, Player와 Enemy 오브젝트를 Prefabs 폴더로 드래그한다. 지금부터는 항상 **계층 구조** 패널에서 프리팹을 선택한 후, **인스펙터** 패널에서 3개의 세로 점 아이콘을 클릭한다. 그런 다음, **Added Component ➤ 프리팹에 적용**을 선택해 이러한 게임 오브젝트의 모든 변경 사항을 확정시킨다.

작업이 끝나면, 새로운 내용으로 넘어가기 전에 다음의 '물리 요약' 절에서 그동안 다룬 모든 주요 주제를 제대로 이해했는지 확인해보자.

물리 요약

이 장을 마무리하기 전에 다음의 몇 가지 기본 개념으로 그동안 배운 내용을 점검해본다.

- 리지드바디 컴포넌트는 시뮬레이션된 실제 물리를 연결된 게임 오브젝트에 추가한다.

- 콜라이더 컴포넌트는 리지드바디 컴포넌트를 사용해 오브젝트와 상호작용할 뿐만 아니라 콜라이더 컴포넌트 간에도 상호작용을 한다.

  - 콜라이더 컴포넌트가 트리거가 아니면, 물체 오브젝트로 작동한다.

  - 콜라이더 컴포넌트가 트리거이면, 통과할 수 있다.

- 오브젝트가 리지드바디 컴포넌트를 사용하고 **키네마틱** Is Kinematic이 체크돼 있으면, 오브젝트는 키네마틱이며 물리 시스템을 무시한다.

- 오브젝트가 리지드바디 컴포넌트를 사용하고 힘이나 토크를 적용해 이동과 회전에 동력을 제공하면, 오브젝트는 비키네마틱이다.

- 콜라이더는 상호작용을 기반으로 알림을 보낸다. 이 알림은 콜라이더 컴포넌트의 트리거 설정 여부에 따라 다르게 작동한다. 충돌하는 양쪽으로부터 알림을 받을 수 있으며, 알림에는 오브젝트의 충돌 정보를 담은 참조 변수도 제공된다.

유니티 물리 시스템처럼 광범위하고 복잡한 주제를 하루아침에 다 배울 수는 없다. 따라서 여기서 배운 내용을 발판 삼아 어려운 주제까지 도전해보길 바란다.

⟫ 요약

독립적인 게임 플레이 동작을 생성하고 단순하지만 모든 것을 조합해 하나의 게임 프로토타입을 만드는 첫 번째 경험을 끝마쳤다. 벡터와 기본 벡터 수학을 사용해 3D 공간에서 위치와 각도를 결정해봤다. 이제는 플레이어 입력뿐만 아니라 게임 오브젝트를 이동하고 회전하는 2개의 주요 메서드도 익숙할 것이다. 또한 리지드바디 물리, 충돌, 트리거, 이벤트 알림을 익히고자 유니티 물리 시스템을 깊이 살펴봤다. 지금까지 잘 따라왔다면, Hero Born은 순조로운 출발을 한 셈이다.

다음 장에서는 점프, 대시, 슈팅, 환경과의 상호작용을 포함한 더 많은 게임 메카닉을 다룬다. 이를 바탕으로 리지드바디 컴포넌트로 힘을 적용하고, 플레이어 입력을 수집하고, 원하는 시나리오를 기반으로 로직을 실행하는 등 더 많은 작업을 직접 해보게 될 것이다.

⟫ 내용 점검: 플레이어 제어와 물리

1. 3D 이동과 회전 정보를 저장하려면 어떤 데이터 타입을 사용해야 할까?

2. 플레이어 제어를 추적하고 수정할 수 있는 기본 유니티 컴포넌트는 무엇인가?

3. 게임 오브젝트에 실제 물리를 추가하는 컴포넌트는 무엇인가?

4. 게임 오브젝트에서 물리 관련 코드를 실행할 때 유니티가 제안하는 메서드는 무엇인가?

08

게임 메카닉 스크립팅

이전 장에서는 플레이어와 카메라를 이동하는 코드를 작성하는 데 초점을 맞췄고, 유니티의 물리도 살펴봤다. 다른 게임 타이틀에서는 플레이가 가능한 캐릭터를 제어하는 방법이 하나의 영역으로 자리 잡고 있지만, 이것만으로 흥미로운 게임을 만들기는 어렵다.

게임의 고유한 특성은 코어 메카닉과 이런 메카닉이 플레이어에게 부여하는 힘과 작용감에서 나온다. 만들어놓은 가상 환경에 흥미나 매력을 불어넣을 방법이 없다면, 플레이어는 그 게임에서 재미를 느낄 수 없을 뿐만 아니라 다시 플레이할 확률도 낮다. 따라서 게임 메카닉을 구현하려면 C#의 중급 기능까지 지식을 쌓아두는 게 좋다.

이 장에서는 개별적으로 구현된 게임 메카닉과 기본적인 시스템 디자인 및 사용자 인터페이스^{UI, User Interface}에 초점을 맞추고 Hero Born 프로토타입을 구축할 것이다. 앞으로 다룰 주제는 다음과 같다.

- 점프 추가
- 발사체 발사

- 게임 매니저 생성

- GUI 생성

⋙ 점프 추가

7장에서 살펴봤듯이 리지드바디 컴포넌트가 시뮬레이션된 실제 물리를 게임 오브젝트에 추가하고, 콜라이더 컴포넌트가 리지드바디 오브젝트를 사용해 서로 상호작용한다는 점을 기억하자.

리지드바디 컴포넌트로 플레이어 이동을 제어할 때의 또 다른 장점은 점프처럼 힘을 적용해야 하는 다양한 메카닉을 쉽게 추가할 수 있다는 것이다. 이 절에서는 플레이어가 점프를 하도록 하는 것뿐만 아니라 첫 번째 유틸리티 메서드도 작성해본다.

> **NOTE**
>
> 유틸리티 메서드란 게임 플레이 코드가 깔끔하게 유지될 수 있도록 단순 반복적인 작업을 하는 클래스 메서드를 말한다. 예를 들면 점프하기 전에 플레이어 캡슐이 지면에 있는지 확인해야 하는데, 이때 유틸리티 메서드를 사용한다.

우선, 새로운 데이터 타입인 열거 타입[1]부터 알아야 하므로 다음 절에서 바로 살펴보자.

열거 타입

열거 타입은 동일한 변수에 속하는 명명된 상수의 집합이나 컬렉션을 말한다. 이는 서로 다른 값의 컬렉션이 필요할 때도 유용할 뿐만 아니라, 모두 동일한 부모 타입이라는 이점도 있다.

설명만 듣는 것보다 직접 보는 것이 열거 타입을 이해하는 데 훨씬 도움이 된다. 다음 코드에서 문법을 살펴보자.

---

1   열거 타입은 열거형이라고도 한다. – 옮긴이

```
enum PlayerAction { Attack, Defend, Flee };
```

사용된 코드를 분석해보자.

- enum 키워드 뒤에 열거 타입 이름을 선언한다.

- 열거 타입이 가질 수 있는 다양한 값은 중괄호 안에 쉼표로 구분해 작성한다(마지막 항목은 제외).

- 그동안 작업한 다른 데이터 타입과 마찬가지로 열거 타입도 세미콜론으로 끝나야 한다.

PlayerAction이라는 열거 타입으로 변수를 선언한다. 이 변수는 Attack, Defend, Flee라는 세 가지 값 중 하나로 설정할 수 있다.

열거 타입 변수를 선언하는 문법은 다음과 같다.

```
PlayerAction CurrentAction = PlayerAction.Defend;
```

사용된 코드를 다시 분석해보자.

- 열거 타입도 string이나 int처럼 다른 타입과 같기 때문에 타입은 PlayerAction으로 설정된다.

- 변수 이름은 CurrentAction이며, PlayerAction 값을 갖도록 설정된다.

- 각 열거 타입 상수는 점 표기법을 사용해 액세스할 수 있다.

지금은 CurrentAction 변수가 Defend로 설정됐지만, 언제든 Attack이나 Flee로 변경할 수 있다.

처음에는 열거 타입이 단순해 보일지 몰라도 적합한 상황에서 사용되면 매우 유용하다. 가장 큰 장점 중 하나는 기초 타입underlying type을 저장하는 기능으로, 다음 절에서 자세히 살펴본다.

기초 타입

열거 타입은 기초 타입과 함께 제공된다. 즉, 중괄호 안의 각 상수에는 연결된 값이 있다. 기본 기초 타입은 int이며 배열과 마찬가지로 0에서 시작한다. 또한 각 순차 상수는 다음으로 높은 숫자를 갖는다.

NOTE

모든 타입이 동일하게 생성되는 것은 아니다. 열거 타입의 기초 타입은 byte, sbyte, short, ushort, int, uint, long, ulong으로 제한된다. 이를 정수 타입이라 하며, 변수가 저장할 수 있는 정수 값의 크기를 지정할 때 사용한다.

위의 내용은 다소 고급 개념에 속하지만, 대부분의 상황에서는 int를 사용한다. 이와 같은 타입에 대한 좀 더 자세한 정보는 마이크로소프트 런(https://learn.microsoft.com/ko-kr/dotnet/csharp/language-reference/builtin-types/enum)에서 찾을 수 있다.

예를 들면, 현재 PlayerAction 열거 타입 값이 명시적으로 작성되지는 않았지만 다음과 같이 나열할 수 있다.

```
enum PlayerAction { Attack = 0, Defend = 1, Flee = 2 };
```

기초 값이 0부터 시작한다는 규칙은 없다. 실제로 다음 코드와 같이 첫 번째 값을 지정하면, C#이 나머지 값을 증가시킨다.

```
enum PlayerAction { Attack = 5, Defend, Flee };
```

앞의 예에서 자동으로 Defend는 6, Flee는 7이 된다. 하지만 PlayerAction 열거 타입이 비순차적 값을 보유하려면, 다음과 같이 명시적으로 추가할 수 있다.

```
enum PlayerAction { Attack = 10, Defend = 5, Flee = 0 };
```

다음과 같이 열거 타입 이름 뒤에 콜론을 추가하면, PlayerAction의 기초 타입을 승인된 타입으로 변경할 수 있다.

```
enum PlayerAction : byte { Attack, Defend, Flee };
```

열거 타입의 기초 타입을 구하려면 명시적 변환이 필요한데, 이미 다뤘던 내용이므로 다음 문법이 낯설지 않을 것이다.

```
enum PlayerAction { Attack = 10, Defend = 5, Flee = 0 };

PlayerAction CurrentAction = PlayerAction.Attack;
int ActionCost = (int)CurrentAction;
```

CurrentAction이 Attack으로 설정됐으므로, 위의 예제 코드에서 ActionCost는 10이 된다.

프로그래밍 도구 중 열거 타입은 단연 뛰어난 성능을 자랑한다. 다음 과제는 열거 타입 지식을 사용해 키보드에서 좀 더 구체적인 사용자 입력을 수집하는 것이다.

이제 열거 타입의 기본 개념을 이해했으니 KeyCode 열거 타입을 사용해 키보드 입력을 캡처할 수 있다. 다음의 굵은 글꼴로 처리된 코드를 사용해 PlayerBehavior 스크립트를 업데이트하고 저장한 후 재생 버튼을 누른다.

```
public class PlayerBehavior : MonoBehaviour
{
    // 필드 변경 사항 없음

    // 1
    public float JumpVelocity = 5f;
    private bool _isJumping;

    // Start is called before the first frame update
    void Start()
    {
        _rb = GetComponent<Rigidbody>();
    }

    // Update is called once per frame
    void Update()
```

```
{
  // 2
  _isJumping |= Input.GetKeyDown(KeyCode.J);

  // 다른 변경 사항 없음
}

void FixedUpdate()
{
  // 3
  if (_isJumping)
  {
    // 4
    _rb.AddForce(Vector3.up * JumpVelocity, ForceMode.Impulse);
  }

  // 5
  _isJumping = false;

  // 다른 변경 사항 없음
  }
}
```

다음은 앞의 코드를 분석한 것이다.

1. 우선 새로운 2개의 필드, 즉 원하는 만큼의 점프력을 적용하기 위한 public 필드와 플레이어가 점프를 해야 하는지 확인하기 위한 private bool 필드를 만든다.

2. _isJumping의 값을 Input.GetKeyDown() 메서드로 설정한다. Input.GetKeyDown() 메서드는 지정된 키를 눌렀는지 여부에 따라 bool 값을 반환한다.

   - |= 연산자를 사용해 논리 또는 조건인 _isJumping을 설정한다. |= 연산자를 사용하면 플레이어가 점프할 때 연속적인 입력 확인이 서로 무시되지 않는다.

   - Input.GetKeyDown() 메서드는 키 매개변수를 string 또는 열거 타입인 KeyCode로 받아들인다. 여기서는 KeyCode.J를 확인하도록 지정한다.

FixedUpdate에서 입력을 확인하면 프레임당 한 번 실행되는 것이 아니므로 입력 손실이나 중복 입력
이 발생할 수도 있다. 따라서 Update에서 입력을 확인한 후 FixedUpdate에서 힘을 적용하거나 속도를
설정해야 한다.

3. if문을 사용해 _isJumping이 true인지 확인하고, true이면 점프 메카닉을 실행시
   킨다.

4. 이미 리지드바디 컴포넌트가 저장돼 있으므로, Vector3와 ForceMode 매개변수를
   RigidBody.AddForce()에 전달해 플레이어를 점프시킨다.

   - 벡터[또는 적용된 힘]가 위쪽 방향이 되도록 하고 여기에 JumpVelocity를 곱한다.

   - ForceMode 매개변수는 힘의 적용 방식을 결정하는 열거 타입이다. Impulse는
     오브젝트의 질량을 고려해 즉각적인 힘을 전달하므로 점프 메카닉에 적합
     하다.

다른 ForceMode도 다양한 상황에서 유용하게 사용될 수 있다. 자세한 내용은 유니티 스크립팅 레퍼런
스(https://docs.unity3d.com/ScriptReference/ForceMode.html)에서 확인할 수 있다.

5. FixedUpdate가 끝날 때마다 _isJumping을 false로 재설정하므로 점프가 끝나고 착
   지 주기가 완료된다.

지금 게임을 실행하면, J 키를 누를 때 이동과 점프를 할 수 있다. 하지만 무한정으로 점
프를 할 수 있는 메카닉 상태는 기대했던 플레이가 아닐 것이다. 다음 절에서는 레이어
마스크layer mask라는 것을 사용해 점프 메카닉을 한 번에 하나씩 제한하는 작업을 해본다.

레이어 마스크로 작업하기

레이어 마스크를 게임 오브젝트가 속할 수 있는 보이지 않는 그룹이라 생각했을 때, 내
비게이션에서 교차 콜라이더 컴포넌트에 이르기까지 모든 것을 결정하는 데 물리 시스

템이 사용된다. 이 책에서는 레이어 마스크의 고급 스킬까지는 다루지 않는다. 하지만 플레이어가 한 번에 1회만 점프하도록 제한하려면 플레이어 캡슐이 지면에 닿는지 간단히 확인해야 하는데, 이때 레이어 마스크를 만들어 사용해볼 것이다.

플레이어 캡슐이 지면에 닿아 있는지 확인하기 전에 레벨의 모든 Environment 오브젝트를 사용자 정의 레이어 마스크에 추가해야 한다. 이 추가 작업을 하면, 이미 Player에 연결된 Capsule Collider 컴포넌트로 실제 충돌 계산을 수행할 수 있다. 그럼 다음과 같이 진행해보자.

1. **계층 구조**의 Environment 게임 오브젝트를 선택하고, 다음 스크린샷과 같이 해당 **인스펙터** 페인에서 **레이어 ➤ 레이어 추가…**를 클릭한다.

그림 8.1 인스펙터 페인에서 레이어 선택하기

2. 첫 번째 사용 가능한 슬롯인 레이어 6에 이름을 입력해 Ground라는 새 레이어를 추가한다. 다음 스크린샷과 같이 레이어 3이 비어 있더라도 레이어 0~5는 유니티의 기본 레이어로 예약돼 있다.

그림 8.2 인스펙터 페인에 레이어 추가하기

3. **계층 구조**에서 Environment 부모 게임 오브젝트를 선택하고, **레이어** 드롭다운을 클릭해 **Ground**를 선택한다.

그림 8.3 사용자 정의 레이어 설정

앞의 스크린샷에 표시된 **Ground** 옵션을 선택한 후, 모든 자식 오브젝트를 변경할 것인지 묻는 대화 상자가 나타나면 **예, 자식을 변경합니다.**를 클릭한다. 이제 Ground라는 새로운 레이어를 정의했고, Environment의 모든 자식 오브젝트가 해당 레이어에 할당됐다.

그림 8.4 모든 자식 오브젝트의 레이어 변경

앞으로는 Ground 레이어의 모든 오브젝트가 특정 오브젝트와 교차하는지 확인할 수 있다. 다음 과제에서는 이 방법을 사용해 플레이어가 지면에 있을 때 점프가 가능한지 확인할 것이며, 따라서 더 이상 점프가 무제한으로 발생하지 않을 것이다.

Update() 메서드의 코드가 복잡해지는 상황을 피하려면, 유틸리티 메서드에서 레이어 마스크를 계산하고, 그 결과를 기준으로 true나 false 값을 반환한다. 방법은 다음과 같다.

1. 다음의 굵은 글꼴로 처리된 코드를 PlayerBehavior에 추가하고 씬을 다시 재생한다.

```
public class PlayerBehavior : MonoBehaviour
{
  // 1
  public float DistanceToGround = 0.1f;

  // 2
  public LayerMask GroundLayer;

  // 3
  private CapsuleCollider _col;

  // 필드 변경 사항 없음

  // Start is called before the first frame update
```

```csharp
void Start()
{
  _rb = GetComponent<Rigidbody>();

  // 4
  _col = GetComponent<CapsuleCollider>();
}

// Update is called once per frame
void Update()
{
  // 변경 사항 없음
}

void FixedUpdate()
{
  // 5
  if (IsGrounded() && _isJumping)
  {
    _rb.AddForce(Vector3.up * JumpVelocity, ForceMode.Impulse);
  }

  // 다른 변경 사항 없음
}

// 6
private bool IsGrounded()
{
  // 7
  Vector3 capsuleBottom = new Vector3(_col.bounds.center.x,
    _col.bounds.min.y, _col.bounds.center.z);

  // 8
  bool grounded = Physics.CheckCapsule(_col.bounds.center,
    capsuleBottom, DistanceToGround, GroundLayer,
    QueryTriggerInteraction.Ignore);

  // 9
  return grounded;
}
}
```

2. **계층 구조**의 Player 게임 오브젝트를 선택한 후, 다음 스크린샷과 같이 **인스펙터** 페인에서 **Ground Layer**의 드롭다운을 **Ground**로 설정한다.

그림 8.5 Ground Layer 설정

사용된 코드를 분석해보자.

1. 플레이어의 Capsule Collider와 모든 Ground Layer 오브젝트 간의 거리를 확인할 새 필드를 생성한다.

2. **인스펙터**에서 설정하고 충돌 감지에 사용할 LayerMask 필드를 생성한다.

3. 플레이어의 Capsule Collider 컴포넌트를 저장할 필드를 생성한다.

4. GetComponent()를 사용해 플레이어에 연결된 Capsule Collider를 찾아 반환한다.

5. if문을 업데이트해 점프 코드를 실행하기 전에 IsGrounded가 true를 반환하는지, J 키를 눌렀는지를 확인한다.

6. bool 타입을 반환하는 IsGrounded() 메서드를 선언한다.

7. Vector3 타입의 지역 변수를 생성해 플레이어의 Capsule Collider 하단 위치를 저장한다. 이 변수를 사용해 Ground 레이어에 있는 모든 오브젝트와의 충돌을 확인한다.

- 모든 Collider 컴포넌트에는 x, y, z축의 min, max, center 위치에 액세스할 수 있는 Bounds 프로퍼티가 있다.

- Collider의 하단은 center.x, min.y, center.z의 3D 지점이다.

8. bool 타입의 지역 변수를 생성해 Physics 클래스에서 호출하는 CheckCapsule() 메서드의 결과를 저장한다. 이 메서드는 다음의 다섯 가지 인수를 받는다.

- 캡슐의 시작 부분으로, 캡슐의 바닥이 지면에 닿는지만 확인하면 되므로 Capsule Collider의 중간으로 설정한다.

- 캡슐의 끝부분으로, 이미 계산한 capsuleBottom 위치다.

- 캡슐의 반경으로, 이미 설정된 DistanceToGround이다.

- 충돌을 확인하려는 레이어 마스크로, **인스펙터**에서 GroundLayer로 설정한다.

- 쿼리 트리거 상호작용으로, 메서드가 트리거로 설정된 콜라이더를 무시할지 여부를 결정한다. 여기서는 모든 트리거를 무시해야 하므로, QueryTrigger Interaction.Ignore 열거 타입을 사용한다.

NOTE

> 플레이어 캡슐의 높이를 알고 있으므로 Vector3 클래스의 Distance 메서드를 사용해 지면과 얼마나 거리를 둘지 정할 수도 있다. 하지만 이 장에서는 Physics 클래스에 초점을 두고 사용할 것이다.

9. 계산이 끝나면 grounded에 저장된 값을 반환한다.

NOTE

> 충돌 계산을 직접 할 수도 있지만, 더 복잡한 3D 수학을 다뤄야 한다. 따라서 가능한 한 기본으로 제공되는 메서드를 사용하는 게 좋다.

이 코드를 방금 PlayerBehavior에 추가했지만, 자세히 보면 새로운 작업이라고는 Physics 클래스의 메서드를 사용한 것뿐이다. 쉽게 말해, CheckCapsule()에 시작점과 끝점, 충돌 반경, 레이어 마스크를 전달했다. 끝점이 레이어 마스크 오브젝트의 충돌 반경보다 가까워지면, 메서드가 true를 반환한다. 즉, 플레이어가 지면에 닿은 것이다. 플레이어가 점프 중간 지점에 있으면, CheckCapsule()은 false를 반환한다.

FixedUpdate()의 if문에서 IsGround를 확인하므로, 플레이어가 지면에 닿아 있을 때만 점프가 허용된다.

이상으로 점프 메카닉의 모든 것을 다뤘지만, 플레이어가 상호작용하는 것뿐만 아니라 아레나에 있는 적의 무리로부터 자신을 방어할 방법도 필요하다. 다음 절에서는 간단한 슈팅 메카닉을 구현해 이 과제를 해결할 것이다.

⫸ 발사체 발사

슈팅 메카닉은 너무 단조롭기 때문에 변형을 주지 않은 1인칭 게임이란 상상하기 어렵다. Hero Born 역시 다르지 않다. 이 절에서는 게임 실행 중 프리팹에서 게임 오브젝트를 인스턴스화하는 방법을 다루고, 앞서 배웠던 유니티의 물리를 사용해 게임 오브젝트가 전진하도록 만들 것이다.

오브젝트의 인스턴스화

게임에서 게임 오브젝트를 인스턴스화하는 개념은 클래스의 인스턴스를 인스턴스화하는 것과 유사하다. 이 두 경우 모두 C#이 생성할 오브젝트의 종류와 위치를 알려면 시작 값이 필요하다. 런타임 중 씬에서 오브젝트를 생성하려면, Instantiate() 메서드를 호출하면서 프리팹 오브젝트, 시작 위치, 시작 회전을 전달한다.

기본적으로는 유니티가 이 지점에서 모든 컴포넌트와 스크립트를 사용해 주어진 오브젝트를 생성한 다음, 3D 공간에서 만들어졌을 때 방향을 보면서 필요에 따라 조작하면 된다. 우선, 오브젝트를 인스턴스화하기 전에 오브젝트 프리팹을 생성해야 한다.

발사체를 발사하기 전에 참조용으로 사용할 프리팹이 필요하므로 다음과 같이 만들어 보자.

1. **계층 구조** 패널에서 **+ ➤ 3D 오브젝트 ➤ 구체**를 선택하고 이름을 Bullet으로 지정한다.

   - Transform 컴포넌트에서 *X*, *Y*, *Z*축의 스케일을 0.15로 변경한다.

2. Bullet을 선택하고 **인스펙터** 하단의 **컴포넌트 추가** 버튼을 클릭해 모든 기본 속성은 그대로 둔 채 리지드바디 컴포넌트를 검색한 후 추가한다.

3. Materials 폴더에서 **생성 ➤ 머티리얼**을 선택해 새로운 머티리얼을 생성하고, 이름을 Bullet_Mat으로 지정한다.

   - **알베도** 속성을 진한 노랑으로 변경한다.

   - Materials 폴더의 머티리얼을 **계층 구조** 페인의 Bullet 게임 오브젝트로 드래그 앤 드롭한다.

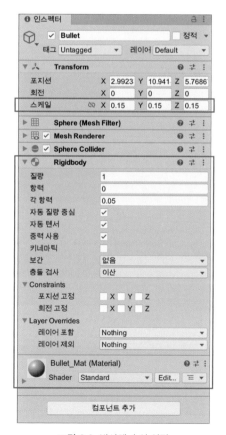

그림 8.6 발사체 속성 설정

4. **계층 구조** 패널의 Bullet을 선택한 후, **프로젝트** 패널의 Prefabs 폴더로 드래그한다.
   그런 다음, **계층 구조**에서 Bullet을 삭제해 씬을 정리한다.

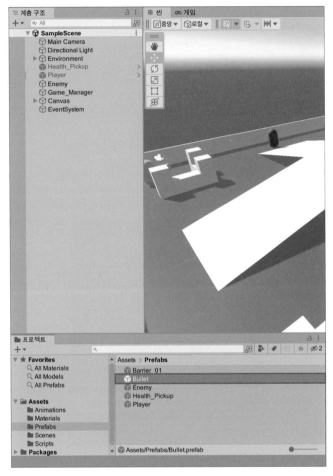

그림 8.7 발사체 프리팹 생성

지금까지 게임에서 필요한 만큼 인스턴스화를 하고 필요할 때 업데이트할 수 있는
Bullet 프리팹 게임 오브젝트를 생성하고 설정했다. 이제 다음 과제인 발사체를 발사할
준비가 된 것이다.

슈팅 메카닉 추가

이제 작업할 프리팹 오브젝트가 있으므로, 다음과 같이 스페이스 바를 누를 때마다 프리팹의 사본을 인스턴스화하고 이동하는 슈팅 메카닉을 만들 수 있다.

1. PlayerBehavior 스크립트를 다음 코드로 업데이트한다.

```csharp
public class PlayerBehavior : MonoBehaviour
{
  // 1
  public GameObject Bullet;
  public float BulletSpeed = 100f;

  // 2
  private bool _isShooting;

  // 다른 필드 변경 사항 없음

  // Start is called before the first frame update
  void Start()
  {
    // 변경 사항 없음
  }

  // Update is called once per frame
  void Update()
  {
    // 3
    _isShooting |= Input.GetKeyDown(KeyCode.Space);

    // 다른 변경 사항 없음
  }

  void FixedUpdate()
  {
    // 다른 변경 사항 없음

    // 4
    if (_isShooting)
    {
      // 5
```

```
    GameObject newBullet = Instantiate(Bullet, this.transform.
        position + new Vector3(0, 0, 1), this.transform.rotation);

    // 6
    Rigidbody BulletRB = newBullet.GetComponent<Rigidbody>();

    // 7
    BulletRB.velocity = this.transform.forward * BulletSpeed;
  }

    // 8
    _isShooting = false;
  }

  private bool IsGrounded()
  {
    // 변경 사항 없음
  }
}
```

2. 다음 스크린샷과 같이 **프로젝트** 패널의 Bullet 프리팹을 **인스펙터**에서 PlayerBehavior
   의 Bullet 프로퍼티로 드래그한다.

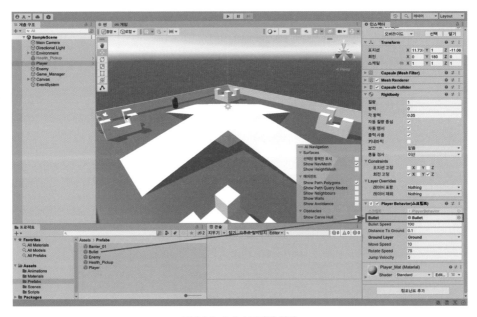

그림 8.8 Bullet 프리팹 설정

3. 게임을 재생하고 스페이스 바를 사용해 플레이어가 바라보는 방향으로 발사체를 발사한다.

사용된 코드를 분석해보자.

1. 필드 2개를 생성한다. 하나는 Bullet 프리팹을 저장하고, 다른 하나는 탄환의 속도를 유지하는 용도다.

2. 점프 메카닉과 마찬가지로, bool 타입을 사용해 FixedUpdate 메서드에서 플레이어가 발사를 해야 하는지 확인한다.

3. 점프 메카닉에서 했던 것처럼, OR 논리 연산자와 Input.GetKeyDown(KeyCode.Space)를 사용해 _isShooting의 값을 설정한다.

4. 그다음에는 _isShooting 필드를 사용해 플레이어가 발사를 해야 하는지 확인한다.

5. 스페이스 바를 누를 때마다 GameObject 지역 변수를 생성한다.

   - Instantiate() 메서드로 Bullet 프리팹을 전달해 반환된 GameObject를 newBullet에 할당한다. 또한 플레이어 캡슐의 위치를 이용해 새로운 Bullet 프리팹을 플레이어 앞에 배치함으로써 충돌을 방지한다.[2]

   - 반환되는 오브젝트를 newBullet과 동일한 타입으로 명시적으로 캐스팅하려면 마지막에 as GameObject를 추가한다.

6. GetComponent()를 호출해 newBullet의 Rigidbody 컴포넌트를 반환하고 저장한다.

7. Rigidbody 컴포넌트의 velocity 프로퍼티를 플레이어의 transform.forward 방향에 BulletSpeed를 곱한 값으로 설정한다.

   - AddForce()를 사용하는 대신 velocity를 변경하면, 중력이 적용되지 않아 발사된 탄환이 포물선을 그리며 떨어지지 않는다.

---

2   new Vector3(0, 0, 1) 대신에 Vector3.forward를 사용해도 무방하다. – 옮긴이

8. 마지막으로, _isShooting의 값을 false로 설정해 다음 입력 이벤트를 대비해 재설정되도록 한다.

플레이어 스크립트가 사용하는 로직을 대폭 업그레이드했다. 이제 스페이스 바를 사용해 플레이어의 위치에서 곧바로 날아가는 발사체를 쏠 수 있다.

하지만 게임 씬과 **계층 구조**가 이미 발사된 Bullet 오브젝트로 넘쳐나는 문제가 있다. 다음 과제에서는 성능 문제가 발생하지 않도록 이 Bullet 오브젝트를 정리할 것이다.

오브젝트 빌드업 관리

순전히 코드를 기반으로 하는 애플리케이션이나 3D 게임을 만들더라도, 사용하지 않는 오브젝트는 주기적으로 삭제해 프로그램의 과부하를 방지해야 한다. 이미 발사된 탄환은 더 이상 중요한 역할을 하지 않으며, 탄환이 충돌했던 벽이나 오브젝트의 주변 바닥에 계속 존재한다.

슈팅과 같은 메카닉을 사용하면, 수백 개의 탄환이 바닥에 떨어지는 원치 않는 결과가 발생한다. 지금부터는 설정한 지연 시간이 지나면 탄환이 파괴되는 작업을 해볼 것이다.

이번 실습에서는 앞서 배웠던 내용을 바탕으로 다음과 같이 탄환이 자체 소멸하도록 만들어본다.

1. Scripts 폴더에 새로운 C# 스크립트를 생성하고 이름을 BulletBehavior로 지정한다.

2. BulletBehavior 스크립트를 Prefabs 폴더의 Bullet 프리팹으로 드래그 앤 드롭하고 다음 코드를 추가한다.

```
using System.Collections;
using System.Collections.Generic;
using UnityEngine;

public class BulletBehavior : MonoBehaviour
{
```

```
// 1
public float OnscreenDelay = 3f;

// Start is called before the first frame update
void Start()
{
  // 2
  Destroy(this.gameObject, OnscreenDelay);
}
}
```

사용된 코드를 분석해보자.

1. Bullet 프리팹이 인스턴스화된 후 씬에 얼마 동안 남아 있을지를 저장할 float 타입의 필드를 선언한다.

2. Destroy() 메서드를 사용해 GameObject를 삭제한다.

   - Destroy()는 항상 매개변수로 오브젝트가 필요하다. 이때, this 키워드를 사용해 스크립트가 연결된 오브젝트를 지정한다.

   - Destroy()는 선택적으로 float 매개변수를 추가해 시간을 지연시킬 수 있으므로, 짧은 시간 동안 화면에 탄환이 남아 있게 된다.

게임을 다시 재생해 탄환을 발사하면, 설정된 지연 시간이 지난 후 씬과 **계층 구조**에서 탄환이 사라지는 것을 볼 수 있다. 즉, 다른 스크립트의 지시 없이 탄환이 정의된 동작을 실행하는 것이다. 이는 컴포넌트 디자인 패턴을 갖춘 이상적인 애플리케이션이라 할 수 있다.

이제 정리 작업이 마무리됐으므로, 잘 설계된 프로젝트의 핵심 컴포넌트인 매니저 클래스를 살펴본다.

⁙ 게임 매니저 생성

프로그램을 배울 때는 모든 필드가 자동으로 public이 돼야 한다고 오해하기 쉽다. 하지만 이와 같은 생각은 그다지 바람직하지 않다. 경험에 따르면, 필드는 처음부터 protected나 private으로 하고 필요할 때만 public이 되는 게 좋다. 숙련된 프로그래머는 매니저 클래스를 사용해 데이터를 보호하기 때문에 지금부터 매니저 클래스를 사용하는 습관을 길러둬야 한다. 매니저 클래스는 중요한 필드와 메서드에 안전하게 액세스할 수 있는 매개체 역할을 한다.

여기서 '안전하게'라는 말의 의미는 프로그래밍 관점에서 다소 생소하게 느껴질지도 모른다. 서로 다른 클래스끼리 통신하고 데이터를 업데이트할 때는 복잡한 문제가 발생할 수 있다. 이때 매니저 클래스와 같은 단일 접점이 있으면 이러한 부작용을 최소화할 수 있다. 다음 절에서는 매니저 클래스의 효과적인 사용법을 익힐 것이다.

플레이어 속성 추적

Hero Born은 간단한 게임이다. 즉, 추적할 데이터 포인트가 단 2개로, 플레이어가 아이템을 몇 개나 모았고 플레이어의 체력은 얼마나 남았는지뿐이다. 이때 필요한 필드를 private으로 하고 매니저 클래스에서만 수정이 가능하도록 만들면 제어와 안전성 모두를 얻을 수 있다. 다음 과제에서는 Hero Born의 게임 매니저를 만들어 유용한 기능을 추가해볼 것이다.

앞으로 개발할 모든 프로젝트에 게임 매니저 클래스를 계속 사용해야 하므로, 다음과 같이 정확히 만드는 방법을 익혀보자.

1. Scripts 폴더에 새로운 C# 스크립트를 생성하고 이름을 GameBehavior로 지정한다.

NOTE

> 일반적으로는 이 스크립트의 이름을 GameManager로 지정했어야 하지만, 유니티가 자체 스크립트용으로 해당 이름을 예약해뒀다. 스크립트를 생성한 후 해당 이름 옆에 C# 파일 아이콘이 아닌 톱니바퀴 아이콘이 표시된다면 그 스크립트는 제한됐음을 뜻한다.

2. **계층 구조**에서 **+ > 빈 오브젝트 생성**을 선택해 새로운 빈 게임 오브젝트를 생성하고, 이름을 Game_Manager로 지정한다.

3. 다음 스크린샷과 같이 Scripts 폴더에서 GameBehavior.cs 스크립트를 Game_Manager 오브젝트에 드래그 앤 드롭한다.

그림 8.9 게임 매니저 스크립트의 연결

NOTE

매니저 스크립트와 기타 게임 외 파일은 실제 3D 공간과 상호작용이 이뤄지지 않더라도, 빈 오브젝트에 설정돼 씬에 배치된다.

4. GameBehavior.cs에 다음 코드를 추가한다.

```
public class GameBehavior : MonoBehaviour
{
  private int _itemsCollected = 0;
  private int _playerHP = 10;
}
```

사용된 코드를 분석해보자. 획득한 아이템의 수와 플레이어의 남은 수명을 저장할 2개의 새로운 private 필드를 추가했다. 이 클래스에서만 수정이 가능해야 하므로 private으로 선언한 것이다. public으로 선언할 경우에는 다른 클래스에서도 임의로 변경이 가능해지므로, 필드가 데이터를 잘못 저장하거나 동시에 저장하는 일이 발생할 수 있다.

이렇게 필드가 private으로 선언됐다는 것은 필드에 액세스하는 방법에 대한 책임이 사용자에게 있다는 뜻이다. 다음 주제로 다룰 get과 set 접근자는 작업을 실행하는 데 기본적이면서 안전한 방법이 될 것이다.

get과 set 접근자

매니저 스크립트를 사용하고 private 필드가 설정돼 있지만, 다른 클래스에서 private 필드에 어떻게 액세스할 수 있을까? 또한 GameBehavior에 별도의 public 메서드를 작성해 새 값을 private 필드에 전달할 수는 있지만, 이보다 더 좋은 방법이 있는지도 살펴볼 것이다.

C#은 모든 프로퍼티에 get과 set 접근자를 제공하는데, 이 접근자는 이번 작업에 매우 적합하다. 씬이 시작될 때 유니티에서 Start()와 Update()가 실행되는 것처럼, get과 set 접근자도 명시적인 호출 여부와 상관없이 C# 컴파일러에서 자동 실행되는 메서드라 생각하면 된다.

다음 코드에서 보는 것처럼, 초기값의 유무에 상관없이 get과 set 접근자는 모든 필드에 추가할 수 있다.[3]

```
public string FirstName{ get; set; };

// 또는

public string LastName{ get; set; } = "Smith";
```

그러나 이렇게 사용하더라도 추가적인 이점이 있지는 않으며, 다음의 코드처럼 get과 set 접근자에 각각 코드 블록을 포함시킬 수 있다.

---

3   필드에 get이나 set 접근자를 추가했다면, 그 필드는 이제 프로퍼티다. - 옮긴이

```
public string FirstName
{
  get
  {
    // 필드에 액세스할 때 코드 블록이 실행된다
  }
  set
  {
    // 필드에 액세스할 때 코드 블록이 실행된다
  }
}
```

이제 필요한 곳에 추가적인 로직을 실행하도록 get과 set 접근자를 설정했다. 하지만 새로운 로직을 처리해야 하므로 아직 완료된 것은 아니다.

모든 get 코드 블록은 값을 반환하고 모든 set 블록은 값을 할당한다. 즉, 백킹 필드 backing field라고 하는 private 필드와 get과 set 접근자를 가진 public 프로퍼티의 조합이 작동하는 것이다. 다음 코드에서 볼 수 있듯이, private 필드는 보호된 상태로 남지만 public 프로퍼티는 다른 클래스에서 제어된 액세스를 허용한다.

```
private string _firstName;
public string FirstName
{
  get
  {
    return _firstName;
  }

  set
  {
    _firstName = value;
  }
}
```

사용된 코드를 분석해보자.

- 실제로 외부 클래스에 직접 액세스 권한을 주지 않고, 다른 클래스에서 필요로 하

면 언제든 get 접근자가 private 필드에 저장된 값을 반환할 수 있다.

- 외부 클래스가 새로운 값을 public 프로퍼티에 할당할 때마다 private 필드를 업데이트해 동기화를 유지할 수 있다.

- 어떤 새로운 값이 할당되든 value 키워드가 이를 대신한다.

실제 애플리케이션에 적용해보면 이해하기가 더 수월하므로, 기존의 private 필드와 함께 사용할 get과 set 접근자를 가진 public 프로퍼티로 GameBehavior를 업데이트해보자.

지금까지 get과 set 접근자의 문법을 익혔으므로, 매니저 클래스에서 직접 구현해보면서 효율성을 향상시키고 코드의 가독성을 높여보자.

다음과 같이 GameBehavior의 코드를 업데이트한다.

```
public class GameBehavior : MonoBehaviour
{
  private int _itemsCollected = 0;
  private int _playerHP = 10;

  // 1
  public int Items
  {
    // 2
    get { return _itemsCollected; }

    // 3
    set
    {
      _itemsCollected = value;
      Debug.LogFormat("Items: {0}", _itemsCollected);
    }
  }

  // 4
  public int HP
  {
    get { return _playerHP; }
    set
    {
```

```
        _playerHP = value;
        Debug.LogFormat("Lives: {0}", _playerHP);
    }
  }
}
```

다음과 같이 코드를 분석해보자.

1. get과 set 접근자를 가진 Items라는 새로운 public 프로퍼티를 선언한다.

2. 외부 클래스에서 Items에 액세스할 때마다 get 접근자를 사용해 _itemsCollected에 저장된 값을 반환한다.

3. Items가 업데이트될 때마다 set 접근자를 사용해 _itemsCollected에 새로운 값을 할당하고, Debug.LogFormat()을 호출해 _itemsCollected의 수정된 값을 출력한다.

4. get과 set 접근자를 가진 HP라는 새로운 public 프로퍼티를 설정해 private _playerHP 백킹 필드를 보완한다.

이제 두 private 필드를 읽을 수는 있지만 public 프로퍼티를 통해서만 가능하며, GameBehavior에서만 변경할 수 있다. 이 설정으로 private 데이터의 액세스와 수정은 특정 접점에서만 가능하다. 이 때문에 다른 메카니컬 스크립트에서 GameBehavior와 쉽게 통신할 수 있을 뿐만 아니라, 이 장의 후반부에서 만들 간단한 UI에 실시간 데이터를 표시할 수도 있다.

아레나에서 아이템 수집 시 성공적인 상호작용이 이뤄지면 Items 프로퍼티를 업데이트해 이를 테스트해보자.

아이템 수집 업데이트

이제 GameBehavior에 프로퍼티를 설정했으므로, 다음과 같이 씬에서 아이템을 수집할 때마다 Items를 업데이트할 수 있다.

1. 다음의 굵은 글꼴로 처리된 코드를 ItemBehavior 스크립트에 추가한다.

```
public class ItemBehavior : MonoBehaviour
{
  // 1
  public GameBehavior GameManager;

  // Start is called before the first frame update
  void Start()
  {
    // 2
    GameManager = GameObject.Find("Game_Manager").
      GetComponent<GameBehavior>();
  }

  void OnCollisionEnter(Collision collision)
  {
    if (collision.gameObject.name == "Player")
    {
      Destroy(this.transform.gameObject);
      Debug.Log("Item collected!");

      // 3
      GameManager.Items += 1;
    }
  }
}
```

2. 재생 버튼을 누르고 체력 아이템을 수집하면, 다음 스크린샷과 같이 매니저 스크립트에서 새로운 콘솔 로그가 출력되는 것을 확인할 수 있다.

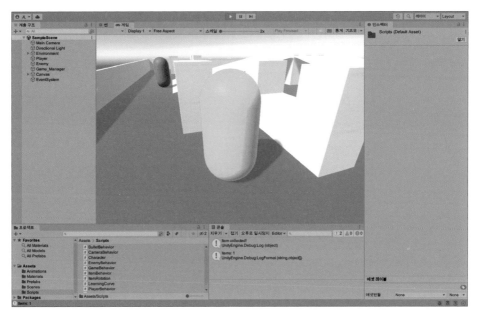

그림 8.10 체력 아이템 수집

사용된 코드를 분석해보자.

1. 연결된 스크립트를 참조할 GameBehavior 타입의 새 필드를 생성한다.

2. Start()에서는 Find()를 사용해 씬에서 Game_Manager를 검색하고 GetComponent() 를 호출해 GameManager를 초기화한다.

NOTE

> 유니티 문서와 커뮤니티 프로젝트에서 이런 종류의 코드가 한 줄로 실행되는 것을 자주 볼 수 있다. 간단하게 이런 코드를 써도 되지만, Find()와 GetComponent() 호출을 따로 작성하는 게 더 편하다면 그렇게 해도 상관없다. 서식이 명확하기만 하면 별문제가 되지 않는다.

3. OnCollisionEnter()에서 Health_Pickup 프리팹이 소멸된 후, GameManager 필드의 Items 프로퍼티를 증가시킨다.

충돌 로직을 처리하도록 이미 ItemBehavior를 설정했으므로, 플레이어가 아이템을 수집했을 때 매니저 클래스와 통신하도록 OnCollisionEnter()를 쉽게 수정할 수 있다. 이처럼 기능을 분리하면 코드가 더 유연해질 뿐만 아니라, 개발 중에 변경이 있어도 문제가 생길 가능성이 적다.

Hero Born에서 마지막으로 남은 부분은 게임 데이터를 플레이어에게 보여주는 인터페이스다. 프로그래밍과 게임 개발에서는 이를 UI라고 부른다. 이 장의 마지막 과제는 유니티에서 UI 코드를 생성하고 처리하는 방법에 익숙해지는 것이다.

⫶ GUI 생성

현재는 플레이어가 이동, 점프, 수집, 슈팅 메카닉에 액세스할 수 있도록 여러 스크립트가 함께 작동하고 있다. 그러나 게임에서 플레이어의 스탯과 승패 여부를 보여주는 디스플레이나 시각적 신호가 아직도 없는 상태다. 마지막 절에서는 이 두 주제를 중점적으로 다루며 마무리할 것이다.

플레이어 스탯 표시

UI는 모든 컴퓨터 시스템의 비주얼 컴포넌트다. 노트북의 마우스 커서, 폴더 아이콘, 프로그램 모두가 UI 요소다. 우리가 만들 게임에서는 플레이어가 수집한 아이템의 수, 플레이어의 현재 체력, 특정 이벤트 발생 시 텍스트 박스에 업데이트 내용을 띄울 간단한 디스플레이가 필요하다.

유니티에서 UI 요소는 다음과 같은 두 가지 방법으로 추가할 수 있다.

- 유니티 UI^{uGUI}
- UI 툴킷

uGUI는 유니티의 이전 UI 시스템이다. 하지만 다른 오브젝트처럼 **씬** 뷰에서 쉽게 조작할 수 있는 게임 오브젝트를 기반으로 하므로 UI 툴킷 대신에 사용할 것이다.

UI 툴킷은 유니티 엔진에 새로 추가된 것이지만, 표준 웹 기술을 기반으로 하고 C#으로
작성되지 않은 UI 문서(UXML)를 사용한다. 여기서는 가능한 한 C#에 집중할 수 있도록
uGUI를 선택할 것이다.

다음 과제에서는 게임 씬에 간단한 UI를 추가해 GameBehavior.cs에 저장돼 있는 수
집한 아이템, 플레이어의 체력, 진행 정보를 표시할 것이다.

우선, 씬에 3개의 텍스트 오브젝트를 만들자. 유니티의 사용자 인터페이스는 캔버스에
서 작동한다. 이 캔버스를 앞으로 만들 게임 세계가 렌더링될 빈 공간이라 생각하자. **계
층 구조** 패널에서 첫 UI 요소를 만들 때마다 부모 캔버스 오브젝트가 함께 생성된다.

1. **계층 구조** 패널에서 마우스 오른쪽 버튼을 클릭하고 **UI ➤ Text - TextMeshPro**를 선
   택한다. **TMP Importer** 창이 뜨고 누락된 에셋을 가져올지 묻는 메시지가 표시되
   면 **Import TMP Essentials**를 선택한다.[4]

---

4   기존에는 **계층 구조** 패널에서 마우스 오른쪽 버튼을 클릭해 **UI ➤ 텍스트**를 사용할 수 있었지만, Unity 2022.2.0 이후
    버전부터는 사용이 불가능하므로 위의 방법대로 추가해야 한다. – 옮긴이

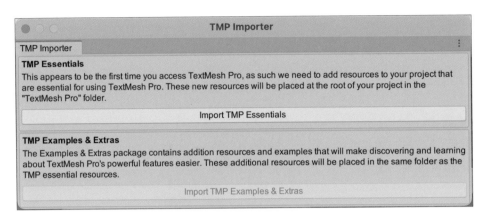

그림 8.11 TextMeshPro 에셋 가져오기

2. **계층 구조**에서 새로운 Text(TMP) 오브젝트를 선택하고, 이름을 Health로 변경한다. 또한 Canvas 부모 오브젝트와 새 Text(TMP) 오브젝트가 한 번에 생성된 것을 확인하자.

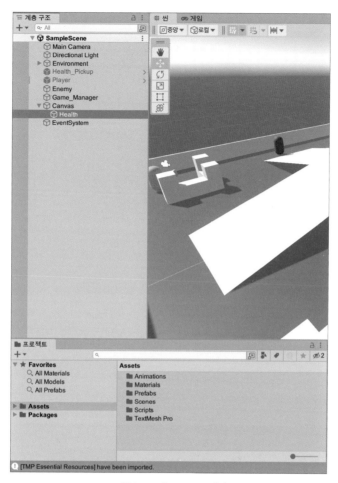

그림 8.12 텍스트 요소 생성

3. 캔버스를 정확히 보려면, **씬** 탭 상단의 2D 모드를 선택해야 한다. 이 화면에서 전체 레벨은 좌측 하단 코너에 있는 작은 흰색 선이다.

- 씬에서 캔버스와 레벨이 겹치지 않더라도, 게임이 실행되면 유니티에서 자동으로 정확하게 오버레이가 된다.

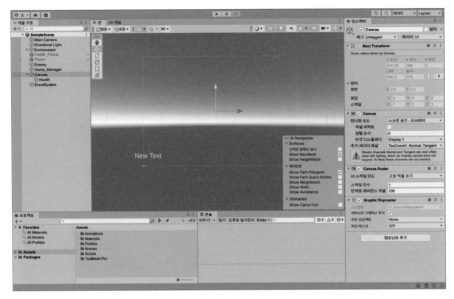

그림 8.13 유니티 에디터의 캔버스

4. **계층 구조**에서 Health 오브젝트를 선택하면, 기본적으로 캔버스 좌측 하단 코너에 새로운 텍스트 오브젝트가 생성된 것을 볼 수 있다. 또한 **인스펙터** 페인에서 텍스트나 컬러처럼 사용자 정의가 가능한 속성의 전체 목록도 볼 수 있다.

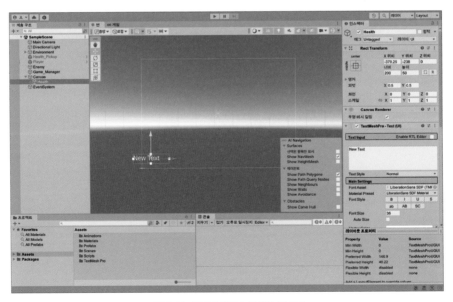

그림 8.14 유니티 캔버스의 텍스트 요소

5. **계층 구조** 페인의 Health 오브젝트를 선택한 후, **인스펙터**의 Rect Transform 컴포넌트에서 **앵커 프리셋**^{Anchor Presets}을 클릭하고 **top left**를 선택한다.

   - 앵커는 캔버스에서 UI 요소의 참조 지점을 설정한다. 즉, 디바이스의 화면 크기에 상관없이 HP가 항상 스크린의 좌측 상단에 고정된다.

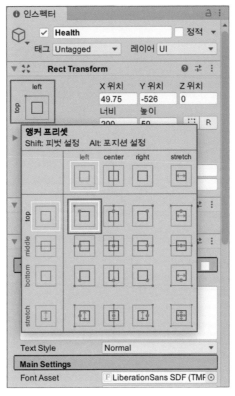

그림 8.15 앵커 프리셋 설정

6. **계층 구조**에서 Health 오브젝트를 선택한 상태에서 **인스펙터**의 Main Settings까지 스크롤한 후, **Vertex Color** 오른쪽의 컬러바를 클릭해 검은색으로 변경한다.

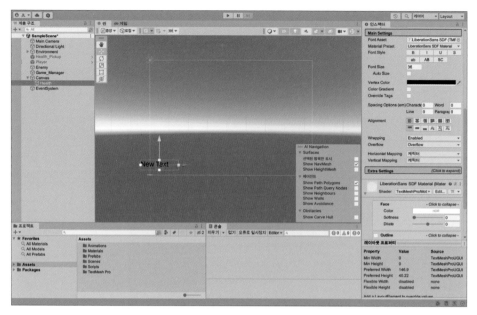

그림 8.16 텍스트 색상 속성 설정

7. **인스펙터** 페인의 Rect Transform에서 **X 위치**를 110, **Y 위치**를 -35로 변경해 텍스트를 좌측 상단 코너에 배치한다. 또한 텍스트 속성을 'Health:'로 변경한다. 다음 단계에서는 코드상에 실제 값을 설정할 것이다.

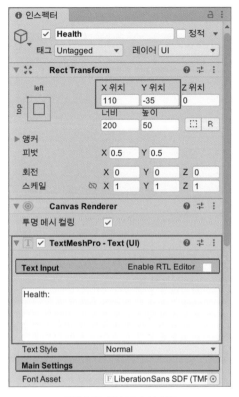

그림 8.17 텍스트 속성 설정

8. 1~6단계를 반복해 새로운 UI 텍스트 오브젝트를 생성하고 이름을 Items로 지정한다.

- 앵커 프리셋을 **top left**, **X 위치**는 110, **Y 위치**는 -85로 설정한다.

- 텍스트를 'Items:'로 설정한다.

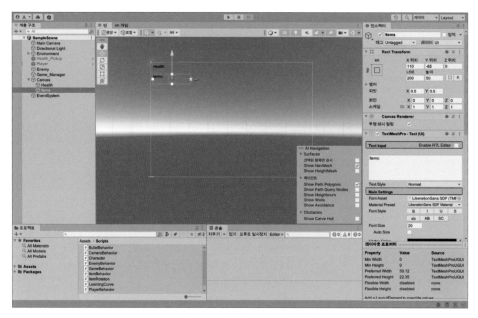

그림 8.18 다른 텍스트 요소 생성

9. 1~6단계를 반복해 새로운 UI 텍스트 오브젝트를 생성하고 이름을 Progress로 지정한다.

- 앵커 프리셋을 **bottom center**, **X 위치**는 0, **Y 위치**는 15, **너비**는 435로 설정한다.

- 텍스트를 'Collect all the items to win!'으로 설정한다.

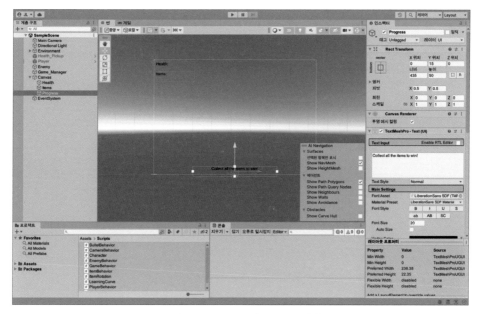

그림 8.19 Progress 텍스트 요소 생성

이제 UI가 설정됐으니, 이미 게임 매니저 스크립트에 있는 필드를 연결해보자. 다음과 같은 순서대로 진행한다.

1. 다음 코드로 GameBehavior를 업데이트해 아이템을 수집하고, 아이템이 수집되면 화면에 텍스트를 표시한다.

```
// 1
using TMPro;

public class GameBehavior : MonoBehaviour
{
  // 2
  public int MaxItems = 4;

  // 3
  public TMP_Text HealthText;
  public TMP_Text ItemText;
  public TMP_Text ProgressText;
```

```
// 4
void Start()
{
  ItemText.text += _itemsCollected;
  HealthText.text += _playerHP;
}

private int _itemsCollected = 0;
public int Items
{
  get { return _itemsCollected; }
  set
  {
    _itemsCollected = value;

    // 5
    ItemText.text = "Items: " + Items;

    // 6
    if (_itemsCollected >= MaxItems)
    {
      ProgressText.text = "You've found all the items!";
    }
    else
    {
      ProgressText.text = "Item found, only " +
        (MaxItems - _itemsCollected) + " more to go!";
    }
  }
}

private int _playerHP = 10;
public int HP
{
  get { return _playerHP; }
  set
  {
    _playerHP = value;

    // 7
    HealthText.text = "Health: " + HP;
    Debug.LogFormat("Lives: {0}", _playerHP);
  }
```

```
        }
    }
```

2. **계층 구조**에서 Game_Manager를 선택하고, **인스펙터**의 해당 Game Behavior 스
   크립트 필드에 3개의 텍스트 오브젝트를 하나씩 드래그한다.

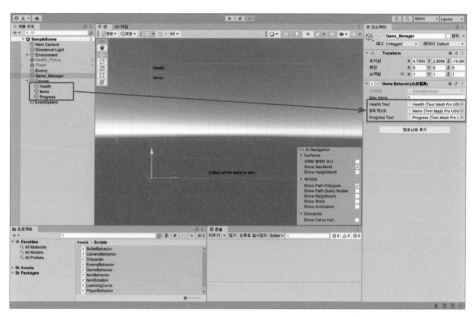

그림 8.20 텍스트 요소를 스크립트 컴포넌트에 드래그

3. 게임을 실행하고, 다음 스크린샷과 같이 화면에서 새로운 GUI 박스를 살펴보자.

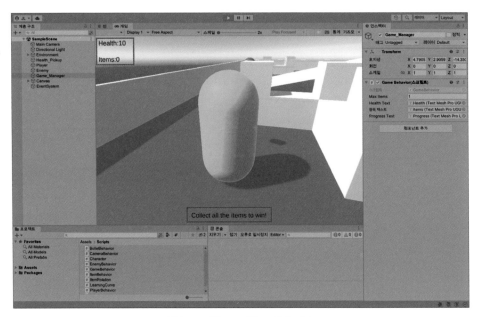

그림 8.21 재생 모드에서 UI 요소 테스트

사용된 코드를 분석해보자.

1. **계층 구조**의 텍스트 오브젝트인 TMP_Text 타입의 필드에 액세스할 수 있도록 TMPro 네임스페이스를 추가한다.

2. 레벨의 최대 아이템 수를 저장할 새로운 public 필드를 생성한다.

3. **인스펙터** 패널에서 연결할 3개의 새로운 TMP_Text 필드를 생성한다.

4. 그런 다음, Start 메서드에서 += 연산자를 사용해 체력과 아이템 텍스트의 초기값을 설정한다.

5. 아이템이 수집될 때마다 ItemText의 text 프로퍼티를 업데이트해 업데이트된 아이템 수를 표시한다.

6. Items 프로퍼티의 set 접근자에서 if문을 선언한다.

   - 플레이어가 MaxItems 이상을 수집했다면 플레이어가 이긴 것이며, Progress Text.text가 업데이트된다.

- 그렇지 않으면, ProgressText.text가 수집할 아이템이 얼마나 더 남았는지 보여준다.

7. 다음 장에서 다루겠지만, 플레이어의 체력이 줄어들 때마다 HealthText의 text 프로퍼티를 새로운 값으로 업데이트한다.

지금 게임을 재생하면 3개의 UI 요소가 정확한 값으로 표시된다. 아이템이 수집되면, 다음 스크린샷과 같이 ProgressText와 _itemsCollected의 수가 업데이트된다.

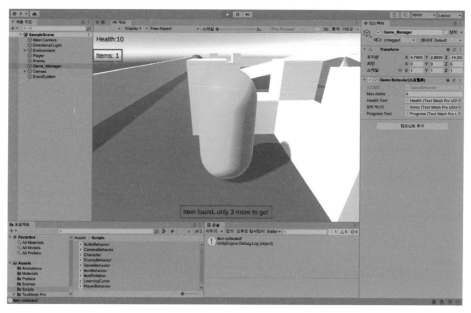

그림 8.22 UI 텍스트 업데이트

모든 게임에서는 이기거나 지는 상황이 발생한다. 이 장의 마지막 절에서는 이러한 승패의 조건과 그에 따른 UI를 구현해볼 것이다.

승패 조건

지금까지 코어 게임 메카닉과 간단한 UI를 구현했지만, Hero Born에는 여전히 중요한 게임 디자인 요소가 빠져 있다. 그것은 바로 승패 조건이다. 이러한 조건은 플레이어가 게임에서 이기고 지는 방식을 관리하며, 각 상황별로 다른 코드를 실행한다.

6장, '유니티 실행하기'의 게임 문서로 돌아가서, 다음과 같이 승패 조건을 설정해보자.

- HP가 1 이상이며 레벨의 모든 아이템을 수집하면 게임에서 이긴다.

- 적에게 공격을 받아 HP가 0이 되면 게임에서 진다.

이러한 조건은 UI와 게임 메카닉 모두에 영향을 주지만, 효율적인 처리가 가능하도록 이미 GameBehavior를 설정했다. get과 set 접근자는 플레이어가 이기거나 졌을 때 모든 게임 관련 로직을 관리하고 UI를 변경한다.

이 절에서는 이미 준비된 아이템 수집 시스템으로 승리 조건 로직을 구현할 것이다. 또한 다음 장에서는 적의 AI 행동을 파악해 패배 조건 로직을 추가할 것이다. 우선 이번 과제에서는 게임의 승리 시점을 코드에 추가해보자.

플레이어에게 항상 분명하고 즉각적인 피드백을 제공하려면, 다음과 같이 승리 조건 로직부터 추가해야 한다.

1. 다음 코드와 일치하도록 GameBehavior를 업데이트한다.

```
// 1
using UnityEngine.UI;

public class GameBehavior : MonoBehaviour
{
  // 2
  public Button WinButton;

  private int _itemsCollected = 0;
  public int Items
  {
    get { return _itemsCollected; }
    set
    {
      _itemsCollected = value;
      ItemText.text = "Items: " + Items;
```

```
    if (_itemsCollected >= MaxItems)
    {
      ProgressText.text = "You've found all the items!";

      // 3
      WinButton.gameObject.SetActive(true);
    }
    else
    {
      ProgressText.text = "Item found, only " +
        (MaxItems - _itemsCollected) + " more to go!";
    }
  }
 }
}
```

2. **계층 구조**에서 마우스 오른쪽 버튼을 클릭하고 **UI ➤ 버튼 - TextMeshPro**를 선택한 다음, 이름을 Win Condition으로 지정한다.[5]

- Win Condition을 선택하고 **X 위치**와 **Y 위치**는 0, **너비**는 225, **높이**는 115로 설정한다.

---

5   기존에는 **계층 구조** 패널에서 마우스 오른쪽 버튼을 클릭해 **UI ➤ 버튼**을 사용할 수 있었지만, Unity 2022.2.0 이후 버전부터는 사용이 불가능하므로 위의 방법대로 추가해야 한다. – 옮긴이

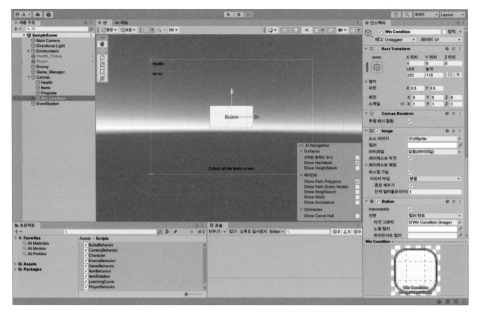

그림 8.23 UI 버튼 생성

3. **계층 구조**에서 Win Condition 버튼 좌측의 화살표를 클릭해 Text 자식 오브젝트를 확장한 다음, 텍스트를 'You won!'으로 변경한다.

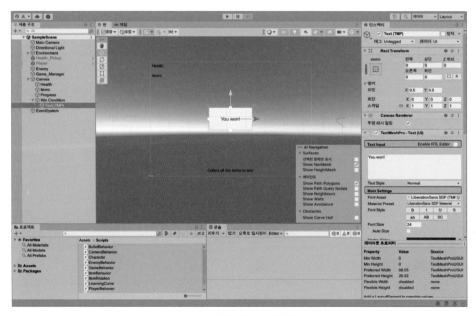

그림 8.24 버튼 텍스트 업데이트

4. Win Condition 부모 오브젝트를 다시 선택하고 **인스펙터** 좌측 상단의 체크를 해
   제한다.

그림 8.25 게임 오브젝트의 비활성화

이렇게 하면, 게임에서 승리할 때까지 버튼이 숨겨진다.

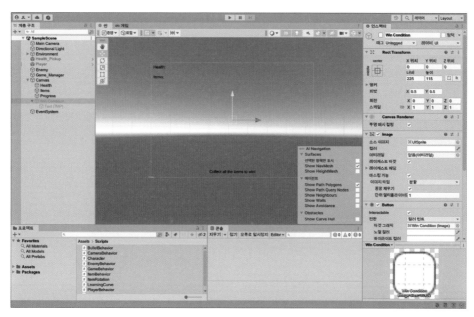

그림 8.26 숨겨진 UI 버튼 테스트

5. **계층 구조**에서 Game_Manager를 선택하고, 텍스트 오브젝트와 마찬가지로 **계층**

구조의 Win Condition 버튼을 **인스펙터**의 **Game Behavior(스크립트)**로 드래그한다.

그림 8.27 UI 버튼을 스크립트 컴포넌트로 드래그

6. 다음 스크린샷과 같이 **인스펙터**에서 **Max Items**를 1로 변경해 새로운 화면을 테스트한다.

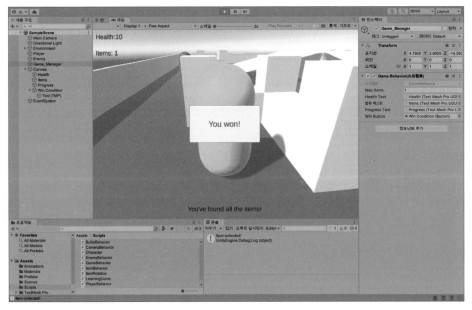

그림 8.28 승리 화면 표시

사용된 코드를 분석해보자.

1. Button 클래스에 액세스할 수 있도록 UnityEngine.UI using 지시문을 추가한다.

2. **계층 구조**의 Win Condition 버튼과 연결할 UI 버튼 필드를 생성한다.

3. 게임 시작 시 Win Condition 버튼을 숨긴 상태로 설정했기 때문에 게임에서 이겼을 때 다시 활성화한다.

Max Items를 1로 설정하면, 씬에서 Health_Pickup을 수집할 때 승리 버튼이 나타난다. 지금은 버튼을 클릭해도 아무것도 실행되지 않지만, 자세한 내용은 다음 절에서 이어서 살펴본다.

지시문과 네임스페이스를 사용해 일시 정지 및 재시작하기

당장은 승리 조건이 예상대로 작동하지만, 여전히 플레이어가 캡슐을 조작할 수 있고 게임이 끝났을 때는 다시 시작할 수 있는 방법이 없다. 유니티는 Time 클래스에서 timeScale이라는 프로퍼티를 제공하는데, 이 timeScale을 0으로 설정하면 게임 씬이 정지된다. 하지만 다시 게임을 시작하려면, 지금 클래스에서 기본으로 액세스할 수 없는 SceneManagement라는 네임스페이스에 액세스해야 한다.

네임스페이스는 클래스 집합을 특정 이름으로 모으고 그룹화해, 큰 프로젝트를 조직하고 같은 이름을 공유할 수 있는 스크립트 간의 충돌을 방지한다. 네임스페이스의 클래스에 액세스하려면 using 지시문을 클래스에 추가해야 한다.

유니티에서 생성된 모든 C# 스크립트에는 다음 코드와 같이 3개의 기본 using 지시문이 있다.

```
using System.Collections;
using System.Collections.Generic;
using UnityEngine;
```

이 세 가지 지시문으로 공용 네임스페이스에 액세스할 수 있지만, 유니티와 C#에서는 using 키워드 뒤에 네임스페이스의 이름을 추가하는 방식으로 더 많은 것을 제공한다.

플레이어가 이기거나 지면 게임을 일시 정지하고 다시 시작해야 하므로, 새로운 C# 스크립트에 기본적으로 포함되지 않는 네임스페이스를 사용하는 적절한 예가 될 것이다.

1. 다음 코드를 GameBehavior에 추가한다.

```csharp
using System.Collections;
using System.Collections.Generic;
using UnityEngine;
using TMPro;
using UnityEngine.UI;

// 1
using UnityEngine.SceneManagement;

public class GameBehavior : MonoBehaviour
{
    // 변경 사항 없음

    private int _itemsCollected = 0;
    public int Items
    {
        get { return _itemsCollected; }
        set
        {
            _itemsCollected = value;
            ItemText.text = "Items: " + Items;

            if (_itemsCollected >= MaxItems)
            {
                ProgressText.text = "You've found all the items!";
                WinButton.gameObject.SetActive(true);

                // 2
                Time.timeScale = 0f;
            }
            else
            {
                ProgressText.text = "Item found, only " +
```

```
        (MaxItems - _itemsCollected) + " more to go!";
      }
    }
  }

  public void RestartScene()
  {
    // 3
    SceneManager.LoadScene(0);

    // 4
    Time.timeScale = 1f;
  }

  // 다른 변경 사항 없음
}
```

2. **계층 구조**에서 Win Condition을 선택하고, **인스펙터**에서 Button 컴포넌트의 OnClick 섹션으로 스크롤한 다음, 더하기 아이콘을 누른다.

   - 모든 버튼에는 OnClick 이벤트가 있으므로, 버튼을 누르면 스크립트에서 실행될 메서드를 할당할 수 있다.

   - 버튼을 클릭하면 여러 메서드가 실행되도록 할 수 있지만, 이 경우에는 하나만 필요하다.

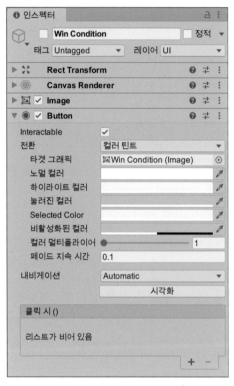

그림 8.29 버튼의 OnClick 섹션[6]

3. **계층 구조**에서 Game_Manager를 **Runtime Only** 아래의 슬롯으로 드래그해, 버튼
   을 눌렀을 때 매니저 스크립트에서 실행할 메서드를 선택할 수 있다.

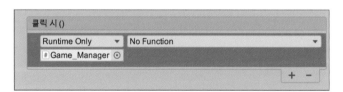

그림 8.30 OnClick에서 Game_Manager 오브젝트의 설정

---

6   유니티의 언어 설정이 한국어일 때는 'On Click ()'이 '클릭 시 ()'로 번역돼 표시되니 주의하길 바란다. – 옮긴이

4. **No Function** 드롭다운을 선택하고 **GameBehavior ➤ RestartScene ()**을 선택해 버튼이 실행할 메서드를 설정한다.

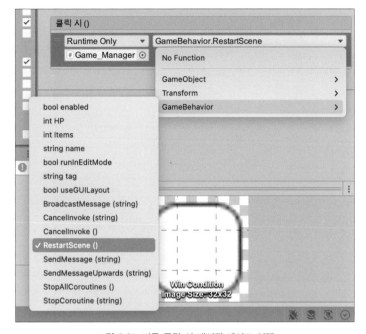

그림 8.31 버튼 클릭 시 재시작 메서드 선택

5. 레벨이 다시 시작될 때 씬의 조명이 꺼지거나 어두워지면, **창 ➤ 렌더링 ➤ 조명**을 선택한 후 하단의 **조명 생성** 버튼을 클릭한다.

NOTE

유니티에서 조명 없이 씬을 재로드하는 문제를 해결하려면 이 단계가 필요하다.

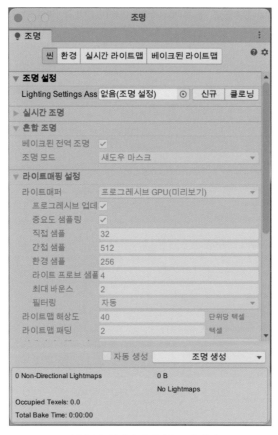

그림 8.32 유니티 에디터의 조명 패널

사용된 코드를 분석해보자.

1. using 키워드를 사용해 SceneManagement 네임스페이스를 추가한다. 이 네임스페이스는 로딩 씬 생성과 같은 모든 씬 관련 로직을 처리한다.

2. 승리 화면이 표시될 때 게임을 일시 정지하려면 Time.timeScale을 0으로 설정해 입력이나 이동을 못하게 한다.

3. RestartScene이라는 새로운 메서드를 만들고 승리 버튼을 클릭하면 LoadScene()을 호출한다.

- LoadScene()은 씬 인덱스를 int 매개변수로 받는다.

- 프로젝트에 씬이 하나만 있으므로 인덱스 0을 사용해 게임을 처음부터 다시 시작한다.

4. 씬이 다시 시작될 때 Time.timeScale을 기본값인 1로 재설정하면, 모든 제어와 동작이 다시 실행된다.

이제 아이템을 수집하고 승리 화면 버튼을 클릭하면, 모든 스크립트와 컴포넌트가 원래 값으로 복원되고 다른 라운드가 설정된 상태로 레벨이 다시 시작된다.[7]

⠿ 요약

드디어 Hero Born이 플레이 가능한 프로토타입 상태가 됐다. 점프 및 슈팅 메카닉을 구현했고, 물리적 충돌과 오브젝트 생성을 관리했으며, 몇 가지 기본 UI 요소를 추가해 피드백을 표시했다. 또한 플레이어가 이겼을 때 레벨을 재설정하는 작업도 해봤다.

이번 장에서는 다양하고 새로운 주제를 소개했으므로, 복습을 하면서 작성했던 코드를 확실히 이해하는 게 중요하다. 특히 열거 타입, get과 set 접근자, 네임스페이스는 더욱 관심을 기울여 명확히 익혀두자. 이제부터는 C# 언어를 알면 알수록 코드가 더 복잡하게 느껴질 것이다.

다음 장에서는 플레이어가 적에 근접했을 때 적의 게임 오브젝트가 플레이어를 인지하는 작업을 시작으로 추적 및 사격 프로토콜까지 진행해볼 것이다.

---

7   버튼을 눌러도 게임이 재시작되지 않는다면, **계층 구조**에 EventSystem이 있는지 확인하자. 만약 없다면, **계층 구조**에서 **+ ＞ UI ＞ 이벤트 시스템**을 추가해야 올바르게 동작한다. – 옮긴이

⇉ 내용 점검: 메카닉을 활용한 작업

1. 열거 타입은 어떤 타입의 데이터를 저장하는가?

2. 활성화된 씬에서 프리팹 게임 오브젝트의 사본을 어떻게 생성하는가?

3. 값을 참조하거나 수정할 때 기능을 추가할 수 있는 프로퍼티의 키워드는 무엇인가?

09

기본 AI와 적의 행동

현실감 있는 가상 시나리오를 만들려면 갈등, 결과, 잠재적 보상이 필요하다. 이 세 가지 요소가 없다면 플레이어가 캐릭터에 관심을 갖고 게임을 지속할 이유가 없다. 이 세 가지 요소 중 1개 이상을 갖춘 게임 메카닉은 많다. 하지만 무엇보다도 적이 플레이어를 찾아다니며 게임을 끝내려는 것만큼 효과적인 방법은 없을 것이다.

지능적인 적을 프로그래밍하기가 쉽지 않다 보니 장시간 작업을 하며 어려움을 겪기도 한다. 하지만 유니티에는 사용자 친화적인 방식으로 AI 시스템을 설계하고 구현할 수 있는 기능, 컴포넌트, 클래스가 내장돼 있다. 이러한 도구를 활용하면 플레이 가능한 Hero Born의 첫 번째 버전을 성공시킬 수 있을 뿐만 아니라 고급 C# 주제까지 다룰 수 있는 발판이 될 것이다.

이 장에서는 다음 주제를 다룬다.

- 유니티 내비게이션 시스템
- 정적 오브젝트 및 내비게이션 메시navigation mesh

- 내비게이션 에이전트

- 절차적 프로그래밍과 로직

- 데미지 관리

- 패배 조건의 추가

- 리팩터링 및 DRY 유지

그럼 시작해보자!

⠿ 유니티의 3D 공간 내비게이팅

실생활에서 내비게이션은 보통 A 지점에서 B 지점으로 이동하는 방법을 말한다. 가상의 3D 공간에서도 내비게이션이 비슷한 의미로 쓰이지만, 인간이 걸음마 단계부터 쌓아온 경험적 지식은 어떻게 설명해야 할까? 인간은 평지를 걷는 것부터 계단을 오르고 경계석에서 뛰어내리는 것까지 모든 것을 경험으로 직접 익혔다. 하지만 이 모든 것을 프로그래밍해 게임을 만들기란 불가능하다.

이러한 질문의 답을 구하기 전에 우선 유니티가 제공하는 내비게이션 컴포넌트부터 알아야 한다.

내비게이션 컴포넌트

유니티에서는 내비게이션 시스템을 완성하고 컴포넌트를 제공하는 데 많은 시간을 할애해 플레이 가능/불가능한 캐릭터의 이동을 제어한다. 다음은 유니티에서 제공하는 기본 컴포넌트로, 복잡한 기능이 이미 내장돼 있다.

- NavMesh는 주어진 레벨에서 걸을 수 있는 지면을 나타낸 기본적인 맵이다. NavMesh 컴포넌트 자체는 베이킹^{baking}이라고 하는 프로세스의 레벨 지오메트리

에서 생성된다. NavMesh를 해당 레벨로 베이킹하면 내비게이션 데이터를 지닌 고유한 프로젝트 에셋이 생성된다.

- NavMesh가 레벨 맵이라면, NavMeshAgent는 보드상에서 움직일 수 있는 말에 해당한다. NavMeshAgent 컴포넌트가 연결된 모든 오브젝트는 다른 에이전트나 근거리 장애물을 자동으로 피한다.

- 내비게이션 시스템이 레벨에서 이동이나 고정된 오브젝트를 인식하면 그에 따라 NavMeshAgent가 경로를 변경한다. 이러한 오브젝트에 NavMeshObstacle 컴포넌트를 추가하면 시스템이 피해야 하는 상황을 파악할 수 있다.

유니티의 내비게이션 시스템을 전부 설명하지는 못했지만, 적의 행동을 이용하는 것만으로도 진행하는 데 별문제가 없을 것이다. 이 장에서는 레벨에 NavMesh를 추가하고 Enemy 프리팹을 NavMeshAgent로 설정해, Enemy 프리팹이 미리 정의된 경로를 지능적인 방식으로 이동하게 할 것이다.

NOTE

이 장에서는 NavMesh와 NavMeshAgent 컴포넌트만 사용할 것이다. 하지만 레벨을 더 멋지게 만들려면, 웹 사이트(https://docs.unity3d.com/Manual/nav-CreateNavMeshObstacle.html)에서 장애물을 만드는 방법을 살펴보자.

'지능적인' 적을 설정하는 첫 번째 작업은 아레나의 걸을 수 있는 영역에 NavMesh를 만드는 것이다. 그럼 레벨의 NavMesh를 설정하고 구성해보자.[1]

1. Environment 게임 오브젝트를 선택하고 **인스펙터** 창에서 **정적** 옆에 있는 화살표 아이콘▼을 클릭한 후, **Navigation Static**을 선택한다.

---

1   9장의 내비게이션 추가 방법은 Unity 2022.2.0 이후 버전에서는 더 이상 사용되지 않으므로, 이 부분의 스크린샷 은 2022.1.24f1 버전으로 대체했다. 새로운 내비게이션 시스템의 추가 방법은 저자의 디스코드(https://packt.link/ csharpwithunity)에 설명돼 있으니 참고하길 바란다. 또한 저자의 깃허브(https://github.com/PacktPublishing/ Learning-C-by-Developing-Games-with-Unity-Seventh-Edition)에서 새 내비게이션 시스템이 적용된 프로젝트를 다운로드할 수 있다. - 옮긴이

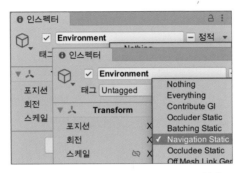

그림 9.1 오브젝트를 Navigation Static으로 설정

2. Environment의 모든 자식 오브젝트를 **Navigation Static**으로 설정하는 대화 상자 창이 뜨면 **예, 자식을 변경합니다.**를 클릭한다.

그림 9.2 모든 자식 오브젝트 변경

3. **창 ➤ AI ➤ 내비게이션**으로 이동해 **베이크** 탭을 선택한다. 모든 것을 기본값으로 설 정하고 **Bake**를 클릭한다. 베이킹이 완료되면, Scenes 폴더 안에 새로운 내비게이 션 메시 오브젝트가 있는 새 폴더가 생성된 것을 볼 수 있다.

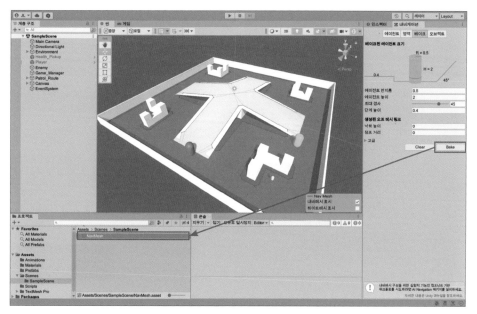

그림 9.3 내비게이션 메시 베이킹

이제 레벨의 모든 오브젝트는 **Navigation Static**으로 표시된다. 즉, 새로 베이크된 NavMesh가 기본 NavMeshAgent 설정을 기반으로 접근성을 평가한 것이다. 그림 9.3 에서 하늘색 오버레이로 처리된 곳은 모두 NavMeshAgent 컴포넌트가 연결된 모든 오브젝트가 걸을 수 있는 지면을 나타낸 것이다. 이는 바로 다음 작업에서 실행해볼 것이다. 또한 파란색 바닥에서는 잘 보이지 않지만, NavMesh가 전체 지면을 덮고 있다.

적 에이전트 설정

Enemy 프리팹을 NavMeshAgent로 등록해보자.

1. 프리팹 폴더에서 Enemy 프리팹을 선택하고 **인스펙터** 창에서 **컴포넌트 추가**를 클릭한 후, 내비 메시 에이전트를 검색한다.

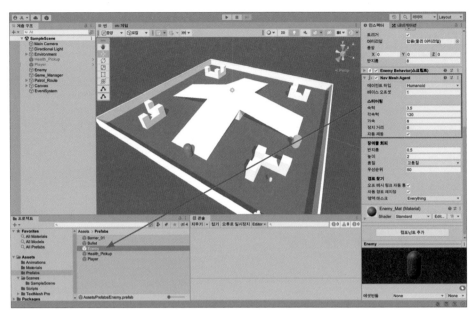

그림 9.4 NavMeshAgent 컴포넌트 추가

2. **계층 구조** 창에서 **+ ➤ 빈 오브젝트 생성**을 클릭하고, 게임 오브젝트의 이름을
   Patrol_Route로 지정한다.

   - Patrol Route를 선택하고 **+ ➤ 빈 자식 오브젝트 생성**을 클릭해 자식 게임 오브
     젝트를 추가한 다음, 이름을 Location_1로 지정한다. Location_1을 레벨 코너
     한쪽에 배치한다.

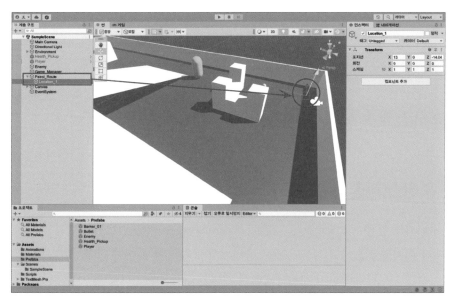

그림 9.5 빈 정찰 경로 오브젝트 생성

3. Patrol_Route에 3개의 빈 자식 오브젝트를 더 생성해 이름을 각각 Location_2, Location_3, Location_4로 지정한다. 그리고 레벨의 나머지 코너에 배치해 정사각형 구조를 만든다.

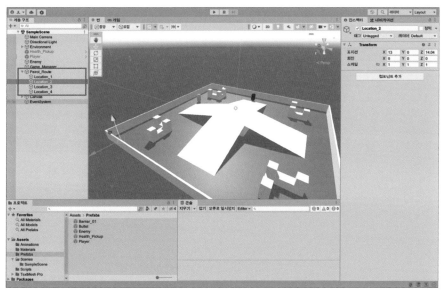

그림 9.6 빈 정찰 경로 오브젝트 모두 생성

Enemy에 NavMeshAgent 컴포넌트를 추가하면 NavMesh 컴포넌트가 이를 자동 내비게이션 기능에 액세스할 수 있는 오브젝트로 감지하고 등록한다. 레벨의 각 코너에 4개의 빈 게임 오브젝트를 만들면 적이 정찰할 간단한 경로가 배치된다. 빈 부모 오브젝트로 그룹화하면 코드에서 더 쉽게 참조할 수 있고 훨씬 체계적인 **계층 구조** 창을 만들 수 있다. 이제 다음 절에서 추가할 나머지 부분은 적이 정찰 경로를 따라 걷는 코드다.

⁝⁝⊱ 적 에이전트의 이동

정찰 위치를 설정하고 Enemy 프리팹이 NavMeshAgent 컴포넌트를 갖췄지만, 이제는 이러한 위치를 참조하고 적을 스스로 움직이게 할 방법을 찾아야 한다. 그러기 위해서는 우선 소프트웨어 개발 세계에서 중요한 개념인 절차적 프로그래밍을 다뤄야 한다.

절차적 프로그래밍

절차적 프로그래밍이란 용어만 봤을 때는 개념을 깊이 파악하기 힘들지만, 한번 이해하고 나면 항상 새로운 방식의 코드를 사용하게 될 것이다.

절차적 프로그래밍은 하나 이상의 순차적인 객체에서 동일한 로직을 실행하는 작업에 적합하다. 이미 for 또는 foreach 루프를 사용해 배열, 리스트, 딕셔너리를 디버깅할 때 절차적 프로그래밍을 살짝 경험했다. 이러한 반복문이 실행될 때마다 동일한 Debug.Log()를 호출해 각 항목을 순차적으로 반복했다. 이제, 이 절차적 프로그래밍을 활용해 좀 더 유용한 결과를 얻어보자.

절차적 프로그래밍을 자주 사용하는 상황 중 하나는 한 컬렉션에서 다른 컬렉션으로 항목을 추가하고 수정할 때다. 따라서 Patrol_Route 부모의 각 자식 오브젝트를 참조하고 리스트에 저장하는 작업에서도 절차적 프로그래밍이 적합하다.

정찰 위치 참조

지금까지 절차적 프로그래밍의 기본 사항을 익혔으므로, 이번에는 정찰 위치를 참조해 사용 가능한 리스트에 할당해보자.

1. EnemyBehavior에 다음 코드를 추가한다.

```
public class EnemyBehavior : MonoBehaviour
{
  // 1
  public Transform PatrolRoute;

  // 2
  public List<Transform> Locations;

  // Start is called before the first frame update
  void Start()
  {
    // 3
    InitializePatrolRoute();
  }

  // 4
  void InitializePatrolRoute()
  {
    // 5
    foreach (Transform child in PatrolRoute)
    {
      // 6
      Locations.Add(child);
    }
  }

  void OnTriggerEnter(Collider other)
  {
    // 변경 사항 없음
  }

  void OnTriggerExit(Collider other)
  {
    // 변경 사항 없음
```

```
      }
    }
```

2. **계층 구조** 창에서 Enemy를 선택하고 `Patrol_Route` 오브젝트를 **Enemy Behavior(스크립트)**의 **Patrol Route** 필드로 드래그한다.

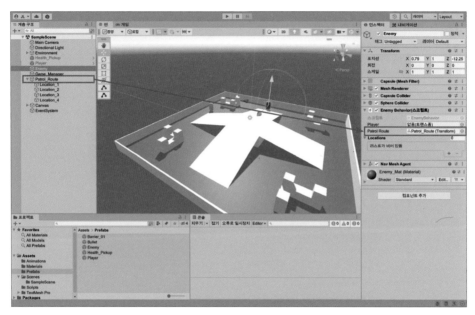

그림 9.7 Patrol_Route를 EnemyBehavior 스크립트로 드래그

3. **인스펙터** 창에서 **Locations** 필드 옆의 화살표 아이콘▶을 누르고 게임을 실행해 리스트가 채워지는지 확인한다.

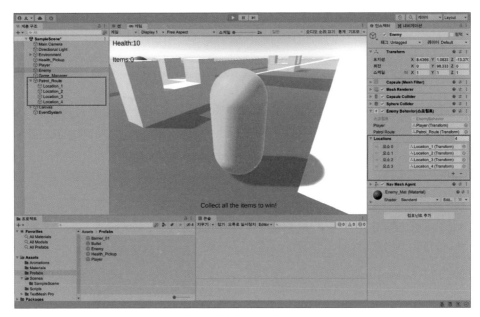

그림 9.8 절차적 프로그래밍 테스트

사용된 코드를 분석해보자.

1. 우선, 빈 부모 게임 오브젝트인 PatrolRoute를 저장할 필드를 선언한다.

2. 그다음에는 PatrolRoute의 모든 자식 Transform 컴포넌트를 보유할 List 필드를 선언한다.

3. 게임이 시작되면 Start()에서 InitializePatrolRoute() 메서드를 호출한다.

4. 다음으로, InitializePatrolRoute()를 private 유틸리티 메서드로 생성해 Locations에 Transform 값을 순차적으로 채운다.

   - 액세스 한정자를 포함하지 않으면 기본적으로 필드와 메서드는 private으로 설정된다.

5. foreach문을 사용해 PatrolRoute의 각 자식 게임 오브젝트를 순회하고 해당 Transform 컴포넌트를 참조한다.

- 각 Transform 컴포넌트는 foreach 루프에서 선언된 자식 지역 변수에 캡처된다.

6. 마지막으로, PatrolRoute의 자식 오브젝트를 순회하면서 Add() 메서드를 사용해 Locations 리스트에 각 자식 Transform을 순차적으로 추가한다.

- 이렇게 하면, **계층 구조** 창에서 무슨 변경이 발생하든 Locations는 항상 PatrolRoute 부모 아래의 모든 자식 오브젝트로 채워진다.

계층 구조 창에서 **인스펙터** 창으로 직접 드래그 앤 드롭해 각 위치 게임 오브젝트를 Locations에 할당할 수 있지만, 연결이 쉽게 끊어질 수도 있다. 위치 오브젝트의 이름 변경, 오브젝트 추가나 삭제, 프로젝트 업데이트는 클래스 초기화에 영향을 줄 수 있다. 하지만 Start() 메서드에서 게임 오브젝트 리스트나 배열을 순차적으로 채우면 안전성과 가독성이 향상된다.

> **NOTE**
>
> 이러한 이유 때문에 **인스펙터** 창에서 할당하는 대신 Start() 메서드에서 GetComponent()를 사용해 주어진 클래스에 연결된 컴포넌트 참조를 검색하고 저장하는 방법을 더 선호한다.

이번에는 배치된 정찰 경로를 따라 적 오브젝트를 이동해보자.

적의 이동

Start()에서 초기화된 정찰 위치 리스트로 적의 NavMeshAgent 컴포넌트를 검색해 첫 번째 목적지를 설정할 수 있다.

다음 코드로 EnemyBehavior를 업데이트하고 재생 버튼을 누른다.

```
// 1
using UnityEngine.AI;

public class EnemyBehavior : MonoBehaviour
{
```

```csharp
    public Transform PatrolRoute;
    public List<Transform> Locations;

    // 2
    private int _locationIndex = 0;

    // 3
    private NavMeshAgent _agent;

    // Start is called before the first frame update
    void Start()
    {
      // 4
      _agent = GetComponent<NavMeshAgent>();

      InitializePatrolRoute();

      // 5
      MoveToNextPatrolLocation();
    }

    void InitializePatrolRoute()
    {
      // 변경 사항 없음
    }

    void MoveToNextPatrolLocation()
    {
      // 6
      _agent.destination = Locations[_locationIndex].position;
    }

    void OnTriggerEnter(Collider other)
    {
      // 변경 사항 없음
    }

    void OnTriggerExit(Collider other)
    {
      // 변경 사항 없음
    }
}
```

사용된 코드를 분석해보자.

1. 우선, `EnemyBehavior`가 유니티의 내비게이션 클래스(이 경우는 NavMeshAgent)에 액세스할 수 있도록 `UnityEngine.AI` using 지시문을 추가한다.

2. 그다음에는 현재 적이 이동 중인 정찰 위치를 추적할 필드를 선언한다. List의 항목은 zero-indexed이므로, Enemy 프리팹이 Locations에 저장된 순서대로 정찰 지점 사이를 이동할 수 있다.

3. 다음으로는 Enemy 게임 오브젝트에 연결된 NavMeshAgent 컴포넌트를 저장할 필드를 선언한다. 다른 클래스가 액세스하거나 수정할 수 없도록 `private`으로 지정한다.

4. `GetComponent()`를 사용해 연결된 NavMeshAgent 컴포넌트를 찾아 `_agent`에 반환한다.

5. `Start()`에서 `MoveToNextPatrolLocation()` 메서드를 호출한다.

6. 마지막으로, `MoveToNextPatrolLocation()`을 private 메서드로 선언하고 `_agent.destination`을 설정한다.

   - `destination`은 3D 공간에서 `Vector3` 위치다.
   - `Locations[_locationIndex]`는 주어진 인덱스에서 Locations의 Transform 항목을 가져온다.
   - `.position`을 추가하면 Transform 컴포넌트의 `Vector3` 위치가 참조된다.

씬이 시작되면, Locations는 정찰 지점으로 채워지고 `MoveToNextPatrolLocation()`이 호출돼 NavMeshAgent 컴포넌트의 destination 위치를 Locations 리스트의 `_location Index` 항목으로 설정한다. 다음 단계에서는 적 오브젝트를 첫 번째 정찰 위치에서 다른 모든 위치로 순서대로 이동시킬 것이다.

적이 첫 번째 정찰 지점까지는 무사히 이동했지만, 그다음에는 멈춰버렸다. 각각의 위치 사이에서 적을 순차적으로 계속 움직이게 하려면, Update()와 MoveToNextPatrolLoca tion()에 추가적인 로직이 필요하다. 그럼 적을 이동시켜보자.

EnemyBehavior에 다음 코드를 추가하고 재생 버튼을 누른다.

```
public class EnemyBehavior : MonoBehaviour
{
    // 변경 사항 없음

    // Update is called once per frame
    void Update()
    {
        // 1
        if (_agent.remainingDistance < 0.2f && !_agent.pathPending)
        {
            // 2
            MoveToNextPatrolLocation();
        }
    }

    void MoveToNextPatrolLocation()
    {
        // 3
        if (Locations.Count == 0)
            return;

        _agent.destination = Locations[_locationIndex].position;

        // 4
        _locationIndex = (_locationIndex + 1) % Locations.Count;
    }

    // 다른 변경 사항 없음
}
```

사용된 코드를 분석해보자.

1. 먼저, Update() 메서드를 선언하고 if문을 추가해 2개의 다른 조건이 true인지 확인한다.

- remainingDistance는 현재 NavMeshAgent 컴포넌트가 설정된 대상에서 얼마나 멀리 떨어져 있는지를 반환하며, 이 값이 0.2보다 작은지 확인한다.

- pathPending은 유니티가 NavMeshAgent 컴포넌트의 경로를 계산하는지 여부에 따라 true나 false의 bool 값을 반환한다.

2. _agent가 목적지에 근접하고 다른 경로가 계산되지 않았다면, if문은 true를 반환하고 MoveToNextPatrolLocation()을 호출한다.

3. MoveToNextPatrolLocation()의 나머지 코드가 실행되기 전에 if문을 추가해 Locations가 비어 있지 않은지 확인한다.

- Locations가 비어 있다면, return 키워드를 사용해 더 이상 진행되지 않도록 메서드를 종료한다.

> NOTE
>
> 이를 방어적 프로그래밍(defensive programming)이라 하며, 리팩터링(refactoring)과 함께 중급 C# 주제를 다루려면 갖춰야 할 필수적인 기술이다. 이 장의 후반부에서는 리팩터링을 살펴본다.

4. 그다음에는 _locationIndex를 현재 값에 1을 더한 후, Locations.Count의 나머지(%) 값으로 설정한다.

- 이렇게 하면, 인덱스가 0에서 4까지 증가된 후 다시 0에서 시작해 Enemy 프리팹이 경로를 연속해서 이동한다.

- 나머지 연산자(modulo operator)는 두 값을 나눈 나머지를 반환한다. 예를 들어, 2를 4로 나누면 나머지는 2이므로 2 % 4 = 2가 된다. 마찬가지로, 4를 4로 나누면 나머지가 없으므로 4 % 4 = 0이 된다.

> NOTE
>
> 인덱스를 컬렉션의 최대 항목 수로 나누면 항상 다음 항목을 빨리 찾을 수 있다. 나머지 연산자에 익숙하지 않다면 2장, '프로그래밍의 구성 요소'를 다시 살펴보자.

이제 Update()에서 각 프레임마다 설정된 정찰 위치로 적이 이동하는지 확인해야 한다.

설정된 위치에 근접했다면, MoveToNextPatrolLocation()이 실행돼 _locationIndex가 증가하고 다음 정찰 지점을 목적지로 설정한다.

다음 스크린샷과 같이 **씬** 뷰를 **콘솔** 창 옆으로 드래그하고 재생 버튼을 누르면, Enemy 프리팹이 레벨의 코너 주변을 연속으로 돌아다니는 것을 볼 수 있다.

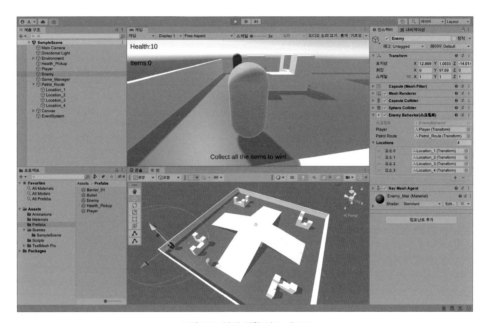

그림 9.9 적의 정찰 경로 테스트

지금은 적이 맵의 외부 정찰 경로를 따르지만, 미리 설정된 범위 내에 있을 때 플레이어를 찾아 공격하지 않는다. 이때 사용할 NavAgent 컴포넌트를 다음 절에서 다뤄보자.

적의 게임 메카닉

현재 적이 계속 정찰을 돌고 있으므로, 여기에 자체적인 상호작용 메카닉을 추가해야 한다. 플레이어에게 불리한 행동을 하지 않고 돌아다니기만 한다면 큰 위험이나 보상은 없기 때문이다.

수색과 파괴: 에이전트의 대상 변경

이 절에서는 플레이어가 적에 근접했을 때 적의 NavMeshAgent 컴포넌트의 대상을 전환하고, 충돌이 발생하면 데미지를 주는 데 중점을 둘 것이다. 적의 공격으로 플레이어의 체력이 떨어지면, 플레이어와 다시 조우할 때까지 적은 정찰 경로로 돌아간다.

그러나 플레이어를 무력한 상태로 두지는 않을 것이다. 적의 체력을 추적하는 코드뿐만 아니라 적이 플레이어의 탄환에 맞았을 때와 소멸할 때를 감지하는 코드도 추가할 것이다.

Enemy 프리팹이 정찰을 돌고 있으므로, 플레이어의 위치를 참조하고 플레이어가 근접했다면 NavMeshAgent의 대상을 변경해야 한다.

EnemyBehavior에 다음 코드를 추가한다.

```
public class EnemyBehavior : MonoBehaviour
{
  // 1
  public Transform Player;

  public Transform PatrolRoute;
  public List<Transform> Locations;

  private int _locationIndex = 0;
  private NavMeshAgent _agent;

  // Start is called before the first frame update
  void Start()
  {
    _agent = GetComponent<NavMeshAgent>();

    // 2
    Player = GameObject.Find("Player").transform;

    // 다른 변경 사항 없음
  }

  // Update, InitializePatrolRoute 및 MoveToNextPatrolLocation 변경 사항 없음

  void OnTriggerEnter(Collider other)
  {
```

```
    if (other.name == "Player")
    {
        // 3
        _agent.destination = Player.position;

        Debug.Log("Player detected - attack!");
    }
}

void OnTriggerExit(Collider other)
{
    // 변경 사항 없음
}
}
```

사용된 코드를 분석해보자.

1. 우선, Player 캡슐의 Transform 값을 저장할 public 필드를 선언한다.

2. 그다음에는 GameObject.Find("Player")를 사용해 씬에 있는 Player 오브젝트의 참조를 반환한다.

   - .transform을 추가해 같은 줄에 있는 오브젝트의 Transform 값을 직접 참조한다.

3. 마지막으로, 플레이어가 이전에 Collider 컴포넌트로 설정한 적의 공격 영역에 들어갈 때마다 OnTriggerEnter()에서 _agent.destination을 플레이어의 Vector3 위치로 설정한다.

지금 게임을 재생해 정찰 중인 적에 가까이 다가가면, 적이 정찰 경로에서 벗어나 플레이어 쪽으로 곧바로 이동할 것이다. 적이 플레이어 쪽에 다다르면, Update() 메서드의 코드가 다시 실행되고 Enemy 프리팹이 다시 정찰을 시작할 것이다.

어떠한 방식이든 적은 플레이어를 계속 공격할 수 있어야 한다. 이와 관련된 내용은 다음 절에서 다룬다.

플레이어의 체력 감소

한층 발전된 적 메카닉을 보여주긴 했지만, Enemy 프리팹이 Player 프리팹과 충돌했을 때 아무런 일도 일어나지 않으므로 여전히 극적인 연출이 필요한 상황이다. 이러한 점을 보완하려면 새로운 적 메카닉을 게임 매니저에 추가해야 한다.

다음 코드로 PlayerBehavior를 업데이트하고, 재생 버튼을 누른다.

```
public class PlayerBehavior : MonoBehaviour
{
  // public 필드 변경 불필요

  // 1
  private GameBehavior _gameManager;

  // Start is called before the first frame update
  void Start()
  {
    _rb = GetComponent<Rigidbody>();
    _col = GetComponent<CapsuleCollider>();

    // 2
    _gameManager = GameObject.Find("Game_Manager").
      GetComponent<GameBehavior>();
  }

  // Update, FixedUpdate 및 IsGrounded 변경 사항 없음

  // 3
  void OnCollisionEnter(Collision collision)
  {
    // 4
    if (collision.gameObject.name == "Enemy")
    {
      // 5
      _gameManager.HP -= 1;
    }
  }
}
```

사용된 코드를 분석해보자.

1. 우선, 씬에 있는 GameBehavior 인스턴스의 참조를 저장할 private 필드를 선언한다.

2. 그다음에는 씬에 있는 Game_Manager 오브젝트에 연결된 GameBehavior 스크립트를 찾아 반환한다.

   - 일반적으로, GameObject.Find()와 같은 줄에 GetComponent()를 사용하면 불필요한 코드를 줄일 수 있다.

3. Player가 충돌하는 오브젝트이므로 PlayerBehavior에 OnCollisionEnter()를 선언하는 것이 좋다.

4. 다음으로, 충돌하는 오브젝트의 이름을 확인한다. 충돌하는 오브젝트가 Enemy 프리팹이라면 if문의 본문을 실행한다.

5. 마지막으로, _gameManager 인스턴스를 사용해 public HP 프로퍼티에서 1을 뺀다.

이제, 적이 플레이어를 추적하고 충돌할 때마다 게임 매니저는 HP 프로퍼티의 set 접근자를 실행한다. UI는 플레이어 체력이 새로운 값으로 업데이트되며, 나중에 체력 감소 조건에 대한 몇 가지 추가 로직을 사용할 수 있다.

탄환의 충돌 감지

이제 플레이어의 체력이 감소하는 조건이 생겼으므로, 적의 공격에 맞서 싸우면서 생존할 수 있는 방법을 추가해보자.

EnemyBehavior를 열어 다음 코드로 수정해보자.

```
public class EnemyBehavior : MonoBehaviour
{
    // 다른 필드 변경 불필요
```

```
// 1
private int _lives = 3;
public int EnemyLives
{
  // 2
  get { return _lives; }

  // 3
  private set
  {
    _lives = value;

    // 4
    if (_lives <= 0)
    {
      Destroy(this.gameObject);
      Debug.Log("Enemy down.");
    }
  }
}

/* Start, Update, InitializePatrolRoute, MoveToNextPatrolLocation,
   OnTriggerEnter 및 OnTriggerExit 변경 사항 없음 */

void OnCollisionEnter(Collision collision)
{
  // 5
  if (collision.gameObject.name == "Bullet(Clone)")
  {
    // 6
    EnemyLives -= 1;
    Debug.Log("Critical hit!");
  }
}
```

사용된 코드를 분석해보자.

1. 먼저 _lives라는 private int 백킹 필드와 EnemyLives라는 public 프로퍼티를 선언 하면, GameBehavior에서와 같이 EnemyLives가 참조되고 설정되는 방식을 제어할 수

있다.

2. 항상 _lives를 반환하도록 get 접근자를 설정한다.

3. 다음으로, private set을 사용해 EnemyLives의 새로운 값을 _lives에 할당함으로써 이 둘을 동기화시킨 상태로 유지한다.

NOTE

이전에 private get이나 private set을 본 적은 없었지만, 다른 실행 코드와 마찬가지로 액세스 한정자를 사용할 수 있다.

4. if문을 추가해 _lives가 0보다 작거나 같은지를 확인하면, 적이 죽었는지를 알 수 있다.

   - 적이 죽었다면, Enemy 게임 오브젝트를 파괴하고 콘솔에 메시지를 출력한다.

5. Enemy는 탄환을 맞은 오브젝트이므로, EnemyBehavior에서 OnCollisionEnter()를 사용해 이 충돌 상황을 확인해봐야 한다.

6. 마지막으로, 충돌하는 오브젝트의 이름이 Bullet(Clone)과 일치하면 EnemyLives를 1만큼 감소시키고 추가 메시지를 출력한다.

NOTE

Bullet 프리팹의 이름이 Bullet이어도, 확인해야 할 이름은 'Bullet(Clone)'이다. 유니티는 Instantiate() 메서드로 생성된 모든 오브젝트에 (Clone) 접미사를 추가하는데, 이는 슈팅 로직에서 오브젝트를 생성하는 방법이기 때문이다.

또한 게임 오브젝트의 tag를 확인하는 방법도 있지만, 이는 유니티만의 기능이므로 코드는 그대로 두고 순수 C#으로만 작업할 것이다.

이제 플레이어는 적에게 목숨을 잃기 전에 적을 세 번 맞춰 파괴시킬 수 있다. 이미 다뤘다시피 get과 set 접근자를 사용해 추가 로직을 처리하면 유연성과 확장성을 얻을 수 있었다. 마지막으로 할 작업은 게임 매니저를 패배 상태로 업데이트하는 것이다.

게임 매니저의 업데이트

패배 상태를 완벽히 구현하려면, 매니저 클래스를 업데이트해야 한다.

1. GameBehavior를 열어 다음 코드를 추가한다.

```
public class GameBehavior : MonoBehaviour
{
    // 다른 필드 변경 사항 없음

    // 1
    public Button LossButton;

    private int _itemsCollected = 0;
    public int Items
    {
        // 다른 변경 사항 없음
    }

    private int _playerHP = 10;
    public int HP
    {
        get { return _playerHP; }
        set
        {
            _playerHP = value;
            HealthText.text = "Player Health: " + HP;

            // 2
            if (_playerHP <= 0)
            {
                ProgressText.text = "You want another life with that?";
                LossButton.gameObject.SetActive(true);
                Time.timeScale = 0;
            }
            else
            {
                ProgressText.text = "Ouch... that's got hurt.";
            }
        }
    }
}
```

```
    // Start 및 RestartScene 변경 사항 없음
  }
```

2. **계층 구조** 창에서 Win Condition을 마우스 오른쪽 버튼으로 클릭하고 복제를 선택한 후 이름을 Loss Condition으로 지정한다.

   - Loss Condition 좌측의 화살표를 클릭해 확장하고 Text 오브젝트를 선택한 후 텍스트를 You lose...로 변경한다.

3. **계층 구조** 창에서 Game_Manager를 선택하고, Loss Condition을 **Game Behavior(스크립트)** 컴포넌트의 **Loss Button** 슬롯으로 드래그한다.

그림 9.10 GameBehavior 스크립트의 텍스트 및 버튼 필드 설정이 완료된 인스펙터 페인

사용된 코드를 분석해보자.

1. 우선, 플레이어가 게임에서 졌을 때 표시할 새로운 버튼을 선언한다.

2. 그다음에는 if문을 추가해 _playerHP가 0 이하로 떨어졌는지를 확인한다.

   - true이면, ProgessText와 Time.timeScale이 업데이트되고 Loss Condition 버튼이 활성화된다.

- 적과 충돌한 후에도 플레이어가 계속 살아있다면, ProgessText에 "Ouch…
  that's got to hurt."라고 다른 메시지를 표시한다.

이제, GameBehavior.cs에서 _playerHP를 1로 변경하고 Enemy 프리팹이 플레이어와 충돌하게 한 다음 어떤 일이 발생하는지 살펴보자.

그럼 다 완성됐다. 플레이어와 피해를 주고받을 수 있는 '스마트한' 적을 성공적으로 추가했으며, 게임 매니저로 패배 화면도 표시했다. 이 장을 마치기 전에 다뤄야 할 또 한 가지 중요한 주제는 코드의 반복을 피하는 방법이다.

반복되는 코드는 모든 프로그래머에게 골칫거리이기도 하므로, 프로젝트 초기에 미리 방법을 알아두는 게 좋다.

⠿ 리팩터링 및 DRY 유지

중복 배제^{DRY, Don't Repeat Yourself}는 소프트웨어 개발자가 지켜야 할 기본 원칙과 같다. 중복 배제 원칙을 지켜 작업을 수행하면 잘못된 결정이나 의문이 남는 결정을 피할 수 있으므로 개발자가 만족스런 결과를 얻을 수 있다.

실제로, 반복되는 코드는 프로그래밍에서 일상적인 부분이기도 하다. 미리 반복을 피하려는 생각을 갖고 계속 프로젝트를 수행한다면 수많은 장애물에 맞닥뜨릴 수밖에 없어 회의감에 빠질 수 있다. 반복되는 코드를 처리하는 좀 더 효율적이고 적절한 접근 방식은 언제 어디서 반복이 발생했는지 신속히 확인해 최적의 제거 방법을 찾아내는 것이다. 이 작업을 리팩터링^{refactoring}이라 하며, GameBehavior 클래스에 바로 적용해볼 수 있다.

2개의 별도 위치에 ProgressText와 timeScale이 설정된 것을 확인할 수 있다. 하지만 한 곳에서 실행이 가능한 유틸리티 메서드를 쉽게 만들 수 있다.

```
public class GameBehavior : MonoBehaviour
{
```

```
// 다른 필드 변경 사항 없음

// 1
public void UpdateScene(string updatedText)
{
  ProgressText.text = updatedText;
  Time.timeScale = 0f;
}

private int _itemsCollected = 0;
public int Items
{
  get { return _itemsCollected; }
  set
  {
    _itemsCollected = value;
    ItemText.text = "Items Collected: " + Items;

    if (_itemsCollected >= MaxItems)
    {
      WinButton.gameObject.SetActive(true);

      // 2
      UpdateScene("You've found all the items!");
    }
    else
    {
      ProgressText.text = "Item found, only " +
        (MaxItems - _itemsCollected) + " more to go!";
    }
  }
}

private int _playerHP = 10;
public int HP
{
  get { return _playerHP; }
  set
  {
    _playerHP = value;
    HealthText.text = "Player Health: " + HP;

    if (_playerHP <= 0)
```

```
        {
            LossButton.gameObject.SetActive(true);

            // 3
            UpdateScene("You want another life with that?");
        }
        else
        {
            ProgressText.text = "Ouch... that's got hurt.";
        }

        Debug.LogFormat("Lives: {0}", _playerHP);
    }
}

// Start 및 RestartScene 변경 사항 없음
}
```

사용된 코드를 분석해보자.

1. UpdateScene이라는 새로운 메서드를 선언한 후 string 매개변수를 받아 Progress
   Text.text에 할당하고 Time.timeScale을 0으로 설정한다.

2. 첫 번째 중복된 코드의 인스턴스를 삭제하고, 게임에서 이기면 새로운 메서드를
   사용해 씬을 업데이트한다.

3. 두 번째 중복된 코드의 인스턴스를 삭제하고, 게임에서 지면 씬을 업데이트한다.

제대로 들여다보면, 리팩터링이 필요한 곳은 항상 많다.

⫸ 요약

이제 적과 플레이어의 상호작용을 완성했다. 화면의 GUI를 업데이트하면서 공격을 주
고받고, 죽거나 적을 파괴시킬 수도 있다. 적은 유니티의 내비게이션 시스템을 사용해
아레나를 돌아다니고, 플레이어가 지정된 범위로 들어오면 공격 모드로 전환된다. 각

게임 오브젝트는 동작, 내부 로직, 오브젝트 충돌을 담당하는 반면, 게임 매니저는 게임 상태를 제어하는 필드를 추적한다. 마지막으로는 간단한 절차적 프로그래밍을 살펴봤고, 반복된 구문도 메서드로 추상화하면 코드가 더 깔끔해진다는 점도 다뤘다.

이 책으로 입문한 독자라면, 지금쯤 성취감을 느꼈을 것이다. 게임을 만들면서 새로운 프로그래밍 언어를 익힌다는 게 쉬운 일은 아니다. 다음 장에서는 새로운 타입의 한정자, 메서드 오버로딩, 인터페이스, 클래스 확장을 포함한 C#의 몇 가지 중급 주제를 소개할 것이다.

⫶ 내용 점검: AI와 내비게이션

1. 유니티의 씬에서 NavMesh 컴포넌트는 어떻게 생성되는가?

2. 어떤 컴포넌트가 게임 오브젝트에서 NavMesh를 식별하는가?

3. 하나 이상의 순차적 객체에서 동일한 로직을 실행하는 것은 어떤 프로그래밍 기법의 예인가?

4. DRY는 어떤 말의 약어인가?

10

타입, 메서드 및 클래스의 재고찰

지금까지는 유니티의 기본 클래스를 사용해 게임 메카닉과 상호작용을 프로그래밍했다. 이제는 핵심 C# 지식을 확장하고, 지금까지의 지식을 기반으로 중급 수준의 응용 과제에 도전해보자. 변수, 타입, 메서드, 클래스와 같이 그동안 배운 주제들을 다시 다루면서, 심화된 응용 과제와 관련 사례들을 집중적으로 살펴볼 것이다. 앞으로 다룰 대부분의 주제는 현재 상태의 Hero Born에는 적용되지 않는다. 따라서 일부 예제는 게임 프로토타입에 직접 적용하기보다는 단독 예제에 가깝다.

이번 장에서는 다수의 새로운 정보가 소개될 것이다. 하지만 중간에 따라가기 어려워지면, 언제든 책의 앞부분으로 다시 돌아가서 기초를 다지고 오길 바란다. 이번 장에서는 유니티만의 게임플레이 메카닉과 기능에서 벗어나 다음과 같은 주제에 초점을 맞출 것이다.

- 중급 한정자
- 메서드 오버로딩

- out 및 ref 매개변수의 사용

- 인터페이스의 활용

- 추상 클래스와 오버라이딩

- 확장 클래스의 기능

- 네임스페이스의 충돌

- 타입 별칭type aliasing

그럼 시작해보자!

⁝⁝ 액세스 한정자

플레이어 체력과 수집된 아이템과 같이, 이제는 public과 private 액세스 한정자를 필드 선언과 연결하는 데 익숙해졌을 것이다. 그러나 아직까지 다루지 않은 한정자 키워드들이 남아 있다. 이번 장에서 이 모두를 자세히 설명할 수는 없지만, C# 언어에 대한 이해를 높이면서 프로그래밍 스킬을 향상시킬 수 있는 다섯 가지 사항을 살펴볼 것이다.

이 절에서는 다음 목록 중 처음 세 가지 한정자를 다루고, 나머지 2개는 '중급 OOP' 절에서 다룬다.

- const

- readonly

- static

- abstract

- override

사용 가능한 한정자의 전체 목록은 마이크로소프트 런(https://learn.microsoft.com/ko-kr/dotnet/csharp/language-reference/keywords)에서 확인할 수 있다.

앞의 목록에서 소개한 처음 3개의 액세스 한정자부터 시작해보자.

const와 readonly 키워드

일정하고 변하지 않는 값을 저장하는 변수를 만들어야 할 때가 있다. 이때 변수의 액세스 한정자 뒤에 const 키워드를 추가하면 되지만, 이는 기본 C# 타입에서만 가능하다. 따라서 const 값의 적합한 예는 GameBehavior 클래스의 MaxItems이다.

```
public const int MaxItems = 4;
```

위의 코드는 기본적으로 MaxItems의 값을 4로 고정시켰기 때문에 변경이 불가능하다. const 변수의 문제점은 변수를 선언할 때만 값을 할당할 수 있다는 것이다. 즉, 초기값 없이 MaxItems만 선언할 수 없다. 그 대신에 readonly를 사용할 수 있지만, 필드에 쓰기 가 안 되므로 변경은 불가능하다.

```
public readonly int MaxItems;
```

readonly[1] 키워드를 사용해 변수를 선언하면 const처럼 수정 불가능한 값을 제공하면서, 후에 초기값을 할당할 수 있다.

static 키워드 사용

오브젝트 또는 인스턴스가 클래스 청사진에서 생성되는 방법뿐만 아니라, 모든 프로퍼

---

1 readonly는 필드 선언 시나 생성자에서만 초기값을 할당할 수 있다. – 옮긴이

티와 메서드가 첫 번째 Character 클래스 인스턴스에서와 같이 해당 인스턴스에 속한다는 것도 이미 살펴봤다. 이러한 내용이 객체지향 기능에 유용할 수 있지만, 모든 클래스를 인스턴스화하거나 모든 속성이 특정 인스턴스에 속해야 할 필요는 없다. 그러나 정적 클래스는 sealed이므로, 클래스 상속에 사용할 수 없다.

모든 메서드가 특정 오브젝트에 종속되는 것은 아니다. 따라서 특정 유틸리티 클래스 인스턴스를 인스턴스화하는 데 신경 쓰지 않아도 되는 상황에 유틸리티 메서드를 사용하면 좋다. 다음 과제는 새 스크립트에 위와 같은 유틸리티 메서드를 생성하는 것이다.

게임 플레이의 영향을 받지 않는 원시 연산이나 반복되는 로직을 처리하는 메서드를 보유할 새 클래스를 만들어보자.

1. Scripts 폴더에 새로운 C# 스크립트를 만들고 이름을 Utilities로 지정한다.

2. Utilities를 열고, 다음 코드를 추가한다.

```csharp
using System.Collections;
using System.Collections.Generic;
using UnityEngine;

// 1
using UnityEngine.SceneManagement;

// 2
public static class Utilities
{
  // 3
  public static int PlayerDeaths = 0;

  // 4
  public static void RestartLevel()
  {
    SceneManager.LoadScene(0);
    Time.timeScale = 1.0f;
  }
}
```

3. GameBehavior에서 RestartScene() 내부의 코드를 삭제하고, 그 대신에 다음 코드로 새로운 유틸리티 메서드를 호출한다.

```
// 5
public void RestartScene()
{
    Utilities.RestartLevel();
}
```

사용된 코드를 분석해보자.

1. 우선, LoadScene() 메서드에 액세스할 수 있도록 SceneManagement using 지시문을 추가한다.

2. 게임 씬에 Utilities가 있을 필요가 없으므로, Utilities는 MonoBehavior에서 상속되지 않는 public 정적 클래스로 선언한다.

3. 플레이어가 죽고 게임을 재시작한 횟수를 저장할 수 있도록 public 정적 필드를 생성한다.

4. 현재 GameBehavior에 하드코딩된 레벨 재시작 로직을 유지하도록 public 정적 메서드를 선언한다.

5. 마지막으로, 승/패 버튼을 눌렀을 때 정적 유틸리티 클래스에서 RestartLevel()을 호출하도록 GameBehavior를 업데이트한다. 정적 메서드이므로 호출 시 Utilities 클래스의 인스턴스가 필요 없다는 점에 유의해야 하며, 그냥 점 표기법만 사용하면 된다.

GameBehavior에서 재시작 로직을 추출해 정적 클래스에 넣었으므로 이제는 코드 전체에서 재사용이 용이하다. 또한 클래스를 정적으로 지정하면, 해당 클래스 멤버를 사용하기 전에 Utilities 클래스의 인스턴스를 만들거나 관리할 필요가 없다.

비정적 클래스는 정적 및 비정적 프로퍼티와 메서드를 다 가질 수 있다. 그러나 전체 클래스가 정적으로 지정되면 모든 프로퍼티와 메서드도 정적이어야 한다.

지금까지 변수와 타입을 재차 살펴보면서 좀 더 크고 복잡한 프로젝트를 관리할 때 자체적인 유틸리티 및 도구 세트를 구축하는 것이 가능해졌다. 이번에는 메서드 오버로딩과 ref 및 out 매개변수를 포함하는 메서드와 중급 기능을 살펴볼 차례다.

메서드 다시 살펴보기

3장, '변수, 타입 및 메서드 살펴보기'에서 메서드 사용법을 배운 이후로 메서드는 코드에서 매우 큰 비중을 차지했다. 그러나 아직 다루지 않은 두 가지 중급 기능이 있다. 바로 메서드 오버로딩과 ref 및 out 매개변수 키워드다.

메서드 오버로딩

메서드 오버로딩^{method overloading}이란 이름은 같지만 시그니처가 다른 메서드를 여러 개 만드는 것을 말한다. 메서드의 시그니처는 이름과 매개변수로 구성되며, C# 컴파일러가 메서드를 인식하는 방식이다. 다음 메서드를 예로 들어보자.

```
public bool AttackEnemy(int damage) { }
```

AttackEnemy의 메서드 시그니처는 다음과 같이 작성된다.

```
AttackEnemy(int)
```

이제 AttackEnemy()의 시그니처를 알았으니 이름은 그대로 유지하면서 매개변수의 개수나 매개변수 타입 자체를 변경해 오버로딩을 할 수 있다. 이렇게 하면 주어진 작업에서

2개 이상의 옵션이 필요할 때 유연성이 향상된다.

Utilities 클래스의 RestartLevel() 메서드는 메서드 오버로딩의 유용성이 돋보이는 좋은 예다. 지금 RestartLevel()은 현재 레벨에서만 재시작하지만, 여러 씬을 포함하도록 게임을 확장하면 어떻게 될까? 매개변수를 허용하도록 RestartLevel()을 리팩터링할 수 있지만, 코드가 불어나거나 혼란스러워질 수 있다.

RestartLevel() 메서드는 새로운 지식을 테스트하기 좋은 선택지다. 다음 과제에서는 다른 매개변수를 받도록 메서드를 오버로딩할 것이다.

RestartLevel()의 오버로드된 버전을 추가하자.

1. Utilities를 열고, 다음 코드를 추가한다.

```
public static class Utilities
{
  public static int PlayerDeaths = 0;

  public static void RestartLevel()
  {
    SceneManager.LoadScene(0);
    Time.timeScale = 1.0f;
  }

  // 1
  public static bool RestartLevel(int sceneIndex)
  {
    // 2
    SceneManager.LoadScene(sceneIndex);
    Time.timeScale = 1.0f;

    // 3
    return true;
  }
}
```

2. GameBehavior를 열고 Utilities.RestartLevel() 메서드의 호출을 다음과 같이 업데이트한다.

```
// 4
public void RestartScene()
{
  Utilities.RestartLevel(0);
}
```

사용된 코드를 분석해보자.

1. 우선, int 매개변수를 받아 bool을 반환하는 RestartLevel() 메서드의 오버로드된 버전을 선언한다.

2. LoadScene()을 호출하고, 수동으로 해당 값을 하드코딩하는 대신 sceneIndex 매개변수를 전달한다.

3. 새로운 씬이 로드되고 timeScale 프로퍼티가 재설정된 후 true를 반환한다.

4. 마지막으로, 오버로드된 RestartLevel() 메서드를 호출하고 sceneIndex에 0을 전달하도록 GameBehavior를 업데이트한다. 오버로드된 메서드는 비주얼 스튜디오에서 자동으로 감지되고, 다음과 같이 숫자로 표시된다.

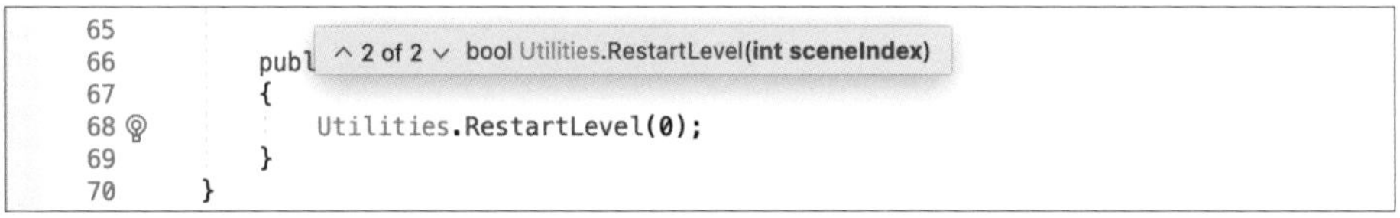

그림 10.1 비주얼 스튜디오의 다중 메서드 오버로드

이제 RestartLevel() 메서드가 좀 더 사용자 친화적인 기능을 갖추면서, 나중에 필요할 수 있는 추가적인 상황에서도 대처할 수 있게 됐다. 여기서는 선택한 씬에서 게임을 재시작할 수 있다.

NOTE

메서드 오버로딩이 정적 메서드에 한정되는 것은 아니며, 단지 예일 뿐이다. 시그니처가 원본과 다르다면 모든 메서드는 오버로드될 수 있다.

다음으로는 메서드를 더 향상시킬 수 있는 ref와 out 매개변수를 추가로 다룰 것이다.

ref 매개변수

5장, '클래스, 구조체 및 OOP 작업'에서 클래스와 구조체를 다뤘을 때는 모든 오브젝트가 같은 방식으로 전달되지 않는다는 것을 알았다. 값 타입은 복사로 전달되고, 참조 타입은 참조로 전달된다. 하지만 오브젝트나 값이 매개변수 인수로 메서드에 전달될 때 어떻게 사용되는지는 다루지 않았다.

기본적으로, 모든 인수는 값으로 전달된다. 즉, 메서드에 전달된 변수는 메서드 본문에서 값이 변경되더라도 영향을 받지 않는다. 따라서 기존 변수를 메서드 매개변수로 사용할 때 원치 않는 변경이 발생되지 않도록 보호한다. 대부분의 상황에서는 이 방법이 효과가 있다. 하지만 참조로 메서드 인수를 전달해 업데이트하고 변경 사항을 원래 변수에 반영해야 하는 경우도 있다. 이때는 매개변수의 데이터 타입 앞에 ref나 out 키워드를 추가하면 인수가 참조로 지정된다.

다음은 ref 키워드를 사용할 때 기억해야 할 주요 사항이다.

- 인수는 메서드에 전달하기 전에 초기화해야 한다.

- 메서드를 종료하기 전에 참조 매개변수 값을 초기화하거나 할당할 필요가 없다.

- get이나 set 접근자가 있는 프로퍼티는 ref나 out 인수로 사용될 수 없다.

몇 가지 로직을 추가해 플레이어의 게임 재시작 횟수를 추적해보자.

PlayerDeaths를 업데이트하는 메서드를 만들어 실제 참조로 전달되는 메서드 인수를 확인해보자.

Utilities를 열고 다음 코드를 추가한다.

```
public static class Utilities
{
  public static int PlayerDeaths = 0;
```

```
// 1
public static string UpdateDeathCount(ref int countReference)
{
  // 2
  countReference += 1;
  return "Next time you'll be at number " + countReference;
}

public static void RestartLevel()
{
  // 변경 사항 없음
}

public static bool RestartLevel(int sceneIndex)
{
  // 3
  Debug.Log("Player deaths: " + PlayerDeaths);
  string message = UpdateDeathCount(ref PlayerDeaths);
  Debug.Log("Player deaths: " + PlayerDeaths);
  Debug.Log(message);

  SceneManager.LoadScene(sceneIndex);
  Time.timeScale = 1.0f;

  return true;
}
}
```

사용된 코드를 분석해보자.

1. 먼저, string을 반환하고 참조로 전달된 int를 받는 새로운 정적 메서드를 선언한다.

2. 그다음에는 참조 매개변수를 직접 업데이트해 값을 1씩 증가시키고, 새로운 값이 포함된 문자열을 반환한다.

3. 마지막으로, RestartLevel(int sceneIndex)에서 UpdateDeathCount()에 참조로 전달되기 전/후의 PlayerDeaths 필드를 디버깅한다. 또한 UpdateDeathCount()에서 반환된 문자열 값의 참조를 message 변수에 저장하고 출력한다.

게임을 플레이하다가 졌다면, `PlayerDeaths`가 값이 아닌 참조로 전달됐기 때문에
`UpdateDeathCount()` 내부에서 1이 증가된 것을 디버그 로그에서 확인할 수 있다.

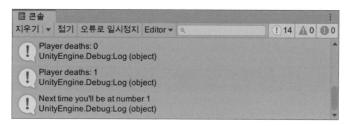

그림 10.2 ref 매개변수가 출력된 예

명확성을 위해서는 ref 매개변수 없이 플레이어의 사망 횟수를 업데이트해야 한다.
`UpdateDeathCount()`와 `PlayerDeaths`가 동일한 스크립트에 있기 때문이다. 하지만 이런
경우가 아니고 동일한 기능을 원한다면 ref 매개변수가 꽤 유용할 것이다.

NOTE

예제를 다루면서 ref 키워드를 사용하고는 있지만, UpdateDeathCount() 안에서 PlayerDeaths를 직접
업데이트하거나 RestartLevel() 내부에 로직을 추가해 패배로 인한 재시작일 때만 UpdateDeathCount()
를 실행할 수도 있다.

이제 프로젝트에서 ref 매개변수의 사용 방법을 알았으므로, 다음으로는 out 매개변수
를 살펴보면서 어떤 차이가 있는지 알아보자.

out 매개변수

out 키워드는 ref처럼 동일한 작업을 수행하지만 다른 규칙이 적용된다. 즉, 이 둘은 유
사한 도구이긴 하지만 서로 대체가 불가능하므로 각각 고유하게 사용된다.

- 인수는 메서드에 전달되기 전에 초기화할 필요가 없다.

- 참조된 매개변수 값은 반환되기 전에 호출된 메서드에서 초기화되거나 할당돼야
  한다.

예를 들어, 메서드에서 반환하기 전에 countReference 매개변수를 초기화하거나 할당하면 UpdateDeathCount()에서 ref를 out으로 변경할 수 있다.

```
public static string UpdateDeathCount(out int countReference)
{
  countReference += 1;
  return "Next time you'll be at number " + countReference;
}
```

out 키워드를 사용하는 메서드는 단일 메서드에서 여러 값을 반환해야 하는 상황일 때 더 적합한 반면, ref 키워드는 참조 값만 수정해야 할 때 가장 적합하다. 또한 out 키워드가 ref 키워드보다 더 유연하다. 메서드에서 사용하기 전에 초기 매개변수 값을 설정할 필요가 없기 때문이다. 만약 매개변수 값을 변경하기 전에 초기화해야 한다면 out 키워드가 특히 유용하다. 이러한 키워드가 다소 어렵게 느껴질 수 있지만, 특별한 상황에서 필요할 수 있으니 C# 툴킷에 포함하는 것이 좋다.

지금까지 살펴본 이러한 새로운 메서드 기능을 사용해 객체지향 프로그래밍^{OOP, Object-Oriented Programming}이라는 큰 주제를 다시 다뤄볼 것이다. OOP를 한두 장^{chapter}의 분량만으로 모두 다루기는 불가능하지만, 개발 경력 초기에 도움이 될 만한 몇 가지 핵심 도구가 있다. OOP는 이 책을 마친 후에도 계속 공부해야 하는 주제 중 하나이기도 하다.

⁑ 중급 OOP

객체지향 사고방식은 의미 있는 애플리케이션을 만들고 C# 언어가 씬 이면에서 작동하는 방식을 이해하는 데 중요한 역할을 한다. OOP와 객체 디자인에서 어려운 점은 클래스와 구조체 자체가 끝이 아니라는 것이다. 클래스와 구조체는 항상 코드의 구성 요소가 되지만, 클래스는 단일 상속으로 제한된다. 즉, 클래스는 하나의 부모 또는 상위 클래스만 가질 수 있고, 구조체는 전혀 상속할 수 없다. 그럼 이쯤에서 간단히 자문해볼 수 있다. '어떻게 하면 동일한 템플릿에서 객체를 만들고 특정 시나리오에 따라 다른 작업을 할 수 있을까?'

이 질문에 답하려면 인터페이스, 추상 클래스, 클래스 확장을 익혀야 한다.

인터페이스

기능 그룹을 한데 모으는 방법 중 하나는 인터페이스를 사용하는 것이다. 인터페이스도 클래스와 마찬가지로 데이터와 동작을 위한 청사진이지만, 인터페이스는 실제 구현 로직이나 저장된 값을 가질 수 없다는 점에서 중요한 차이가 있다. 그 대신에 블루프린트 인터페이스blueprint interface[2]가 포함돼 있고, 클래스나 구조체의 채택에 따라 인터페이스에 기술된 값과 메서드를 채운다. 클래스와 구조체 모두에서 인터페이스를 사용할 수 있으며, 단일 클래스나 구조체가 채택할 수 있는 인터페이스 수에는 상한선이 없다.

여기서 단일 클래스는 하나의 부모 클래스만 가질 수 있고 구조체는 하위 클래스를 전혀 가질 수 없다는 점을 기억해야 한다. 기능을 인터페이스로 나누면 레고 블록과 같은 클래스를 만들고, 메뉴에서 음식을 고르듯 원하는 동작도 선택할 수 있다. 이러한 방법은 길고 복잡한 서브클래싱 계층 구조에서 벗어나 코드의 효율성을 향상시킬 것이다.

예를 들어, 적이 가까이 있을 때 플레이어를 역습하려면 어떻게 해야 할까? 동일한 청사진을 기반으로, 플레이어와 적 모두 파생될 수 있도록 부모 클래스를 생성할 수 있다. 그러나 이 방식의 문제점은 적과 플레이어가 반드시 동일한 행동과 데이터를 공유하지 않는다는 것이다.

이 단점을 좀 더 효율적으로 처리하려면, 사격 가능한 오브젝트가 작업할 청사진으로 인터페이스를 정의한 후 적과 플레이어가 모두 그 인터페이스를 채택하도록 한다. 이렇게 하면 공통 기능은 계속 공유하되, 자유롭게 분리되거나 다른 동작을 나타낼 수 있다.

슈팅 메카닉을 인터페이스로 리팩터링하는 게 쉽지는 않지만, 코드에서 인터페이스를 만들고 채택하는 방법을 알아야 한다. 이 예제에서는 공통 구조를 공유하도록 모든 매니저 스크립트가 구현해야 하는 인터페이스를 만들 것이다.

---

2   블루프린트 인터페이스는 이름만 있고 구현 로직은 없는 하나 이상의 메서드로 된 집합을 의미한다. - 옮긴이

Scripts 폴더에 새로운 C# 스크립트를 만들어 이름을 IManager로 지정하고, 다음과 같이
코드를 업데이트한다.

```csharp
using System.Collections;
using System.Collections.Generic;
using UnityEngine;

// 1
public interface IManager
{
  // 2
  string State { get; set; }

  // 3
  void Initialize();
}
```

사용된 코드를 분석해보자.

1. 우선, interface 키워드를 사용해 IManager라는 public 인터페이스를 선언한다.

2. 그다음에는 채택하는 클래스의 현재 상태를 저장하도록 IManager에 get과 set 접
   근자가 있는 State라는 string 프로퍼티를 추가한다.

NOTE

모든 인터페이스 프로퍼티는 최소 get 접근자가 있어야 컴파일이 가능하며, 필요하다면 get과 set 접근
자를 모두 사용할 수 있다.

3. 마지막으로, 채택하는 클래스에서 구현할 반환 타입이 없는 Initialize()라는 이
   름의 메서드를 정의한다. 하지만 별도의 원칙이 없으므로 인터페이스 내에서도 메
   서드의 반환 타입을 당연히 가질 수 있다.

이제 모든 매니저 스크립트의 청사진을 만들었으므로, 이 인터페이스를 채택하는 각 매
니저 스크립트는 State 프로퍼티와 Initialize 메서드가 있어야 한다. 다음 과제에서는

다른 클래스에서 채택할 수 있도록 IManager 인터페이스를 사용할 것이다.

간단하게 하려면, 게임 매니저가 새로운 인터페이스를 채택해 청사진을 구현한다.

다음 코드로 GameBehavior를 업데이트한다.

```csharp
// 1
public class GameBehavior : MonoBehaviour, IManager
{
  // 2
  private string _state;

  // 3
  public string State
  {
    get { return _state; }
    set { _state = value; }
  }

  // 다른 변경 사항 없음

  // 4
  void Start()
  {
    Initialize();
  }

  // 5
  public void Initialize()
  {
    _state = "Game Manager initialized..";
    Debug.Log(_state);
  }
}
```

사용된 코드를 분석해보자.

1. 우선, 서브클래싱과 마찬가지로 쉼표와 이름을 사용해 GameBehavior가 IManager
   인터페이스를 채택하도록 선언한다.

2. 그런 다음, IManager에서 구현해야 하는 public State 값을 지원하는 데 사용할 private 필드를 추가한다.

3. IManager에서 선언된 public State 프로퍼티를 추가하고 _state를 백킹 필드로 사용한다.

4. Start() 메서드 내부에서 Initialize() 메서드를 호출한다.

5. 마지막으로, IManager에서 선언된 Initialize() 메서드가 _state 필드를 설정하고 출력하도록 구현한다.

위와 같은 방법으로, GameBehavior가 IManager 인터페이스를 채택하고 State와 Initialize() 멤버를 구현하도록 지정했다.

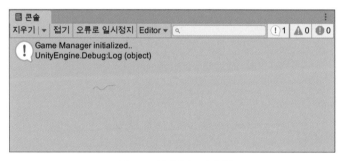

그림 10.3 인터페이스의 출력

가장 눈여겨볼 부분은 GameBehavior에서만 구현이 이뤄진다는 점이다. 다른 매니저 클래스가 있다면, 같은 작업을 할 수는 있지만 다른 로직을 사용해야 한다. 시험 삼아 새로운 매니저 스크립트를 설정해 테스트해보자.

1. **프로젝트**의 Scripts 폴더에서 마우스 오른쪽 버튼을 클릭하고 **생성 〉 C# 스크립트**를 선택한 후, 이름을 DataManager로 지정한다.

2. 다음 코드로 새로운 스크립트를 업데이트하고 IManager 인터페이스를 채택한다.

```
using System.Collections;
using System.Collections.Generic;
using UnityEngine;

public class DataManager : MonoBehaviour, IManager
{
  private string _state;
  public string State
  {
    get { return _state; }
    set { _state = value; }
  }

  void Start()
  {
    ItemText.text += _itemsCollected;
    HealthText.text += _playerHP;

    Initialize();
  }

  public void Initialize()
  {
    _state = "Data Manager initialized..";
    Debug.Log(_state);
  }
}
```

3. 새로운 스크립트를 **계층 구조** 패널의 Game_Manager 오브젝트로 드래그 앤 드롭한다.

그림 10.4 게임 오브젝트에 연결된 DataManager 스크립트

4. 재생 버튼을 클릭한다.

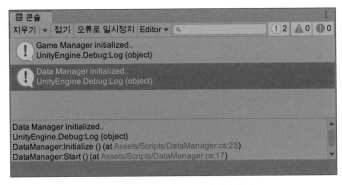

그림 10.5 데이터 매니저 초기화의 출력

서브클래싱으로 이 모든 작업이 가능했지만, 모든 매니저가 하나의 부모 클래스로 제한
됐다. 그 대신에 새로운 인터페이스를 추가할 수 있는 옵션이 있다. 12장, '데이터의 저
장, 로드 및 직렬화'에서 이 새로운 매니저 스크립트를 다시 다룰 것이다. 서브클래싱은
클래스를 만들 수 있는 모든 가능성을 열어주는데, 그중 하나가 새로운 OOP 개념인 추
상 클래스다.

추상 클래스

추상 클래스는 공통의 청사진을 분리해 객체 간에 공유하는 또 다른 접근 방식이다. 인 터페이스처럼 추상 클래스도 해당 메서드의 구현 로직을 포함할 수는 없지만 필드 값은 저장할 수 있다. 이것이 바로 인터페이스와의 주요 차이점 중 하나이며, 초기값을 설정 해야 하는 상황에서는 추상 클래스가 적합하다.

추상 클래스의 하위 클래스는 abstract 키워드로 표시된 모든 필드와 메서드를 완벽히 구현해야 한다. 특히 기본 클래스^{base class}의 기본 구현^{default implementation}을 작성하지 않고 클래스 상속을 사용할 때 유용하다.

예를 들어, 방금 작성한 IManager 인터페이스 기능을 추상 기본 클래스로 변경해보자. 하던 작업은 계속 유지해야 하므로 프로젝트의 실제 코드는 변경하지 말자.

```
// 1
public abstract class BaseManager
{
  // 2
  protected string _state = "Manager is not initialized...";
  public abstract string State { get; set; }

  // 3
  public abstract void Initialize();
}
```

사용된 코드를 분석해보자.

1. 먼저, abstract 키워드를 사용해 BaseManager라는 새로운 클래스를 선언한다.

2. 그다음에는 필드와 프로퍼티를 생성한다.

   - BaseManager에서 상속된 클래스에서만 액세스가 가능한 protected string 타 입의 _state 필드이며, 인터페이스에서 할 수 없었던 초기값을 설정했다.

   - 또한 하위 클래스에서 구현될 get과 set 접근자가 있는 abstract string 타 입의 State 프로퍼티다.

3. 마지막으로, 하위 클래스에서 구현될 추상 메서드로 Initialize()를 추가한다.

이러한 방법으로 인터페이스와 같은 일을 하는 추상 클래스를 만들었다. 이 설정에서 BaseManager는 IManager와 동일한 청사진을 갖고, 모든 하위 클래스에서 override 키워드를 사용해 State와 Initialize()의 구현을 정의할 수 있다.

```
// 1
public class CombatManager : BaseManager
{
  // 2
  public override string State
  {
    get { return _state; }
    set { _state = value; }
  }

  // 3
  public override void Initialize()
  {
    _state = "Combat Manager initialized..";
    Debug.Log(_state);
  }
}
```

사용된 코드를 분석하면 다음과 같은 사실을 알 수 있다.

1. 우선, BaseManager 추상 클래스에서 상속되는 CombatManager라는 새로운 클래스를 선언한다.

2. 그다음에는 override 키워드를 사용해 BaseManager의 State 프로퍼티를 구현한다.

3. 마지막으로, override 키워드를 다시 사용해 BaseManager의 Initialize() 메서드를 구현하고 protected _state 필드를 설정한다.

지금까지 배운 인터페이스와 추상 클래스의 내용은 빙산의 일각에 불과하지만, 프로그래밍 사고를 확장하는 데 중요한 전환점이 될 것이다. 인터페이스로 관련 없는 객체 간에 일부 기능을 나누고 공유하면, 레고 블록처럼 코드를 조립할 수 있다.

반면에 추상 클래스는 청사진에서 클래스 구현을 분리하면서 OOP의 단일 상속 구조를 유지할 수 있다. 추상 클래스도 비추상 클래스와 마찬가지로 인터페이스를 채택할 수 있으므로 이러한 접근 방식은 혼합될 수도 있다.

NOTE

다른 복잡한 주제를 다뤘을 때와 마찬가지로 문서를 찾아보면 도움이 될 것이다. 마이크로소프트 런 (https://learn.microsoft.com/ko-kr/dotnet/csharp/language-reference/keywords/abstract와 https://learn.microsoft.com/ko-kr/dotnet/csharp/language-reference/keywords/interface)에서 관련 내용을 확인해보자.

항상 처음부터 새로운 클래스를 만들 필요는 없다. 때로는 기존 클래스에 원하는 기능이나 로직을 추가하기만 해도 충분하며, 이 방법을 클래스 확장이라 한다.

클래스 확장

사용자 정의 객체에서 벗어나 기존 클래스를 필요에 맞게 확장하는 방법을 다뤄보자. 클래스 확장의 개념은 단순하다. 기존의 기본 C# 클래스를 선택하고 필요한 기능을 추가하면 된다. C#이 만든 기본 코드에는 액세스할 수 없으므로, 이 방법만이 언어가 이미 갖고 있는 객체에서 사용자 정의 동작을 실행하는 유일한 방법이다.

클래스는 메서드로만 수정할 수 있으며, 변수나 다른 엔티티는 허용되지 않는다. 하지만 이러한 제한을 두면 구문을 일관되게 만들 수 있다.

```
public static returnType MethodName(this ExtendingClass localVal) { }
```

확장 메서드^{extension method}는 일반 메서드와 동일한 구문을 사용해 선언하지만, 몇 가지 주의할 사항이 있다.

* 모든 확장 메서드는 정적으로 표시해야 한다.

- 첫 번째 매개변수는 this 키워드를 사용해야 하며, 그 뒤에는 확장하려는 클래스의 타입과 매개변수 이름이 따라온다.
  - 이 특별한 매개변수를 사용하면 컴파일러가 메서드를 확장으로 인식하고, 기존 클래스에 지역 참조를 제공한다.
  - 이렇게 하면, 지역 변수로 모든 클래스 메서드와 프로퍼티에 액세스할 수 있다.
- 일반적으로 정적 클래스 안에 확장 메서드가 저장되고, 클래스는 결국 네임스페이스 안에 저장된다. 이러한 과정 때문에 사용자 정의 기능에 액세스하는 다른 스크립트를 제어할 수 있다.

다음 과제에서는 기본으로 제공되는 C# String 클래스에 새로운 메서드를 추가해 클래스 확장을 실행해본다.

String 클래스에 사용자 정의 메서드를 추가해 실제로 확장을 살펴보자. Scripts 폴더에 새로운 C# 스크립트를 만들어 이름을 CustomExtensions로 지정하고, 다음 코드를 추가하자.

```csharp
using System.Collections;
using System.Collections.Generic;
using UnityEngine;

// 1
namespace CustomExtensions
{
  // 2
  public static class StringExtensions
  {
    // 3
    public static void FancyDebug(this string str)
    {
      // 4
      Debug.LogFormat("This string contains {0} characters.", str.Length);
    }
  }
}
```

사용된 코드를 분석해보자.

1. 먼저 모든 확장 클래스와 메서드를 보유할 CustomExtensions라는 네임스페이스를
   선언한다.

2. 그다음에는 StringExtensions라는 정적 클래스를 선언한다. 각 클래스 확장 그룹
   은 이 설정을 따라야 한다.

3. StringExtensions 클래스에 FancyDebug라는 정적 메서드를 추가한다.

   - 첫 번째 매개변수인 this string str은 메서드를 확장으로 표시한다.

   - str 매개변수는 FancyDebug()가 호출되는 실제 텍스트 값의 참조를 보유하
     며, 메서드 본문 안의 str을 모든 string 리터럴 대신 작업할 수 있다.

4. 마지막으로, FancyDebug가 실행될 때마다 메서드가 호출되는 string 변수를 참조
   할 수 있도록 str.Length를 사용해 디버그 메시지를 출력한다.

실제 이 방법으로 기존 C# 클래스나 사용자 정의 클래스에 사용자 정의 기능을 추가할
수 있다. 이제 확장이 String 클래스의 일부가 됐으므로, 한번 확인해보자. 새로운 사용
자 정의 string 메서드를 사용하려면, 이 메서드를 액세스하려는 클래스에 포함해야 한다.

GameBehavior를 열고, 다음 코드로 클래스를 업데이트한다.

```
using System.Collections;
using System.Collections.Generic;
using UnityEngine;

// 1
using CustomExtensions;

public class GameBehavior : MonoBehaviour, IManager
{
    // 변경 사항 없음

    private string _state;
    public string State
```

```
    {
        get { return _state; }
        set { _state = value; }
    }

    void Start()
    {
        // 변경 사항 없음
    }

    public void Initialize()
    {
        _state = "Game Manager initialized..";

        // 2
        _state.FancyDebug();

        Debug.Log(_state);
    }
}
```

사용된 코드를 분석해보자.

1. 먼저, 파일 상단에 using 지시문을 사용해 CustomExtensions 네임스페이스를 추가
   한다.

2. Initialize() 내부에서 점 표기법을 사용해 string 타입의 _state 필드에서 Fancy
   Debug를 호출하면, 해당 값이 지닌 개별 문자 수가 출력된다.

FancyDebug()로 전체 string 클래스를 확장하면 모든 string 변수가 이 클래스에 액세스
할 수 있다. 첫 번째 확장 메서드 매개변수에서 FancyDebug()가 호출되는 string 값을 참
조하므로, 다음과 같이 문자열의 길이가 정확히 출력된다.

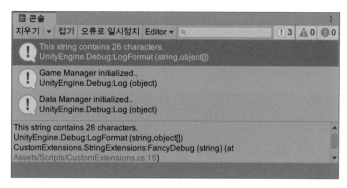

그림 10.6 사용자 정의 확장의 출력 예

이 장의 마지막 주제로 이 책의 앞부분에서 간략히 다뤘던 네임스페이스를 살펴본다. 다음 절에서는 C#에서 네임스페이스가 갖는 주요 역할과 타입 별칭을 생성하는 방법을 다룰 것이다.

네임스페이스 충돌과 타입 별칭

애플리케이션이 점차 복잡해지고 있으므로, 코드를 네임스페이스로 분할하고 액세스 위치와 시간을 제어할 것이다. 또한 타사 소프트웨어 도구와 플러그인도 사용할 것이다. 이미 제공하는 기능을 사용하면 새로 구현하는 것보다 시간을 절약할 수 있기 때문이다. 이 두 주제는 모두 프로그래밍 지식을 한층 향상시키지만, 네임스페이스 충돌이 발생할 수도 있다.

예상 외로 빈번히 일어나는 네임스페이스 충돌은 이름이 같은 클래스나 타입이 2개 이상 있을 때 발생한다.

이름 지정을 잘 연습해온 프로그래머일수록 일관성을 유지하고자 비슷한 이름을 사용하는데, 오히려 이러한 습관 때문에 의도치 않게 비주얼 스튜디오에서 오류가 발생하고 다수의 Error나 Exception 클래스를 처리하게 된다. 그러나 다행히 C#에는 이러한 문제를 간단하게 해결할 수 있는 타입 별칭이 있다.

타입 별칭을 정의하면, 주어진 클래스에서 사용할 충돌 타입을 명시적으로 선택하거나 기존의 긴 이름 대신 좀 더 사용자 친화적인 이름을 만들 수 있다. 타입 별칭은 클래스 파일 상단에 using 지시문을 추가하고, 그 뒤에 별칭 이름과 할당된 타입을 기재한다.

```
using AliasName = type;
```

예를 들어, 기존의 Int64 타입을 참조하는 타입 별칭은 다음과 같이 만들 수 있다.

```
using CustomInt = System.Int64;
```

이제 CustomInt는 System.Int64 타입의 타입 별칭이므로, 컴파일러는 CustomInt를 Int64로 처리해 다른 타입처럼 사용할 수 있다.

```
public CustomInt PlayerHealth = 100;
```

다른 using 지시문을 사용해 스크립트 파일의 상단에 선언돼 있는 한, 사용자 정의 타입이나 동일한 구문을 지닌 기존 타입에 타입 별칭을 사용할 수 있다.

> NOTE
>
> using 키워드와 타입 별칭에 관한 좀 더 자세한 내용은 마이크로소프트 런(https://learn.microsoft.com/ko-kr/dotnet/csharp/language-reference/keywords/using-directive)에서 C# 문서를 확인하자.

⠿ 요약

지금까지 새로운 한정자, 메서드 오버로딩, 클래스 확장, 객체지향 기술을 살펴봤다. 이제 C# 여정의 마지막 단계만을 남겨둔 상황이다. 앞으로는 이 중급 주제를 다루며 그동안 익힌 지식을 바탕으로 더 복잡한 응용 과제에 도전하게 될 것이다. 단, 이 장에서 배운 내용은 첫 단추에 불과하므로 꾸준히 관련 지식을 업그레이드해야 한다.

다음 장에서는 스택, 큐, 해시셋을 심도 있게 살펴보는 시간을 가질 것이다.

⠿ 내용 점검: 레벨 업

1. 변수를 수정 불가로 표시하면서 초기값이 필요한 키워드는 무엇인가?

2. 기본 메서드의 오버로드된 버전을 어떻게 만드는가?

3. 클래스와 인터페이스의 주요 차이점은 무엇인가?

4. 클래스 중 하나에서 네임스페이스 충돌을 해결하는 방법은 무엇인가?

11

스택, 큐, 해시셋

10장에서는 변수, 타입, 클래스를 다시 다루면서 이 책의 초반부에 소개된 기본 기능 외에 추가로 제공되는 기능을 살펴봤다. 이번 장에서는 새로운 컬렉션 타입을 자세히 살펴보고 중급 수준의 기능을 익힐 것이다. 좋은 프로그래머라면, 코드를 암기하는 능력이 아니라 올바른 작업에 적합한 도구를 선택하는 능력을 갖춰야 한다.

이 장에서 소개될 각각의 타입은 저마다 특정한 목적을 갖고 있다. 데이터 컬렉션이 필요한 대부분의 시나리오에서는 리스트나 배열이 적합하다. 하지만 임시 저장이 필요하거나 컬렉션 요소의 액세스 순서를 제어할 때는 스택Stack과 큐Queue를 생각하자. 또한 컬렉션의 모든 요소가 중복 없이 고유하도록 작업을 수행하려면 해시셋HashSet을 사용한다.

다음 절에서 코드를 작성하기 전에 학습할 주제부터 확인해보자.

- 스택
- 요소의 피크peek와 팝pop

- 큐로 작업

- 요소의 추가, 삭제, 피크

- 해시셋 사용

- 연산 수행

⠏ 스택

기본적으로 스택은 동일한 타입의 요소 컬렉션이다. 스택의 길이는 가변적인데, 스택이 보유한 요소의 수에 따라 변경될 수 있기 때문이다. 스택이 리스트나 배열과 크게 다른 점은 요소를 저장하는 방식에 있다. 리스트나 배열은 인덱스별로 요소를 저장하는 반면, 스택은 후입선출LIFO, Last-In-First-Out 방식을 취하므로 스택의 마지막 요소가 가장 먼저 액세스된다. 이 방식은 역순으로 요소에 액세스할 때 유용하다. 또한 스택은 null과 중복 값을 저장할 수도 있다. 예들 들어, 접시 더미를 쌓아놨다고 생각해보자. 마지막에 올려놓은 접시를 가장 먼저 쉽게 꺼낼 수 있으며, 접시를 꺼내고 나면 다음으로 쌓아놨던 접시에 액세스할 수 있다.

NOTE

이 장에서 모든 컬렉션 타입은 System.Collections.Generic 네임스페이스의 일부다. 따라서 사용할 파일의 상단에 다음 코드를 추가해야 한다.

```
using System.Collections.Generic;
```

이제 작업할 내용을 파악했으므로, 스택 선언에 필요한 기본 문법을 살펴보자.

스택 변수 선언을 하려면 다음 요건을 충족해야 한다.

- Stack 키워드, 좌우 화살표<, > 문자 사이의 요소 타입, 고유한 이름

- 메모리에서 스택을 초기화하는 new 키워드, 그 뒤에 Stack 키워드와 화살표 문자 사이의 요소 타입

- 세미콜론(;)으로 끝나는 소괄호 한 쌍

스택의 문법은 다음과 같다.

```
Stack<elementType> name = new Stack<elementType>();
```

그동안 작업한 다른 컬렉션과 달리, 스택은 만들 때 요소로 초기화할 수 없다. 대신 스택이 생성된 후에 모든 요소를 추가해야 한다.

> **NOTE**
>
> C#은 스택의 요소 타입을 정의할 필요가 없는 비제네릭(non-generic) 버전의 스택 타입을 지원한다.
>
> ```
> Stack myStack = new Stack();
> ```
>
> 하지만 이 방법은 앞서 언급한 제네릭 버전을 사용하는 것보다 안전성이 떨어지고 비용이 증가하므로, 제네릭 버전을 사용하는 게 좋다. 깃허브(https://github.com/dotnet/platform-compat/blob/master/docs/DE0006.md)에서 마이크로소프트의 권장 사항을 확인하자.[1]

이번에는 자신만의 스택을 만들어 해당 클래스의 메서드로 작업을 해볼 것이다. 하지만 그 전에 아이템 구조체를 만들어 좀 더 흥미롭게 작업해보자.

1. Scripts 폴더에서 마우스 오른쪽 버튼을 클릭하고 **생성 › C# 스크립트**를 선택한 후, 이름을 Loot로 지정한다.

2. 다음 코드와 일치하도록 Loot.cs를 업데이트한다.

```
using System.Collections;
using System.Collections.Generic;
using UnityEngine;

// 1
public struct Loot
```

---

1 Stack(T)와 같은 제네릭 클래스는 System.Collections.Generic 네임스페이스를 선언하는 반면, Stack과 같은 비제네릭 클래스는 System.Collections 네임스페이스를 선언한다. – 옮긴이

```
{
  // 2
  public string name;
  public int rarity;

  // 3
  public Loot(string name, int rarity)
  {
    this.name = name;
    this.rarity = rarity;
  }
}
```

Loot 구조체를 분석해보면 다음과 같다.

1. public 구조체를 선언한다.

2. public string 타입의 name 필드와 public int 타입의 rarity 필드를 추가한다.

3. string과 int 타입의 매개변수를 받아 구조체 필드에 값을 할당하는 생성자를 추가한다.

이 테스트를 하려면, 수집 가능한 아이템을 저장하는 스택을 사용해 Hero Born의 기존 아이템 컬렉션 로직을 수정한다. 여기서 아이템 수집 시 인덱스를 사용할 필요가 없으므로 스택이 적합하며, 매번 마지막에 추가한 아이템을 가져올 수 있다.

1. GameBehavior.cs를 열고, LootStack이라는 새로운 스택 필드를 추가한다.

```
// 1
public Stack<Loot> LootStack = new Stack<Loot>();
```

2. 다음 코드로 Initialize 메서드를 업데이트해 스택에 새로운 아이템을 추가한다.

```
public void Initialize()
{
  _state = "Game Manager initialized..";
  _state.FancyDebug();
```

```
Debug.Log(_state);

// 2
LootStack.Push(new Loot("Sword of Doom", 5));
LootStack.Push(new Loot("HP Boost", 1));
LootStack.Push(new Loot("Golden Key", 3));
LootStack.Push(new Loot("Pair of Winged Boots", 2));
LootStack.Push(new Loot("Mythril Bracer", 4));
}
```

3. 스크립트 하단에 새로운 메서드를 추가해 스택 정보를 출력한다.

```
// 3
public void PrintLootReport()
{
    Debug.LogFormat("There are {0} random loot items waiting for you!",
        LootStack.Count);
}
```

4. ItemBehavior.cs를 열고 GameManager 인스턴스에서 PrintLootReport를 호출한다.

```
void OnCollisionEnter(Collision collision)
{
    if (collision.gameObject.name == "Player")
    {
        Destroy(this.transform.gameObject);
        Debug.Log("Item collected!");

        GameManager.Items += 1;

        // 4
        GameManager.PrintLootReport();
    }
}
```

사용된 코드를 분석해보자.

1. 수집 아이템을 저장할 Loot 타입의 요소가 있는 빈 스택을 생성한다.

2. Push 메서드를 사용해 (name과 rarity로 초기화된) Loot 객체를 스택에 추가하고, 객체가 추가될 때마다 스택의 크기가 증가한다.

3. PrintLootReport 메서드가 호출될 때마다 스택 수를 출력한다.

4. 플레이어가 아이템을 수집할 때마다 OnCollisionEnter 내부에서 PrintLootReport를 호출한다. 아이템 수집 작업은 7장에서 Collider 컴포넌트를 사용해 설정했었다.

유니티에서 재생 버튼을 누르고, 체력 아이템을 수집한 후 출력된 수집 기록을 살펴보자.

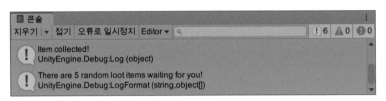

그림 11.1 스택을 사용한 출력

이제 게임에서 수집한 아이템을 보관하는 스택이 있으므로, Stack 클래스의 Pop과 Peek 메서드를 사용해 아이템에 액세스하는 방법을 실습해보자.

Pop과 Peek

앞서, LIFO 방식을 사용해 스택이 요소를 저장하는 방법을 다룬 바 있다. 이번에는 피크와 팝을 사용해 익숙하지만 색다른 컬렉션 타입에서 요소가 액세스되는 방법을 살펴본다.

- Peek 메서드는 스택에서 마지막 아이템을 제거하지 않고 반환하기 때문에 아무런 변경 없이 확인할 수 있다.

- Pop 메서드는 스택에서 마지막 아이템을 반환하고 제거한다. 즉, 꺼내서 전달하는 것을 기본으로 한다.

이 두 가지 메서드는 필요에 따라 단독으로 사용되거나 함께 사용될 수 있다. 다음 절에서 이 두 메서드를 직접 다뤄볼 것이다.

다음 과제에서는 LootStack에 추가된 마지막 아이템을 가져올 것이다. 이 예제에서는 마지막 요소가 Initialize 메서드에서 프로그래밍 방식으로 결정됐지만, Initialize에서 수집 아이템이 스택에 추가되는 순서를 항상 랜덤하게 정할 수 있다. 어느 방법을 선택하든, GameBehavior의 PrintLootReport()를 다음 코드로 업데이트하자.

```
public void PrintLootReport()
{
  // 1
  var currentItem = LootStack.Pop();

  // 2
  var nextItem = LootStack.Peek();

  // 3
  Debug.LogFormat("You got a {0}! You've got a good chance of finding a {1}
    next!", currentItem.name, nextItem.name);

  Debug.LogFormat("There are {0} random loot items waiting for you!",
    LootStack.Count);
}
```

사용된 코드를 분석해보자.

1. LootStack에서 Pop을 호출해 스택에서 마지막 아이템을 제거하고 currentItem에 저장한다. 스택 요소는 LIFO 방식을 기준으로 정렬된다는 점에 유의하자.

2. LootStack에서 Peek를 호출해 스택에서 마지막 아이템을 제거하지 않고 nextItem에 저장한다.

3. 새로운 디버그 로그를 추가해 스택에서 꺼낸 아이템과 다음 아이템을 출력한다.

스택에 마지막으로 추가된 아이템인 Mythril Bracer가 먼저 나오고, 그다음으로 보기만 하고 제거하지 않은 Pair of Winged Boots가 있는 것을 콘솔에서 확인할 수 있다.

또한 LootStack에는 액세스할 수 있는 4개의 요소가 남았음을 알 수 있다.

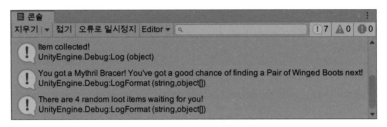

그림 11.2 스택에서 팝과 피크의 출력

이제 플레이어는 스택에 추가된 역순으로 수집 아이템을 꺼낼 수 있다. 예를 들어 첫 번째 아이템은 항상 Mythril Bracer, 그다음으로 Pair of Winged Boots, 이어서 Golden Key 등을 꺼낼 것이다.

스택에서 요소를 생성, 추가, 검색하는 방법을 알았으므로, Stack 클래스로 액세스할 수 있는 공용 메서드를 몇 가지 다룰 것이다.

공용 메서드

이 절의 각 메서드는 예시용일 뿐, 기능이 필요하지 않으므로 게임에는 포함하지 않는다.

우선, Clear 메서드를 사용해 스택의 전체 내용을 비우거나 삭제할 수 있다.

```
// 스택을 비우고 개수를 0으로 되돌린다
LootStack.Clear();
```

스택에 요소가 있는지 확인하려면, Contains 메서드를 사용해 찾고자 하는 요소를 지정한다.

```
// "Golden Key" 아이템이 있으면 true를 반환한다
var itemFound = LootStack.Contains("Golden Key");
```

스택에 있는 요소를 배열에 복사할 때, CopyTo 메서드를 사용하면 복사할 대상과 시작

인덱스를 지정할 수 있다. 이 기능은 배열의 특정 위치에 스택 요소를 삽입할 때 유용하다. 단, 스택 요소를 복사할 배열이 먼저 존재해야 한다.

```
// LootStack과 동일한 길이의 새 배열을 만든다
string[] CopiedLoot = new string[5];

/*
   LootStack의 요소를 새로운 CopiedLoot 배열의 인덱스 0에서부터 복사한다. 인덱스 매개변수는
   복사된 요소가 저장될 위치를 인덱로 지정할 수 있다
*/
LootStack.CopyTo(CopiedLoot, 0);
```

스택을 배열로 변환하려면, ToArray() 메서드를 사용하면 된다. 이 변환은 스택에서 새로운 배열을 만들며, 스택의 요소를 기존 배열로 복사하는 CopyTo() 메서드와는 다르다.

```
// 기존 스택을 새로운 배열에 복사한다
LootStack.ToArray();
```

NOTE

마이크로소프트 런(https://learn.microsoft.com/ko-kr/dotnet/api/system.collections.generic.stack-1?view=netcore-3.1)의 C# 설명서에서 스택 메서드의 전체 목록을 확인할 수 있다.

이쯤에서 스택 소개를 마치고, 다음 절에서는 스택과 밀접한 관련이 있는 큐를 다룬다.

큐로 작업

스택과 마찬가지로, 큐도 동일한 타입의 요소 또는 객체의 컬렉션이다. 큐의 길이 역시 스택처럼 가변적이다. 즉, 요소가 추가되거나 제거되면 큐의 크기가 변한다. 그렇지만, 큐는 선입선출$^{FIFO, First-In-First-Out}$ 방식을 따르므로 큐의 첫 번째 요소가 가장 먼저 액세스된다. 여기서 주의할 점은 큐가 null과 중복 값을 저장할 수는 있지만, 큐가 생성될 때 요소로 초기화할 수 없다는 것이다. 이 절의 코드는 예시용일 뿐, 여기서 만드는 게임에

는 포함되지 않는다.

큐 변수 선언에는 다음과 같은 사항이 필요하다.

- Queue 키워드, 좌우 화살표(<, >) 문자 사이의 요소 타입, 고유한 이름

- 메모리에서 큐를 초기화하는 new 키워드, 그 뒤에 Queue 키워드와 화살표 문자 사이의 요소 타입

- 세미콜론(;)으로 끝나는 소괄호 한 쌍

큐의 문법은 다음과 같다.

```
Queue<elementType> name = new Queue<elementType>();
```

NOTE

C#은 큐의 요소 타입을 정의할 필요가 없는 비제네릭 버전의 큐 타입을 지원한다.

```
Queue myQueue = new Queue();
```

하지만 이 방법은 앞서 언급한 제네릭 버전을 사용하는 것보다 안전성이 떨어지고 비용이 증가한다. 깃허브(https://github.com/dotnet/platform-compat/blob/master/docs/DE0006.md)에서 마이크로소프트의 권장 사항을 확인하자.[2]

빈 큐 자체는 쓸모가 없으나, 필요할 때마다 요소를 추가, 제거, 피크를 하면 큐를 유용하게 사용할 수 있다. 다음 절에서 이 부분을 다뤄보자.

추가, 제거 및 피크

이전 절의 LootStack 필드는 쉽게 큐가 될 수 있으므로, 다음 코드는 게임 스크립트에서

---

2 Queue<T>와 같은 제네릭 클래스는 System.Collections.Generic 네임스페이스를 선언하는 반면, Queue와 같은 비제네릭 클래스는 System.Collections 네임스페이스를 선언한다. – 옮긴이

제외할 것이다. 단, 직접 작성한 코드에서 이러한 클래스의 차이점과 유사점을 언제든 탐구해보길 바란다.

다음 코드를 사용해 string 요소의 큐를 생성하자.

```
// string 타입의 새로운 Queue를 생성한다
Queue<string> activePlayers = new Queue<string>();
```

큐에 요소를 추가하려면, Enqueue 메서드를 호출하면서 추가할 요소를 전달한다.

```
// Queue 끝에 문자열 값을 추가한다
activePlayers.Enqueue("Harrison");
activePlayers.Enqueue("Alex");
activePlayers.Enqueue("Haley");
```

큐에서 첫 번째 요소를 제거하지 않고 확인하려면, Peek 메서드를 사용한다.

```
// 큐에서 첫 번째 요소를 제거하지 않고 반환한다.
var firstPlayer = activePlayers.Peek();
```

큐에서 첫 번째 요소를 반환하고 제거하려면, Dequeue 메서드를 사용한다.

```
// 큐에서 첫 번째 요소를 반환하고 제거한다
var firstPlayer = activePlayers.Dequeue();
```

이제 큐의 기본 기능을 어떻게 사용하는지 알았으므로, Queue 클래스에서 제공하는 중급 및 고급 메서드를 자유롭게 탐색해보자.

공용 메서드

큐와 스택은 거의 똑같은 기능을 공유하기 때문에 재차 다루지는 않을 것이다. 메서드와 프로퍼티의 전체 목록은 마이크로소프트 런(https://learn.microsoft.com/ko-kr/dotnet/api/system.

collections.generic.queue-1?view=netcore-3.1)에 있는 C# 설명서에서 확인할 수 있다.

이 장을 마치기 전에 HashSet 컬렉션 타입과 그에 딱 맞는 수학적 연산을 살펴보자.

⫶ 해시셋 사용

이 장에서 살펴볼 마지막 컬렉션 타입은 HashSet이다. 이 컬렉션은 그동안 다뤘던 컬렉션 타입과는 매우 다르다. HashSet은 중복된 값을 저장할 수 없으며 정렬도 되지 않는다. 즉, 어떤 방식으로든 요소를 정렬하는 것이 불가능하다. HashSet을 키-값 쌍이 아닌, 키만 있는 딕셔너리로 생각하자.

해시셋은 이 절의 마지막에서 다룰 집합 연산과 요소 검색 작업을 빠르게 수행할 수 있다. 또한 요소 순서와 고유성을 우선시하는 상황에 매우 적합하다.

HashSet 변수 선언에는 다음과 같은 사항이 필요하다.

- HashSet 키워드, 좌우 화살표(‹, ›) 문자 사이의 요소 타입, 고유한 이름

- 메모리에서 해시셋을 초기화하는 new 키워드, 그 뒤에 HashSet 키워드와 화살표 문자 사이의 요소 타입

- 세미콜론(;)으로 끝나는 소괄호 한 쌍

해시셋의 문법은 다음과 같다.

```
HashSet<elementType> name = new HashSet<elementType>();
```

스택이나 큐와는 달리, 변수를 선언할 때 기본값으로 HashSet을 초기화할 수 있다.

```
HashSet<string> people = new HashSet<string>();

// 또는

HashSet<string> people = new HashSet<string>() { "Joe", "Joan", "Hank" };
```

요소를 추가하려면, Add 메서드를 사용하고 새 요소를 지정한다.

```
people.Add("Walter");
people.Add("Evelyn");
```

요소를 제거하려면, Remove를 호출하고 HashSet에서 삭제할 요소를 지정한다.

```
people.Remove("Joe");
```

이러한 메서드는 좀 더 쉽고 편한 프로그래밍 작업을 하는 데 도움이 된다. 다음 절에서는 집합 연산에서 HashSet 컬렉션의 유용성을 다룰 것이다.

연산 수행

집합 연산을 하려면, 호출하는 컬렉션 객체와 전달되는 컬렉션 객체가 있어야 한다.

호출하는 컬렉션 객체는 사용되는 연산에 따라 수정할 HashSet이며, 전달되는 컬렉션 객체는 집합 연산을 비교할 때 사용된다. 다음 코드에서 좀 더 자세히 다루겠지만, 우선 프로그래밍 시나리오에서 가장 자주 발생하는 세 가지 주요 집합 연산을 살펴본다.

다음 정의에서 currentSet은 Operation 메서드를 호출하는 HashSet이며, specifiedSet은 전달된 HashSet 메서드 매개변수다. 또한 수정된 HashSet은 항상 currentSet이다.

```
currentSet.Operation(specifiedSet);
```

이제, 이 절의 마지막에서는 다음 세 가지 주요 연산을 다룰 것이다.

- UnionWith는 현재 집합과 지정된 집합의 요소를 함께 추가한다. (합집합)
- IntersectWith는 현재 집합과 지정된 집합에 모두 있는 요소만 저장한다. (교집합)
- ExceptWith는 현재 집합에서 지정된 집합의 요소를 뺀다. (차집합)

2개의 플레이어 이름 집합으로 activePlayers와 inactivePlayers가 있다고 가정한다.

```
HashSet<string> activePlayers = new HashSet<string>() { "Harrison", "Alex",
"Haley" };

HashSet<string> inactivePlayers = new HashSet<string>() { "Kelsey", "Basel" };
```

UnionWith() 연산을 사용해 두 집합의 모든 요소를 포함하도록 집합을 수정한다.

```
activePlayers.UnionWith(inactivePlayers);

/* activePlayers는 이제 "Harrison", "Alex", "Haley", "Kelsey", "Basel"을 저장한다
*/
```

이제 activePlayers와 premiumPlayers라는 두 가지 집합이 있다고 가정한다.

```
HashSet<string> activePlayers = new HashSet<string>() { "Harrison", "Alex",
"Haley" };

HashSet<string> premiumPlayers = new HashSet<string>() { "Haley", "Basel" };
```

IntersectWith() 연산을 사용해 프리미엄 멤버premium member이기도 한 활성 플레이어를 찾는다.

```
activePlayers.IntersectWith(premiumPlayers);

/* activePlayers는 이제 "Haley"만 저장한다 */
```

프리미엄 멤버가 아닌 활성 플레이어를 모두 찾고 싶다면 어떻게 해야 할까? ExceptWith

를 호출해 IntersectWith()와 반대되는 연산을 해야 한다.

```
HashSet<string> activePlayers = new HashSet<string>() { "Harrison", "Alex",
"Haley" };

HashSet<string> premiumPlayers = new HashSet<string>() { "Haley", "Basel" };

activePlayers.ExceptWith(premiumPlayers);
// activePlayers는 이제 "Haley"를 제거하고 "Harrison"과 "Alex"를 저장한다
```

NOTE

> 각 연산이 실행된 후에는 현재 집합이 수정되므로 각 연산에서는 두 예제 집합의 새로운 인스턴스를 사용했다. 따라서 계속 동일한 집합을 사용하면 다른 결과를 얻게 된다.

HashSet을 사용해 수학 연산을 빠르게 수행하는 방법을 배웠다. 그럼 지금까지 배운 내용을 정리하면서 이 장을 마무리할 것이다.

중급 컬렉션 정리

'요약' 절을 거쳐 다음 장으로 넘어가기에 앞서, 좀 전에 학습했던 부분에서 몇 가지 핵심 사항을 꼽아 살펴본다. 실제 만들고 있는 게임 프로토타입과 매칭되지 않는 주제를 다룰 때도 관심을 기울여보자.

이쯤에서 당연히 다음과 같은 의문이 들 것이다. '어떠한 상황이든 리스트를 사용할 수 있는데, 왜 이러한 다른 컬렉션 타입을 사용하는 것일까?' 간단하게 답하자면, 스택, 큐, 해시셋이 올바른 상황에 사용되면 리스트보다 더 나은 성능을 제공하기 때문이다. 예를 들어, 특정한 순서로 항목을 저장하고 액세스할 때는 스택이 리스트보다 더 효율적일 수 있다.

좀 더 어려운 대답이지만, 다른 컬렉션 타입을 사용하면 코드가 컬렉션 타입 및 해당 요소와 상호작용할 수 있는 방법이 적용된다. 이는 잘 디자인된 코드의 특징으로, 컬렉션

을 사용하는 방법의 모호성을 없앤다. 어디서나 리스트만 사용한다면, 무슨 기능을 수행하는지 기억나지 않을 때 혼란스러울 수 있다.

이 책에서 배운 다른 내용들과 마찬가지로, 현재 작업에 적합한 도구를 사용하는 게 가장 좋다. 또한 사용 가능한 도구로 다양한 옵션을 마련해두는 것이 더욱 중요하다.

⋙ 요약

이제 마무리 단계만 남았다. 이번 장에서는 세 가지 새로운 컬렉션 타입을 소개하고 그 타입들을 다양한 상황에서 어떻게 사용하는지 알아봤다.

컬렉션 요소에 추가된 순서의 역순으로 액세스하려면 스택이 적합하고, 요소에 순차적으로 액세스하려면 큐가 적합하다. 또한 둘 다 임시 저장에 유용하다. 이러한 컬렉션 타입과 리스트나 배열의 중요한 차이점은 Pop이나 Peek와 같은 메서드를 사용해 액세스할 수 있는 것이다. 끝으로, 다양한 쓰임새를 갖고 있는 해시셋과 성능 기반의 수학적 집합 연산을 다뤘다. 고유한 값으로 작업을 하면서 대규모 컬렉션에서 추가, 비교 또는 뺄셈을 수행할 때 이 해시셋과 집합 연산이 중요한 역할을 한다.

어느덧 이 책의 후반부로 접어들었다. 다음 장에서는 데이터를 저장, 로드, 직렬화하는 방법을 다룬다. 설령 이 장에서 다룬 모든 것을 익혔더라도 다음 여정을 향한 첫 단추에 불과할 것이다.

⋙ 내용 점검: 중급 컬렉션

1. LIFO 방식을 사용해 요소를 저장하는 컬렉션 타입은 무엇인가?

2. 스택에서 마지막 요소를 제거하지 않고 검색할 수 있는 메서드는 무엇인가?

3. 스택과 큐가 null 값을 저장할 수 있는가?

4. 하나의 해시셋을 다른 해시셋에서 어떻게 빼는가?

12

데이터의 저장, 로드 및 직렬화

그동안 플레이했던 모든 게임은 플레이어 스탯, 게임 진행 상태, 온라인 멀티플레이어 점수 등 데이터와 함께 작동한다. 게임은 내부 데이터도 관리하기 때문에 프로그래머가 하드코딩된 정보를 사용해 레벨을 만들고, 적의 스탯을 기록하며, 유용한 유틸리티를 작성한다. 즉, 데이터는 모든 곳에 사용된다.

이 장에서는 C#과 유니티가 컴퓨터의 파일 시스템을 처리하는 방법을 시작으로 게임 데이터를 읽고, 쓰고, 직렬화하는 방법을 살펴본다. 또한 가장 일반적인 데이터 포맷인 텍스트 파일, XML, JSON을 중점적으로 다룰 것이다.

이 장을 끝마치고 나면, 컴퓨터 파일 시스템, 데이터 포맷, 기본적인 읽기-쓰기 기능을 이해하게 된다. 또한 이를 바탕으로 게임 데이터를 구축하면 플레이어에게 좀 더 수준 높고 매력적인 경험을 제공할 수 있고, 저장이 필요한 중요한 게임 데이터가 무엇인지, C# 클래스와 객체가 다른 데이터 포맷에서 어떻게 보일지를 알 수 있는 좋은 기회가 될 것이다.

이번 장에서는 다음과 같은 주제를 다룬다.

- 텍스트, XML, JSON 포맷 소개

- 파일 시스템의 이해

- 다양한 스트림 타입으로 작업

- 게임 데이터 읽기 및 쓰기

- 객체 직렬화

데이터 포맷 소개

데이터는 프로그래밍에서 다양한 형식을 취할 수 있지만, 초반에 익혀둬야 할 세 가지 포맷은 다음과 같다.

- 텍스트

- 프로그래머와 컴퓨터가 읽을 수 있도록 문서 정보를 인코딩하는 방법인 XML^{Extensible Markup Language}

- 속성-값 쌍[1]과 배열로 구성된 사람이 읽을 수 있는 텍스트 형식인 JSON^{JavaScript Object Notation}

이러한 데이터 포맷은 프로그램에서 다양하게 사용될 뿐만 아니라 각각 고유한 장단점을 갖고 있다. 예를 들어, 텍스트는 일반적으로 단순하거나 비계층 구조적이거나 중첩된 정보를 저장하는 데 사용된다. XML은 문서 포맷으로 정보를 저장할 때 더 좋은 반면, JSON은 특히 데이터베이스 정보와 애플리케이션의 서버 통신 같은 좀 더 다양한 기능을 제공한다.

---

1 속성-값 쌍 대신 키-값 쌍이라고도 한다. – 옮긴이

모든 프로그래밍 언어에서 데이터는 큰 주제에 해당하므로, 다음의 두 절에서는 XML과
JSON 포맷이 실제로 어떻게 보이는지부터 살펴본다.

XML 분석

일반적인 XML 파일에는 표준화된 포맷이 있다. XML 문서의 각 요소는 여는 태그
[2]`<element_name>`와 닫는 태그`</element_name>`가 있고, 태그 속성`<element_name attribute= "attribute_name"></element_name>`을 지원한다. 기본 파일은 사용 중인 버전과 인코딩으로 시작한 후 시작 또는 루트 요소가 오고, 그다음에 요소 아이템의 목록, 마지막에는 닫는 요소가 온다.
기본 구조는 다음과 같다.

```
<?xml version="1.0" encoding="utf-8"?>
<root_element>
  <element_item>[Information goes here]</element_item>
  <element_item>[Information goes here]</element_item>
  <element_item>[Information goes here]</element_item>
</root_element>
```

또한 XML 데이터는 자식 요소를 사용해 더 복잡한 객체를 저장할 수 있다. 예를 들어,
책의 앞부분에 작성한 Weapon 클래스를 사용해 무기 리스트를 XML로 바꿀 수 있다. 각
무기에는 이름과 데미지 값의 필드가 있으므로 다음과 같이 표시할 수 있다.

```
// 1
<?xml version="1.0"?>
// 2
<ArrayOfWeapon>
```

---

2   여는 태그를 '시작 태그', 닫는 태그를 '종료 태그'라고도 한다. – 옮긴이

```
 // 3
 <Weapon>
   // 4
   <name>Sword of Doom</name>
   <damage>100</damage>
   // 5
 </Weapon>
 <Weapon>
   <name>Butterfly knives</name>
   <damage>25</damage>
 </Weapon>
 <Weapon>
   <name>Brass Knuckles</name>
   <damage>15</damage>
 </Weapon>
 // 6
</ArrayOfWeapon>
```

위의 XML을 분석해보자.

1. XML 문서는 사용 중인 버전으로 시작한다.

2. 루트 요소는 모든 요소 항목을 포함하는 `ArrayOfWeapon`이라는 여는 태그로 선언된다.

3. `Weapon`이라는 여는 태그로 무기 아이템을 생성한다.

4. 자식 속성은 `name`과 `damage`를 한 줄에 여는 태그와 닫는 태그로 추가한다.

5. 무기 아이템이 닫히고, 2개의 무기 아이템이 더 추가된다.

6. `ArrayOfWeapon`이 닫히고, 문서의 끝을 표시한다.

다행히도 애플리케이션은 이 포맷으로 데이터를 직접 작성할 필요가 없다. C#에는 간단한 텍스트와 클래스 객체를 XML로 직접 변환하는 데 도움이 되는 클래스와 메서드 라이브러리가 있다.

나중에 실제 예제 코드를 다뤄볼 것이다. 그러나 우선 JSON의 작동 방식부터 이해해야 한다.

JSON 분석

JSON의 데이터 포맷은 태그가 없다는 부분을 제외하면 XML과 유사하다. 그 대신에 4장, '제어 흐름과 컬렉션 타입'에서 작업한 Dictionary 컬렉션 타입과 같이 속성-값 쌍을 기반으로 한다. 각 JSON 문서는 필요한 만큼의 속성-값 쌍을 지닌 부모 딕셔너리로 시작한다. 딕셔너리는 열린 중괄호와 닫힌 중괄호( )를 사용하고, 콜론으로 각 속성과 값을 구분하며, 각 속성-값 쌍은 콤마로 구분한다.

```
// 전체 파일의 부모 딕셔너리
{
  // 데이터를 저장하는 속성-값 쌍의 목록
  "attribute_name": "value",
  "attribute_name": "value"
}
```

JSON은 속성-값 쌍의 값을 속성-값 쌍의 배열로 설정해 자식 또는 중첩 구조를 가질 수도 있다. 예를 들어, 무기를 저장하려면 다음과 같이 표시한다.

```
// 부모 딕셔너리
{
  // 값이 자식 딕셔너리로 설정된 무기 속성
  "weapon": {
    // 속성-값 쌍의 weapon 데이터
    "name": "Sword of Doom",
    "damage": 100
  }
}
```

마지막으로, JSON 데이터는 흔히 리스트, 배열 또는 객체로 구성된다. 다시 예를 들면, 플레이어가 선택할 수 있는 모든 무기의 목록을 저장하려면 대괄호 쌍을 사용해 배열을 표시한다.

```
// 부모 딕셔너리
{
  // 무기 객체의 배열로 설정된 무기 속성의 목록
```

```
  "weapons": [
    // 자체 딕셔너리로 저장된 각각의 무기 객체
    {
      "name": "Sword of Doom",
      "damage": 100
    },
    {
      "name": "Butterfly knives",
      "damage": 25
    },
    {
      "name": "Brass Knuckles",
      "damage": 15
    }
  ]
}
```

필요한 모든 복잡한 데이터를 저장하고 싶다면 이러한 테크닉을 다양하게 짜맞춰볼 수 있다. 이것이 바로 JSON의 주요 강점 중 하나다. 단, XML과 마찬가지로 새로운 구문을 걱정할 필요는 없다. C#과 유니티에는 큰 어려움 없이 텍스트와 클래스 객체를 JSON으로 변환할 수 있는 도우미 클래스와 메서드가 있다. XML과 JSON을 읽는 것은 새로운 언어를 배우는 것과 유사하다. 따라서 사용하면 사용할수록 자연스럽고 익숙해질 것이다.

지금까지 데이터 포맷의 기본을 살펴봤으므로, 컴퓨터에서 파일 시스템이 작동하는 방식과 C# 코드에서 액세스할 수 있는 필드 및 메서드를 알아보자.

⁞⁞⁞ 파일 시스템의 이해

파일 시스템이라고 하면, 컴퓨터에서 파일과 폴더가 생성, 구성, 저장되는 방식(이미 우리에게 익숙한 주제다)을 말한다. 컴퓨터에 새 폴더를 만들면 이름을 지정한 다음, 그 안에 파일이나 다른 폴더를 넣을 수 있다. 또한 시각적인 표식을 하려는 목적과 함께 원하는 위치로 드래그, 드롭, 이동할 수 있도록 아이콘으로 표시된다.

코드로 컴퓨터의 모든 작업을 할 수 있으며, 폴더나 디렉터리의 이름, 저장할 위치만 있으면 된다. 파일이나 하위 폴더를 추가할 때마다 상위 디렉터리를 참조하고 새로운 콘텐츠를 추가한다.

DataManager 클래스를 확장해 파일 시스템을 다뤄보자.

1. **계층 구조**에서 마우스 오른쪽 버튼을 클릭하고 **빈 프로젝트 생성**을 선택한 다음, 이름을 Data_Manager로 지정한다.

그림 12.1 계층 구조의 Data_Manager

2. **계층 구조**에서 Data_Manager 오브젝트를 선택하고, 10장, '타입, 메서드 및 클래스의 재고찰'에서 생성한 DataManager 스크립트를 Scripts 폴더에서 **인스펙터**로 드래그한다.

그림 12.2 인스펙터의 Data_Manager

3. DataManager 스크립트를 열고 다음 코드로 업데이트해 몇 가지 파일 시스템 필드
   와 메서드를 출력한다.

```
using System.Collections;
using System.Collections.Generic;
using UnityEngine;

// 1
using System.IO;

public class DataManager : MonoBehaviour, IManager
{
  // 필드 변경 사항 없음

  // Start is called before the first frame update
  void Start()
  {
    Initialize();
  }

  public void Initialize()
  {
    _state = "Data Manager initialized..";
    Debug.Log(_state);

    // 2
    FilesystemInfo();
  }

  public void FilesystemInfo()
  {
    // 3
    Debug.LogFormat("Path separator character: {0}",
      Path.PathSeparator);

    Debug.LogFormat("Directory separator character: {0}",
      Path.DirectorySeparatorChar);

    Debug.LogFormat("Current directory: {0}",
      Directory.GetCurrentDirectory());

    Debug.LogFormat("Temporary path: {0}",
```

```
        Path.GetTempPath());
    }
}
```

사용된 코드를 분석해보자.

1. 우선, 파일 시스템 작업에 필요한 모든 클래스와 메서드가 있는 `System.IO` 네임스페이스를 추가한다.

2. 다음 단계에서 만드는 `FilesystemInfo` 메서드를 호출한다.

3. `FilesystemInfo` 메서드를 생성해 몇 가지 파일 시스템 필드와 메서드를 출력한다. 모든 운영체제는 파일 시스템 경로를 다르게 처리한다. 경로는 문자열로 작성된 디렉터리나 파일의 위치이며, 맥에서는 다음과 같다.

   - 경로는 콜론(:)으로 구분된다.

   - 디렉터리는 슬래시(/)로 구분된다.[3]

   - 현재 디렉터리 경로는 Hero Born 프로젝트가 저장된 위치다.

   - 임시 경로는 파일 시스템의 임시 폴더 위치다.

다른 플랫폼이나 운영체제를 사용하고 있다면, 파일 시스템으로 작업하기 전에 `Path`와 `Directory` 메서드를 직접 확인해보자.

게임을 실행해 출력을 확인해보자.

---

3   윈도우에서 디렉터리는 역슬래시(\)로 구분된다. – 옮긴이

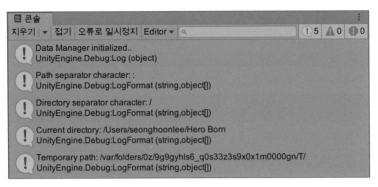

그림 12.3 DataManager의 콘솔 메시지

Path와 Directory 클래스는 다음 절에서 데이터를 저장하는 데 필요한 기반이 된다. 그러나 Path와 Directory 모두 방대한 클래스에 해당하므로, 데이터를 계속 다루면서 문서를 참고하길 바란다.

NOTE

> Path 클래스는 마이크로소프트 런의 문서(https://learn.microsoft.com/ko-kr/dotnet/api/system.io.
> path)에서, Directory 클래스는 또 다른 문서(https://learn.microsoft.com/ko-kr/dotnet/api/system.io
> .directory)에서 좀 더 자세한 내용을 살펴보자.

이제 DataManager 스크립트에 출력된 파일 시스템 필드와 메서드의 간단한 예가 있으므로, 데이터를 저장할 위치의 파일 시스템 경로를 만들 수 있다.

에셋 경로로 작업

순수 C# 애플리케이션에서는 파일을 저장할 폴더를 선택하고 문자열로 폴더의 경로를 적어야 한다. 그러나 유니티에서는 Application 클래스의 일부로 미리 설정된 편리한 경로를 제공해 퍼시스턴트persistent 게임 데이터를 저장할 수 있다. 퍼시스턴트 데이터는 프로그램이 실행될 때마다 정보가 저장되고 유지되므로 플레이어의 정보를 처리하는 데 적합하다.

여기서 중요한 점은 유니티에서 퍼시스턴트 데이터 디렉터리의 경로가 크로스 플랫폼(cross-platform)이라는 것이다. 따라서 게임을 빌드할 때 iOS, 안드로이드(Android), 윈도우 등 플랫폼별로 그 경로가 다르다. 좀 더 자세한 정보는 유니티 스크립팅 레퍼런스(https://docs.unity3d.com/ScriptReference/Application-persistentDataPath.html)에서 찾아볼 수 있다.

DataManager에 필요한 업데이트는 경로 문자열을 저장할 private 필드를 생성하는 것뿐이다. 예제에서도 다른 스크립트가 필드를 액세스하거나 값을 변경할 수 없도록 private으로 설정할 것이다. 이러한 방식으로, DataManager는 모든 데이터 관련 로직만 담당한다.

DataManager.cs에 다음 필드를 추가한다.

```csharp
public class DataManager : MonoBehaviour, IManager
{
  // 다른 필드 변경 사항 없음

  // 1
  private string _dataPath;

  // 2
  void Awake()
  {
    _dataPath = Application.persistentDataPath + "/Player_Data/";

    Debug.Log(_dataPath);
  }

  // 다른 변경 사항 없음
}
```

업데이트된 코드를 분석해보자.

1. 데이터 경로 문자열을 저장할 private 필드를 만든다.

2. 데이터 경로 문자열을 애플리케이션의 persistentDataPath 값으로 설정하고, 여는 슬래시("/")와 닫는 슬래시("/")를 사용해 Player_Data라는 새로운 폴더 이름을 추가

한다. 그다음에는 전체 경로를 출력한다.

- Application.persistentDataPath는 Awake(), Start(), Update() 등과 같이
  MonoBehaviour 클래스의 메서드에서만 사용할 수 있으며, 유니티가 유효한
  경로를 반환하려면 게임이 실행 중인 상태여야 한다.

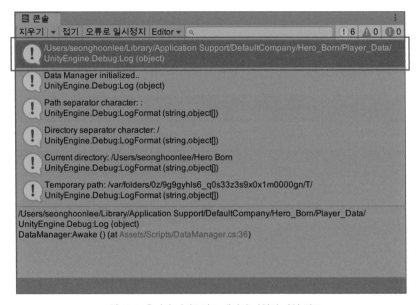

그림 12.4 유니티 퍼시스턴트 데이터 파일의 파일 경로

맥에서는 퍼시스턴트 데이터 폴더가 /Users 폴더 안에 중첩된다. 다른 디바이스를 사용하고 있다면 유니티 스크립팅 레퍼런스(https://docs.unity3d.com/ScriptReference/Application-persistentDataPath.html)에서 데이터가 저장된 위치를 확인하자.

유니티의 퍼시스턴트 데이터 디렉터리처럼 미리 정의된 에셋 경로로 작업을 하지 않을 때는 C#의 Path 클래스에 경로 변수를 자동으로 설정해주는 Combine이라는 메서드를 사용하면 간편하다. Combine() 메서드는 입력 매개변수로 문자열을 4개까지 사용하거나 경로 구성 요소를 나타내는 문자열의 배열을 사용할 수 있다. 예를 들면, User 디렉터리 경로가 다음과 같이 표시될 수 있다.

```
var path = Path.Combine("/Users", "hferrone", "Chapter_12");
```

이 방법을 사용하면, 경로와 디렉터리에서 문자와 슬래시/역슬래시를 구분하는 잠재적인 크로스 플랫폼 문제를 해결할 수 있다.

이제 데이터를 저장할 경로가 생겼으니 파일 시스템에 새로운 디렉터리나 폴더를 만들어보자. 이렇게 하면 데이터를 삭제하거나 덮어 쓰는 임시 저장소와는 달리, 게임이 실행되는 사이에도 데이터를 안전하게 저장할 수 있다.

디렉터리의 생성과 삭제

새로운 디렉터리 폴더를 만드는 것은 간단하다. 같은 경로에 동일한 이름의 폴더가 이미 있는지 확인하고, 없으면 C#에 폴더를 만들어달라고 한다. 각자 고유한 방법으로 파일과 폴더의 중복을 처리하므로, 이 장의 나머지 부분에서는 중복을 확인하는 코드를 반복적으로 많이 다룰 것이다.

실제 애플리케이션에서는 중복 배제^{DRY, Don't Repeat Yourself} 원칙을 따르는 것이 좋다. 이해하기 쉬운 예제를 만들어야 하므로 이 중복 확인 코드는 여기에서만 반복할 것이다.

1. DataManager에 다음 메서드를 추가한다.

```
public void NewDirectory()
{
  // 1
  if (Directory.Exists(_dataPath))
  {
    // 2
    Debug.Log("Directory already exists...");
    return;
  }

  // 3
  Directory.CreateDirectory(_dataPath);
  Debug.Log("New directory created!");
}
```

2. Initialize() 내부에서 새로운 메서드를 호출한다.

```
public void Initialize()
{
  _state = "Data Manager initialized..";
  Debug.Log(_state);

  NewDirectory();
}
```

사용된 코드를 분석해보자.

1. 마지막 단계에서 만들었던 경로를 사용해 디렉터리 폴더가 이미 있는지 확인한다.

2. 디렉터리 폴더가 있다면, 콘솔에 메시지를 출력하고 return 키워드를 사용해 더 이상 진행하지 않고 메서드를 종료한다.

3. 디렉터리 폴더가 없다면, CreateDirectory() 메서드에 데이터 경로를 전달하고 폴더가 생성됐다는 로그를 출력한다.

게임을 실행하고, 퍼시스턴트 데이터 폴더에 새로운 디렉터리 폴더뿐만 아니라 콘솔에 디버그 로그가 올바르게 표시되는지도 확인한다.

새로운 디렉터리 폴더를 찾을 수 없다면, 이전 단계에서 출력한 _dataPath 값을 사용하자.

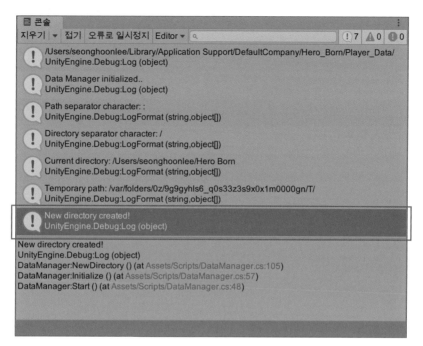

그림 12.5 새로운 디렉터리 생성을 알리는 콘솔 메시지

그림 12.6 데스크톱에 생성된 새 디렉터리

게임을 두 번째 실행하면 중복된 디렉터리 폴더가 생성되지 않으며, 이는 일종의 안전한 코드다.

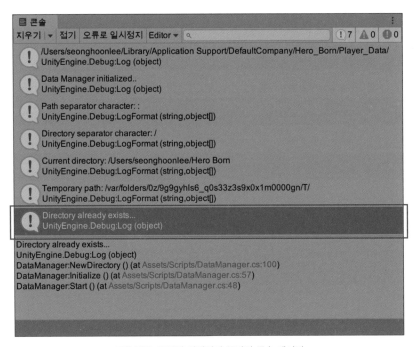

그림 12.7 중복된 디렉터리 폴더의 콘솔 메시지

디렉터리의 삭제는 디렉터리를 생성하는 방법과 유사하다. 디렉터리가 있는지 확인한 후, Directory 클래스를 사용해 전달된 경로에 있는 폴더를 삭제한다.

DataManager에 다음 메서드를 추가한다.

```csharp
public void DeleteDirectory()
{
  // 1
  if (!Directory.Exists(_dataPath))
  {
    // 2
    Debug.Log("Directory doesn't exist or has already been deleted...");
    return;
  }

  // 3
  Directory.Delete(_dataPath, true);
  Debug.Log("Directory successfully deleted!");
}
```

생성한 디렉터리를 유지해야 하므로, 당장은 이 메서드를 호출할 필요가 없다. 하지만 사용해보고 싶다면 Initialize() 메서드에서 NewDirectory()를 DeleteDirectory()로 교체하면 된다.

빈 디렉터리 폴더는 그다지 유용하지 않으므로, 텍스트 파일을 처음으로 만들어 새로운 위치에 저장해보자.

파일의 생성, 업데이트, 삭제

파일 작업은 디렉터리의 생성 및 삭제 작업과 비슷하므로, 필요한 기본 지식은 이미 갖춘 셈이다. 데이터가 중복되지 않도록 파일이 이미 있는지 확인한 후, 파일이 없다면 새로운 디렉터리 폴더에 새 파일을 생성한다.

> NOTE
>
> File 클래스에는 기능을 구현하는 데 도움이 되는 메서드가 많이 있다. 이 절에서는 File 클래스를 사용해 작업을 해볼 것이다. 전체 목록은 마이크로소프트 런(https://learn.microsoft.com/ko-kr/dotnet/api/system.io.file)에서 확인할 수 있다.

시작하기에 앞서 파일을 다룰 때 주의해야 할 점이 있다. 텍스트를 추가하기 전에 파일을 열어야 하고, 추가가 끝난 후에는 반드시 닫아야 한다는 것이다. 프로그래밍 방식으로 작업 중인 파일을 닫지 않으면, 프로그램 메모리에서 파일이 열린 상태로 유지된다. 이렇게 되면 필요하지 않은 메모리에 컴퓨팅 파워가 사용돼 잠재적으로 메모리 누수가 발생할 수 있다. 이 장의 뒷부분에서 더 자세히 설명할 것이다.

> NOTE
>
> 수행할 각각의 작업(생성, 업데이트, 삭제)에 개별 메서드를 작성할 것이다. 또한 각각의 경우마다 작업 중인 파일의 존재 여부를 반복적으로 확인할 것이다. 이 부분의 각 과정을 잘 이해할 수 있도록 이 책을 구성했지만, 기본 사항을 배운 후에는 좀 더 효율적으로 메서드를 결합할 수 있을 것이다.

다음과 같은 과정을 따라 진행해보자.

1. 새로운 텍스트 파일의 문자열 경로를 저장할 private 필드를 추가하고, Awake에서
   해당 값을 설정한다.

```
private string _dataPath;
private string _textFile;

void Awake()
{
  _dataPath = Application.persistentDataPath + "/Player_Data/";

  Debug.Log(_dataPath);

  _textFile = _dataPath + "Save_Data.txt";
}
```

2. DataManager에 새로운 메서드를 추가한다.

```
public void NewTextFile()
{
  // 1
  if (File.Exists(_textFile))
  {
    Debug.Log("File already exists...");
    return;
  }

  // 2
  File.WriteAllText(_textFile, "<SAVE DATA>\n");

  // 3
  Debug.Log("New file created!");
}
```

3. Initialize()에서 새 메서드를 호출한다.

```
public void Initialize()
{
  _state = "Data Manager initialized..";
  Debug.Log(_state);

  FilesystemInfo();
```

```
    NewDirectory();
    NewTextFile();
}
```

새 코드를 분석해보자.

1. 파일이 이미 있는지 확인한 후, 있으면 메서드를 종료해 중복 작업을 피한다.

    - 이 방식은 새 파일이 변경되지 않을 때 유용하다. 다음 예제에서는 파일 업데이트 및 덮어 쓰기를 다룰 것이다.

2. WriteAllText() 메서드를 사용해 아래의 모든 작업을 한 번에 수행한다.

    - _textFile 경로에 새로운 파일을 생성한다.

    - <SAVE DATA>라는 제목 문자열을 추가하고 \n 문자로 새 줄을 추가한다.

    - 그다음에는 파일이 자동으로 닫힌다.

3. 모든 것이 잘 진행됐다는 로그 메시지를 출력한다.

이제 게임을 플레이하면 콘솔에서 디버그 로그를 확인할 수 있고, 퍼시스턴트 데이터 폴더 위치에 새로운 텍스트 파일이 표시된다.

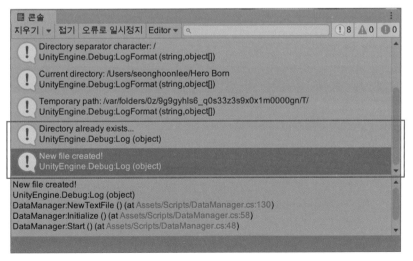

그림 12.8 콘솔에 표시된 새 파일 생성 메시지

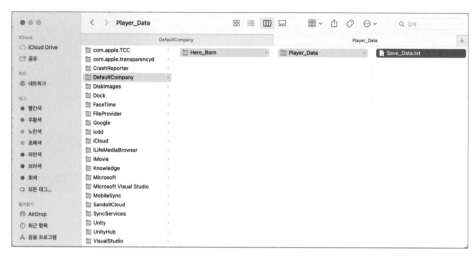

그림 12.9 데스크톱에 생성된 새 파일

새 텍스트 파일을 업데이트하려면 비슷한 작업을 수행해야 한다. 새 게임이 언제 시작되는지 파악해두면 항상 유용하므로, 다음 작업에서는 정보를 데이터 파일에 쓰는 메서드를 추가할 것이다.

1. DataManager 상단에 새로운 using 지시문을 추가한다.

```
using System.Collections;
using System.Collections.Generic;
using UnityEngine;
using System.IO;
using System;
```

2. DataManager에 새로운 메서드를 추가한다.

```
public void UpdateTextFile()
{
  // 1
  if (!File.Exists(_textFile))
  {
    Debug.Log("File doesn't exist...");
    return;
  }
```

```
  // 2
  File.AppendAllText(_textFile, $"Game started: {DateTime.Now}\n");

  // 3
  Debug.Log("File updated successfully!");
}
```

3. Initialize()에서 새 메서드를 호출한다.

```
public void Initialize()
{
  _state = "Data Manager initialized..";
  Debug.Log(_state);

  FilesystemInfo();
  NewDirectory();
  NewTextFile();
  UpdateTextFile();
}
```

위의 코드를 분석해보자.

1. 파일이 없으면, 콘솔에 메시지를 출력하고 메서드를 종료한다.

2. 파일이 있으면, AppendAllText()라는 다른 올인원 메서드를 사용해 게임 시작 시간
   을 추가한다.

   - 이 메서드는 파일을 연다.

   - 메서드 매개변수로 전달되는 새로운 텍스트 줄을 추가한다.

   - 파일을 닫는다.

3. 모든 것이 잘 진행됐다는 로그 메시지를 출력한다.

게임을 다시 플레이하면 콘솔 메시지를 확인할 수 있으며, 새 게임의 날짜와 시간이 텍
스트 파일의 새로운 줄에 표시된다.

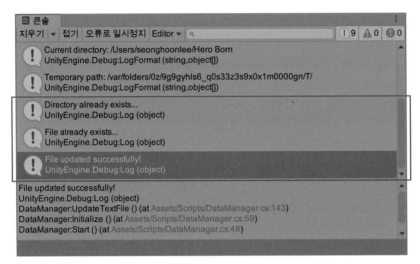

그림 12.10 콘솔에 표시된 텍스트 파일 업데이트 메시지

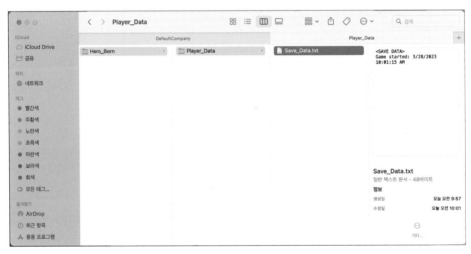

그림 12.11 업데이트된 텍스트 파일 데이터

새 파일 데이터를 읽으려면, 파일의 모든 텍스트를 가져와 문자열로 반환하는 메서드가 필요하다. 다행히 File 클래스에는 그러한 작업을 수행하는 메서드가 있다.

1. DataManager에 새로운 메서드를 추가한다.

```
// 1
public void ReadFromFile(string filename)
{
  // 2
  if (!File.Exists(filename))
  {
    Debug.Log("File doesn't exist...");
    return;
  }

  // 3
  Debug.Log(File.ReadAllText(filename));
}
```

2. Initialize()에서 새 메서드를 호출하고 _textFile을 매개변수로 전달한다.

```
public void Initialize()
{
  _state = "Data Manager initialized..";
  Debug.Log(_state);

  FilesystemInfo();
  NewDirectory();
  NewTextFile();
  UpdateTextFile();
  ReadFromFile(_textFile);
}
```

새 메서드의 코드를 분석해보자.

1. 읽으려는 파일을 문자열 매개변수로 받는 새로운 메서드를 만든다.

2. 파일이 없으면, 콘솔에 메시지를 출력하고 메서드를 종료한다.

3. ReadAllText() 메서드를 사용해 파일의 모든 텍스트 데이터를 문자열로 가져와 콘솔에 출력한다.

게임을 플레이하면 이전에 저장한 데이터와 새로 저장한 데이터를 콘솔 메시지로 확인할 수 있다.

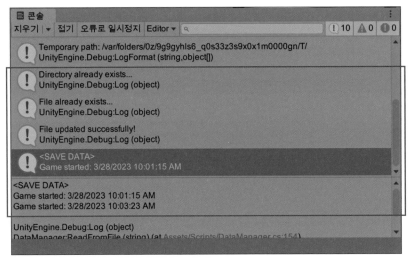

그림 12.12 파일에서 읽은 저장된 텍스트 데이터의 콘솔 메시지

마지막으로, 텍스트 파일을 삭제하는 메서드를 추가해보자. 여기서는 텍스트 파일을 그대로 유지할 것이므로 이 메서드를 실제로 사용하지는 않지만, 필요하면 언제든 사용할 수 있다.

```
public void DeleteFile(string filename)
{
  if (!File.Exists(filename))
  {
    Debug.Log("File doesn't exist or has already been deleted...");
    return;
  }

  File.Delete(_textFile);
  Debug.Log("File successfully deleted!");
}
```

이제 파일 시스템을 좀 더 깊이 이해했을 것이다. 이번에는 좀 더 업그레이드된 방식으로 정보를 다루는 데이터 스트림을 살펴본다.

⠿ 스트림으로 작업하기

지금까지는 File 클래스가 데이터를 사용해 모든 작업을 처리해왔다. 하지만 File 클래스나 데이터를 읽고 쓰는 다른 클래스가 내부에서 어떻게 작동하는지는 다루지 않았다.

컴퓨터에서 데이터는 바이트byte로 구성된다. 바이트를 컴퓨터의 원자로 생각하자. 바이트는 모든 것을 구성하는 기본 요소다. 심지어 C#에는 byte 타입도 있다. 파일을 읽거나 쓰거나 업데이트할 때 데이터는 바이트 배열로 변환된 다음, Stream 객체를 사용해 파일에서 또는 파일로 스트리밍된다. 데이터 스트림은 데이터를 일련의 바이트로 파일에서 또는 파일로 전달하며, 게임 애플리케이션과 데이터 파일 자체 사이에서 번역가나 중개자의 역할을 한다.

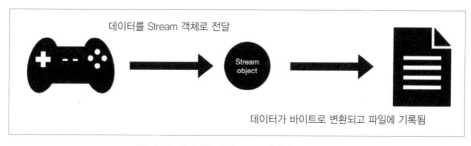

그림 12.13 데이터를 파일로 스트리밍하는 다이어그램

File 클래스는 Stream 객체를 자동으로 사용하며, 여러 기능에 맞춘 다양한 Stream 하위 클래스가 있다.

- FileStream을 사용해 파일에 데이터를 읽고 쓰기

- MemoryStream을 사용해 메모리에 데이터를 읽고 쓰기

- NetworkStream을 사용해 네트워크로 연결된 다른 컴퓨터에 데이터를 읽고 쓰기

- 저장 및 다운로드를 좀 더 쉽게 할 수 있도록 GZipStream을 사용해 데이터를 압축

다음 절에서는 StreamReader와 StreamWriter라는 도우미 클래스를 사용해 파일을 생성, 읽기, 업데이트, 삭제하는 스트림 리소스의 관리 방법을 배울 것이다. 또한 XmlWriter 클

래스를 사용해 XML을 좀 더 쉽게 포맷하는 방법도 살펴본다.

스트림 리소스의 관리

아직 다루지 않은 중요한 주제 중 하나가 리소스 할당이다. 리소스 할당이란 코드의 일부 프로세스가 컴퓨팅 파워와 메모리에 수정이 불가능한 일종의 예약을 걸어두는 것을 말한다. 이러한 프로세스는 프로그램이나 게임이 종료된 후 예약된 리소스를 반환하라는 명시적인 지시가 있을 때까지 대기하고 있으므로 다시 최대 성능을 얻을 수 있다. 스트림은 이러한 프로세스 중 하나이며, 사용 후에는 스트림을 닫아야 한다. 스트림을 제대로 닫지 않으면, 프로그램에서 이 리소스를 계속 사용하게 된다.

다행히, C#에는 모든 `Stream` 클래스가 구현하는 `IDisposable`이라는 편리한 인터페이스가 있다. 이 인터페이스에는 사용 중인 리소스의 반환 시기를 스트림에 알려주는 `Dispose()` 메서드만 있다.

스트림이 항상 올바르게 닫혔는지 자동으로 확인하는 방법을 다루므로, 이에 대해서는 너무 걱정하지 않아도 된다. 리소스 관리는 단지 이해를 돕는 프로그래밍 개념일 뿐이다.

이 장의 나머지 부분에서는 `FileStream`을 사용할 것이지만, `StreamWriter`와 `StreamReader`라는 편리한 클래스를 사용할 것이다. 이러한 클래스는 수동으로 데이터를 바이트로 변환하는 과정을 생략하지만, 여전히 `FileStream` 객체를 사용한다.

StreamWriter와 StreamReader의 사용

`StreamWriter`와 `StreamReader` 클래스는 `FileStream`에 속하는 객체를 사용해 특정 파일에 텍스트 데이터를 쓰고 읽을 때 도우미 역할을 한다. 이 두 클래스는 최소한의 코드로 사용할 수 있는 스트림을 생성하고, 열고, 반환하기 때문에 큰 도움이 된다. 지금까지 다룬 예제 코드는 작은 데이터 파일에는 적합하지만, 크고 복잡한 데이터 객체를 처리할 때는 스트림을 사용하는 것이 좋다.

이제 모든 것이 준비됐고 쓰거나 읽을 파일의 이름만 있으면 된다. 다음 과제에서는 스트림을 사용해 새 파일에 텍스트를 쓸 것이다.

1. 새로운 스트리밍 텍스트 파일의 문자열 경로를 저장할 private 필드를 추가하고 Awake()에서 해당 값을 설정한다.

```
private string _dataPath;
private string _textFile;
private string _streamingTextFile;

void Awake()
{
  _dataPath = Application.persistentDataPath + "/Player_Data/";
  Debug.Log(_dataPath);

  _textFile = _dataPath + "Save_Data.txt";
  _streamingTextFile = _dataPath + "Streaming_Save_Data.txt";
}
```

2. DataManager에 새로운 메서드를 추가한다.

```
public void WriteToStream(string filename)
{
  // 1
  if (!File.Exists(filename))
  {
    // 2
    StreamWriter newStream = File.CreateText(filename);

    // 3
    newStream.WriteLine("<Save Data> for HERO BORN \n");
    newStream.Close();
    Debug.Log("New file created with StreamWriter!");
  }

  // 4
  StreamWriter streamWriter = File.AppendText(filename);

  // 5
  streamWriter.WriteLine("Game ended: " + DateTime.Now);
```

```
            streamWriter.Close();
            Debug.Log("File contents updated with StreamWriter!");
      }
```

3. 이전 절에서 사용한 Initialize()의 메서드를 삭제하거나 주석 처리하고 새로운 코드를 추가한다.

```
public void Initialize()
{
    _state = "Data Manager initialized..";
    Debug.Log(_state);

    FilesystemInfo();
    NewDirectory();
    WriteToStream(_streamingTextFile);
}
```

코드에 사용된 새 메서드를 분석해보자.

1. 우선, 파일이 없는지 확인한다.

2. 아직 파일이 생성되지 않았다면, CreateText() 메서드를 사용해 새 파일을 생성하고 여는 newStream이라는 새 StreamWriter 인스턴스를 추가한다.

3. 파일이 열리면 WriteLine() 메서드를 사용해 헤더를 추가하고, 스트림을 닫은 다음, 디버그 메시지를 출력한다.

4. 파일이 이미 있고 업데이트를 하려면, 기존 데이터를 덮어 쓰지 않도록 AppendText() 메서드를 사용해 새 StreamWriter 인스턴스로 파일을 가져온다.

5. 마지막으로, 게임 데이터로 새 줄을 작성하고, 스트림을 닫은 후 디버그 메시지를 출력한다.

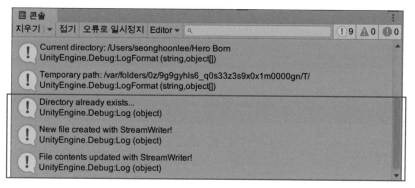

그림 12.14 스트림으로 텍스트를 쓰고 업데이트했음을 알리는 콘솔 메시지

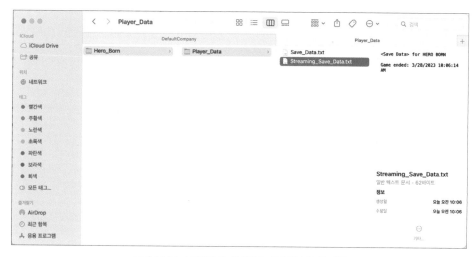

그림 12.15 스트림으로 생성되고 업데이트된 새 파일

스트림에서 읽는 것은 이전 절에서 만든 ReadFromFile() 메서드와 거의 똑같다. 유일한 차이점은 StreamReader 인스턴스를 사용해 정보를 열고 읽는다는 것이다. 다시 언급하지만, 빅데이터 파일이나 복잡한 객체를 다룰 때는 File 클래스로 직접 파일을 생성하고 쓰는 것보다 스트림을 사용하는 것이 좋다.

1. DataManager에 새로운 메서드를 추가한다.

```
public void ReadFromStream(string filename)
{
```

```
// 1
if (!File.Exists(filename))
{
  Debug.Log("File doesn't exist...");
  return;
}

// 2
StreamReader streamReader = new StreamReader(filename);
Debug.Log(streamReader.ReadToEnd());
}
```

2. Initialize()에서 새 메서드를 호출하고 _streamingTextFile을 매개변수로 전달
   한다.

```
public void Initialize()
{
  _state = "Data Manager initialized..";
  Debug.Log(_state);

  FilesystemInfo();
  NewDirectory();
  WriteToStream(_streamingTextFile);
  ReadFromStream(_streamingTextFile);
}
```

사용된 코드를 분석해보자.

1. 우선 파일이 없는지 확인한 후, 없다면 콘솔 메시지를 출력하고 메서드를 종료한다.

2. 파일이 있다면, 액세스하려는 파일 이름으로 새 **StreamReader** 인스턴스를 생성하
   고 **ReadToEnd** 메서드를 사용해 전체 내용을 출력한다.

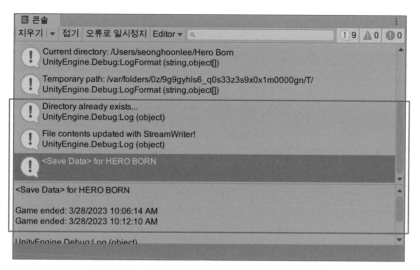

그림 12.16 스트림에서 읽은 저장된 데이터를 콘솔에 출력

아마도 느끼고 있겠지만, 많은 코드가 비슷하게 보이기 시작했을 것이다. 유일한 차이점은 실제 읽고 쓰는 작업에 스트림 클래스를 사용한다는 것이다. 하지만 다양한 사용 사례를 통해 어떤 방법을 택할지 반드시 염두에 둬야 한다. 각 스트림 타입이 어떻게 다른지 다시 확인하려면 이 절의 시작 부분을 다시 참조하자.

지금까지 텍스트 파일을 사용하는 CRUD(Creating: 생성, Reading: 읽기, Updating: 업데이트, Deleting: 삭제) 애플리케이션의 기본 기능을 다뤘다. 하지만 텍스트 파일이 C# 게임과 애플리케이션에서 사용하는 유일한 데이터 포맷은 아니다. 데이터베이스와 자체의 복잡한 데이터 구조로 작업을 하기 시작하면 수많은 XML과 JSON을 보게 될 것이다. 이는 효율성이나 스토리지 면에서 텍스트와는 비교가 되지 않는다.

다음 절에서는 몇 가지 기본 XML 데이터로 작업을 한 다음, 스트림을 관리하는 좀 더 쉬운 방법을 설명할 것이다.

XMLWriter 생성하기

때로는 파일에서 쓰고 읽을 평범한 텍스트가 없을 수도 있다. 프로젝트에 XML 포맷 문서가 필요할 수도 있는데, 이때 일반적인 FileStream을 사용해 XML 데이터를 저장하고

로드하는 방법을 알아야 한다.

파일에 XML 데이터를 쓰는 것은 그동안 텍스트와 스트림으로 해온 작업과 크게 다르지 않다. 유일한 차이점은 FileStream을 명시적으로 생성하고 이를 사용해 XmlWriter의 인스턴스를 생성하는 것이다. XmlWriter 클래스를 데이터 스트림을 가져와 XML 포맷을 적용하고 정보를 XML 파일로 출력하는 래퍼^{wrapper}로 생각하자. 그다음에는 XmlWriter 클래스의 메서드를 사용해 적절한 XML 포맷으로 문서를 구조화하고 파일을 닫는다.

다음 작업에서는 새로운 XML 문서의 파일 경로를 생성하고 DataManager 클래스를 사용해 해당 파일에 XML 데이터를 쓰는 기능을 추가할 것이다.

1. DataManager 클래스 상단에 새로운 XML using 지시문을 추가한다.

```
using System.Collections;
using System.Collections.Generic;
using UnityEngine;
using System.IO;
using System;
using System.Xml;
```

2. 새로운 XML 파일의 문자열 경로를 저장할 private 필드를 추가하고 Awake()에서 해당 값을 설정한다.

```
// 다른 필드 변경 사항 없음

private string _xmlLevelProgress;

void Awake()
{
  // 다른 변경 사항 없음

  _xmlLevelProgress = _dataPath + "Progress_Data.xml";
}
```

3. DataManager 클래스 하단에 새 메서드를 추가한다.

```csharp
public void WriteToXML(string filename)
{
    // 1
    if (!File.Exists(filename))
    {
        // 2
        FileStream xmlStream = File.Create(filename);

        // 3
        XmlWriter xmlWriter = XmlWriter.Create(xmlStream);

        // 4
        xmlWriter.WriteStartDocument();

        // 5
        xmlWriter.WriteStartElement("level_progress");

        // 6
        for (int i = 1; i < 5; i++)
        {
            xmlWriter.WriteElementString("level", "Level-" + i);
        }

        // 7
        xmlWriter.WriteEndElement();

        // 8
        xmlWriter.Close();
        xmlStream.Close();
    }
}
```

4. Initialize()에서 새 메서드를 호출하고 _xmlLevelProgress를 매개변수로 전달
한다.

```csharp
public void Initialize()
{
    _state = "Data Manager initialized..";
    Debug.Log(_state);

    FilesystemInfo();
```

```
    NewDirectory();
    WriteToXML(_xmlLevelProgress);
 }
```

위의 XML을 작성하는 메서드를 분석해보자.

1. 우선, 파일이 이미 있는지 확인한다.

2. 파일이 없으면, 만들어둔 새 경로 필드를 사용해 새로운 FileStream을 생성한다.

3. 새로운 XmlWriter 인스턴스를 생성하고 새 FileStream을 전달한다.

4. 그다음에는 WriteStartDocument 메서드를 사용해 XML 버전 1.0을 지정한다.

5. WriteStartElement 메서드를 호출해 level_progress라는 여는 루트 요소 태그를 추가한다.

6. 이제 WriteElementString 메서드를 사용해 문서에 개별 요소를 추가할 수 있다. 요소 태그로 level을 전달하고, for 루프와 i의 인덱스 값을 사용해 레벨 번호를 전달한다.

7. 문서를 닫으려면, WriteEndElement 메서드를 사용해 닫는 level 태그를 추가한다.

8. 마지막으로, xmlWriter와 xmlStream을 닫으면 사용했던 스트림 리소스가 해제된다.

지금 게임을 실행하면, Player_Data 폴더에서 레벨 진행 정보가 있는 새로운 .xml 파일을 확인할 수 있다.

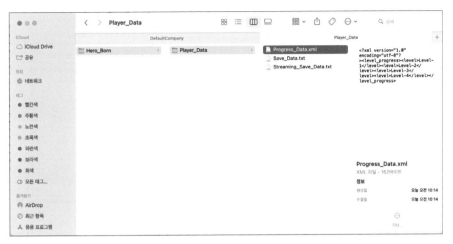

그림 12.17 문서 데이터로 생성된 새 XML 파일

출력 서식을 지정하지 않았기 때문에 들여쓰기나 서식이 없음을 알 수 있다. 다음 절에서 직렬화를 다루면서 XML 데이터를 작성하는 좀 더 효율적인 방법을 설명할 것이므로, 이번 예제에서는 이 부분을 다루지 않을 것이다.

NOTE

출력 서식 지정 프로퍼티의 목록은 마이크로소프트 런(https://learn.microsoft.com/ko-kr/dotnet/api/ system.xml.xmlwriter#specifying-the-output-format)에서 확인할 수 있다.

다행히도 XML 파일을 읽는 것은 다른 파일을 읽는 것과 다르지 않다. Initialize() 내부에서 ReadFromFile()이나 ReadFromStream() 메서드를 호출해 동일한 콘솔 출력을 얻을 수 있다.

```
public void Initialize()
{
  _state = "Data Manager initialized..";
  Debug.Log(_state);

  FilesystemInfo();
  NewDirectory();
  WriteToXML(_xmlLevelProgress);
  ReadFromStream(_xmlLevelProgress);
}
```

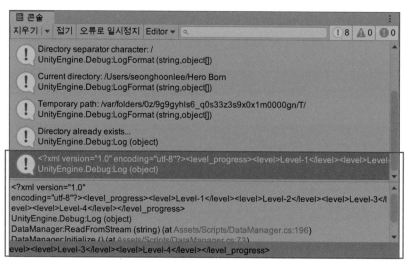

그림 12.18 콘솔에 출력된 XML 파일 데이터 읽기

이제 스트림을 사용해 몇 가지 메서드를 작성했으니 스트림을 효율적으로, 더 나아가 자동으로 닫는 방법을 살펴보자.

스트림 자동으로 닫기

스트림으로 작업할 때, using문으로 스트림을 래핑^{wrapping}하면 앞서 언급한 IDisposable 인터페이스에서 Dispose() 메서드를 호출해 스트림을 자동으로 닫는다.

이렇게 하면, 이유 없이 열려 있는 프로그램의 미사용 할당 리소스를 걱정하지 않아도 된다.

줄의 시작 부분에 using 키워드를 사용한 다음, 소괄호 쌍 안에 새 스트림을 참조하고, 이어서 중괄호 쌍을 사용한 것을 제외하면, 구문은 이미 작업했던 것과 거의 동일하다. 데이터의 읽기나 쓰기와 같이 스트림에서 하는 모든 작업은 코드의 중괄호 블록 내부에서 이뤄진다. 예를 들어, WriteToStream() 메서드에서의 작업처럼 새 텍스트 파일을 다음과 같이 생성할 수 있다.

```
// 새 스트림은 using문으로 래핑된다
using (StreamWriter newStream = File.CreateText(filename))
{
  // 모든 쓰기 기능은 중괄호 안으로 들어간다
  newStream.WriteLine("<Save Data> for HERO BORN \n");
}
```

스트림 로직이 코드 블록 내부에 있으면 바로 외부 using문이 스트림을 자동으로 닫고 할당된 리소스를 프로그램에 반환한다. 이제부터는 항상 이 구문을 사용해 스트리밍 코드를 작성해보자. 좀 더 효율적이고 안전할 뿐만 아니라 기본적인 리소스 관리를 이해하는 데 도움이 되기 때문이다.

텍스트와 XML 스트림 코드가 작동하므로, 다음 단계로 넘어갈 차례다. JSON 데이터를 스트리밍하지 않는 이유는 데이터 도구 상자에 직렬화라는 도구를 하나 더 추가해야 하기 때문이다.

⁖ 데이터 직렬화

데이터의 직렬화와 역직렬화를 이야기하면, 실질적으로는 변환을 이야기하는 셈이다. 이전 절에서는 텍스트와 XML을 단편적으로 변환했지만, 이제 전체 객체를 가져와 한 번에 변환이 가능한 훌륭한 도구를 사용할 수 있다.

정의해보면 다음과 같다.

- 객체의 직렬화 작업은 객체 전체의 상태를 다른 포맷으로 변환하는 것이다.

- 이와 반대로 역직렬화 작업은 파일에서 데이터를 가져와 이전 객체 상태로 복원하는 것이다.

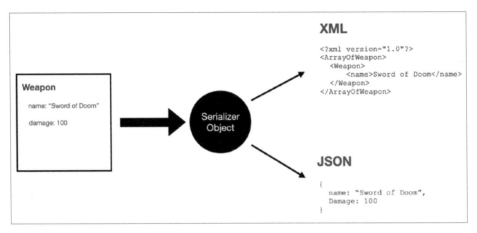

그림 12.19 객체를 XML과 JSON으로 직렬화하는 예

위의 이미지에서 Weapon 구조체 인스턴스의 실제 예를 살펴보자. 각 무기는 자체 name과 damage 필드뿐만 아니라 상태라는 관련 값이 있다. 객체의 상태는 고유하므로 프로그램에서 구별할 수 있다.

또한 객체의 상태는 참조 타입의 프로퍼티나 필드를 포함한다. 예를 들어 Weapon 타입의 필드가 있는 Character 클래스가 있으면, 직렬화와 역직렬화를 할 때 C#이 Weapon의 name과 damage 필드도 인식하게 된다. 앞으로 객체 그래프^{object graph}라는 참조 속성이 있는 객체를 접할 기회도 있을 것이다.

시작하기에 앞서, 객체 속성이 파일의 데이터와 일치하는지 주의 깊게 살펴보지 않으면 객체의 직렬화가 까다로울 수 있다. 또한 반대의 경우도 마찬가지다. 예를 들어 클래스 객체 속성과 역직렬화 중인 데이터 간에 불일치가 발생한 경우, 시리얼라이저^{serializer4}가 빈 객체를 반환한다. 더 자세한 사항은 이 장의 뒷부분에서 C# 리스트를 JSON으로 직렬화할 때 다룰 것이다.

Weapon을 예로 들어 실제 작동하는 코드를 작성해보자.

---

4 직렬 변환기라고도 한다. – 옮긴이

XML의 직렬화 및 역직렬화

이 장의 나머지 부분에서는 무기 리스트를 XML과 JSON으로 직렬화 및 역직렬화할 것이다. 먼저 XML부터 시작해보자.

1. DataManager 클래스 상단에 새로운 Serialization using 지시문을 추가한다.

```
using System.Collections;
using System.Collections.Generic;
using UnityEngine;
using System.IO;
using System;
using System.Xml;
using System.Xml.Serialization;
```

2. Weapon.cs 파일을 열고, System 네임스페이스와 Serializable 애트리뷰트[5]를 추가해 유니티와 C#에서 객체가 직렬화될 수 있도록 한다.

```
using System;

[Serializable]
public struct Weapon
{
    // 다른 변경 사항 없음
}
```

3. XML 파일 경로와 무기 리스트에 사용할 새로운 필드 2개를 추가한다.

```
// 다른 필드 변경 사항 없음

private string _xmlWeapons;

private List<Weapon> weaponInventory = new List<Weapon>
{
  new Weapon("Sword of Doom", 100),
  new Weapon("Butterfly knives", 25),
```

---

5 애트리뷰트를 특성이라 부르기도 한다. – 옮긴이

```
  new Weapon("Brass Knuckles", 15),
};
```

4. Awake에서 XML 파일 경로 값을 설정한다.

```
void Awake()
{
  // 다른 변경 사항 없음

  _xmlWeapons = _dataPath + "WeaponInventory.xml";
}
```

5. DataManager 클래스 하단에 새로운 메서드를 추가한다.

```
public void SerializeXML()
{
  // 1
  var xmlSerializer = new XmlSerializer(typeof(List<Weapon>));

  // 2
  using (FileStream stream = File.Create(_xmlWeapons))
  {
    // 3
    xmlSerializer.Serialize(stream, weaponInventory);
  }
}
```

6. Initialize에서 새 메서드를 호출한다.

```
public void Initialize()
{
  _state = "Data Manager initialized..";
  Debug.Log(_state);

  FilesystemInfo();
  NewDirectory();
  SerializeXML();
}
```

새로운 메서드를 분석해보자.

1. 우선, XmlSerializer 인스턴스를 생성하고 변환할 데이터 타입을 전달한다. 이때 weaponInventory는 typeof 연산자에서 사용하는 List<Weapon> 타입이다.

   - XmlSerializer 클래스는 이전에 사용했던 XmlWriter 클래스와 같은 유용한 포맷 래퍼 중 하나다.

2. 그다음에는 _xmlWeapons 파일 경로를 사용해 FileStream을 생성하고, FileStream이 제대로 닫힐 수 있도록 using 코드 블록으로 래핑한다.

3. 마지막으로, Serialize() 메서드를 호출하고 스트림과 변환할 데이터를 전달한다.

게임을 다시 실행한 다음, 추가 포맷을 지정할 필요 없이 Weapon 데이터로 생성된 새 XML 문서를 살펴보자.

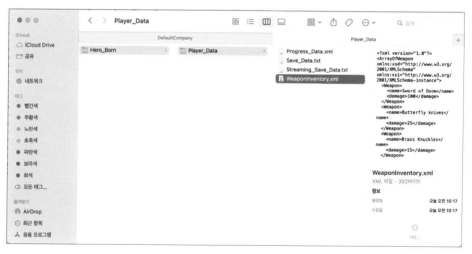

그림 12.20 WeaponInventory 파일에 XML 출력

XML을 무기 리스트로 다시 읽으려면, XmlSerializer 클래스의 Deserialize() 메서드를 대신 사용하는 것을 제외하고 모든 것을 거의 동일하게 설정한다.

1. DataManager 클래스 하단에 다음 메서드를 추가한다.

```
public void DeserializeXML()
{
  // 1
  if (File.Exists(_xmlWeapons))
  {
    // 2
    var xmlSerializer = new XmlSerializer(typeof(List<Weapon>));

    // 3
    using (FileStream stream = File.OpenRead(_xmlWeapons))
    {
      // 4
      var weapons = (List<Weapon>)xmlSerializer.Deserialize(stream);

      // 5
      foreach (var weapon in weapons)
      {
        Debug.LogFormat("Weapon: {0} - Damage: {1}",
          weapon.name, weapon.damage);
      }
    }
  }
}
```

2. Initialize에서 새 메서드를 호출한다.

```
public void Initialize()
{
  _state = "Data Manager initialized..";
  Debug.Log(_state);

  FilesystemInfo();
  NewDirectory();
  SerializeXML();
  DeserializeXML();
}
```

DeserializeXML() 메서드를 분석해보자.

1. 먼저, 파일이 존재하는지 확인한다.

2. 파일이 있으면, XmlSerializer 객체를 생성하고 XML 데이터를 다시 List<Weapon> 객체에 넣을 수 있도록 지정한다.

3. 그다음에는 _xmlWeapons 파일 이름으로 FileStream을 연다.

   - File.OpenRead()를 사용해 파일을 쓰기용이 아닌 읽기용으로 열도록 지정한다.

4. 변수를 만들어 역직렬화된 무기의 리스트를 저장한다.

   - Deserialize() 호출 앞에 List<Weapon>으로 명시적 캐스트를 하면 시리얼라이저에서 정확한 타입으로 다시 가져올 수 있다.

5. 마지막으로, foreach 루프를 사용해 각 무기의 이름과 데미지 값을 콘솔에 출력한다.

게임을 다시 실행하면, XML 목록에서 역직렬화된 각 무기가 콘솔 메시지로 표시된다.

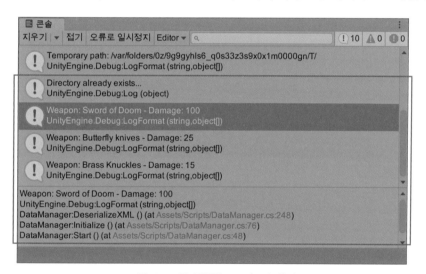

그림 12.21 역직렬화한 XML의 콘솔 출력

지금까지 XML 데이터 작업에 필요한 것을 모두 다뤘으며, 이 장을 마치기 전에 JSON으로 작업하는 방법을 배워보자.

JSON의 직렬화 및 역직렬화

JSON을 직렬화 및 역직렬화할 때, 유니티와 C#이 완전히 동기화되지는 않는다. 기본적으로, C#에는 이전 예제에서 사용한 XmlSerializer 클래스와 정확히 동일한 방식으로 작동하는 자체 JsonSerializer 클래스가 있다.

JSON 시리얼라이저에 액세스하려면, System.Text.Json using 지시문이 필요하다. 문제는 유니티가 해당 네임스페이스를 지원하지 않는다는 것이다. 그 대신에 유니티에서는 System.Text 네임스페이스를 사용하고 JsonUtility라는 자체 JSON 시리얼라이저 클래스를 구현한다.

여기서는 유니티 프로젝트를 다루므로, 유니티에서 지원되는 직렬화 클래스로 작업할 것이다. 하지만 유니티가 아닌 C# 프로젝트로 작업할 때는 방금 작성한 XML 코드와 동일한 개념을 사용한다.

NOTE

> 마이크로소프트 런(https://learn.microsoft.com/ko-kr/dotnet/standard/serialization/system-text-json/how-to#how-to-write-net-objects-as-json-serialize)에서 마이크로소프트의 코드를 포함한 전체 사용 방법을 찾을 수 있다.

다음 과제에서는 단일 무기를 직렬화하면서 JsonUtility 클래스를 배워볼 것이다.

1. DataManager 클래스 상단에 새로운 Text using 지시문을 추가한다.

```
using System.Collections;
using System.Collections.Generic;
using UnityEngine;
using System.IO;
using System;
using System.Xml;
using System.Xml.Serialization;
using System.Text;
```

2. 새로운 XML 파일의 문자열 경로를 저장할 private 필드를 추가하고 Awake()에서 해당 값을 설정한다.

```
private string _jsonWeapons;

void Awake()
{
    _jsonWeapons = _dataPath + "WeaponJSON.json";
}
```

3. DataManager 클래스 하단에 새로운 메서드를 추가한다.

```
public void SerializeJSON()
{
    // 1
    Weapon sword = new Weapon("Sword of Doom", 100);

    // 2
    string jsonString = JsonUtility.ToJson(sword, true);

    // 3
    using (StreamWriter stream = File.CreateText(_jsonWeapons))
    {
        // 4
        stream.WriteLine(jsonString);
    }
}
```

4. Initialize에서 새 메서드를 호출한다.

```
public void Initialize()
{
    _state = "Data Manager initialized..";
    Debug.Log(_state);

    FilesystemInfo();
    NewDirectory();
    SerializeJSON();
}
```

SerializeJSON() 메서드를 분석해보자.

1. 우선, 작업할 무기가 필요하므로 Weapon 클래스 생성자로 무기를 생성한다.

2. 그다음에는 변환된 JSON 데이터가 문자열로 포맷될 때 저장할 변수를 선언하고, ToJson() 메서드를 호출한다.

   - 지금 사용하고 있는 ToJson() 메서드는 직렬화할 sword 객체와 true인 부울 값을 받기 때문에 들여쓰기가 적용된 문자열이 출력된다. 그러나 true 값을 지정하지 않으면, JSON은 가독성이 떨어지는 일반 문자열로 출력된다.

3. 이제 파일에 쓸 텍스트 문자열이 있으므로, StreamWriter 스트림을 만들고 _jsonWeapons 파일 이름을 전달한다.

4. 마지막으로, WriteLine() 메서드를 사용하고 jsonString 값을 전달해 파일에 쓴다.

프로그램을 실행한 다음, 직접 생성하고 데이터를 작성한 새 JSON 파일을 살펴보자.

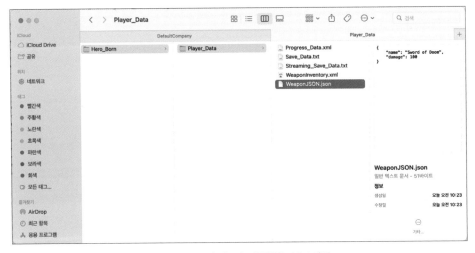

그림 12.22 무기 필드가 직렬화된 JSON 파일

이제 XML 예제에서 사용한 무기 리스트를 직렬화해 어떤 일이 발생하는지 살펴보자.

단일 sword 인스턴스 대신 기존 무기 리스트(weaponInventory)를 사용하도록 SerializeJSON() 메서드를 업데이트한다.

```
public void SerializeJSON()
{
  string jsonString = JsonUtility.ToJson(weaponInventory, true);

  using (StreamWriter stream = File.CreateText(_jsonWeapons))
  {
    stream.WriteLine(jsonString);
  }
}
```

게임을 다시 실행하면, JSON 파일 데이터는 덮어 쓰여지고 빈 배열만 남는다.

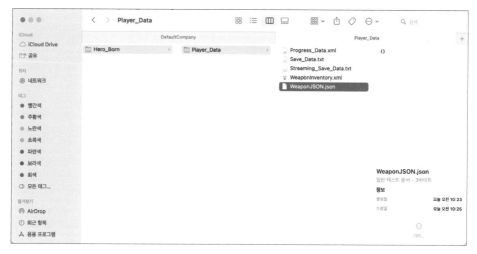

그림 12.23 직렬화 후 빈 객체가 있는 JSON 파일

이러한 결과가 나오는 이유는 유니티에서 JSON 직렬화를 처리하는 방식이 리스트나 배열을 자체적으로 지원하지 않기 때문이다. 유니티의 JsonUtility 클래스가 정확하게 인식하고 처리하려면 모든 리스트나 배열이 클래스 객체의 일부여야 한다.

생각해보면 매우 직관적으로 해결할 수 있으니 당황할 필요는 없다. 무기 리스트 필드가 있는 클래스를 만들고 데이터를 JSON으로 직렬화할 때 사용하기만 하면 된다.

1. Weapon.cs를 열고 파일 하단에 다음의 직렬화 가능한 WeaponShop 클래스를 추가한다. 새 클래스는 반드시 Weapon 클래스 중괄호 밖에 둬야 한다.

```
[Serializable]
public class WeaponShop
{
  public List<Weapon> inventory;
}
```

2. DataManager 클래스로 돌아가서 SerializeJSON() 메서드를 다음 코드로 업데이트
   한다.

```
public void SerializeJSON()
{
  // 1
  WeaponShop shop = new WeaponShop();

  // 2
  shop.inventory = weaponInventory;

  // 3
  string jsonString = JsonUtility.ToJson(shop, true);

  using (StreamWriter stream = File.CreateText(_jsonWeapons))
  {
    stream.WriteLine(jsonString);
  }
}
```

방금 변경한 사항을 분석해보자.

1. 우선, WeaponShop 클래스의 인스턴스인 shop이라는 새로운 변수를 생성한다.

2. 그다음, inventory 필드를 이미 선언한 무기 리스트인 weaponInventory으로 설정
   한다.

3. 마지막으로, shop 객체를 ToJson() 메서드에 전달하고 새로운 문자열 데이터를
   JSON 파일에 쓴다.

게임을 다시 실행해 생성한 무기 리스트가 잘 출력됐는지 살펴보자.

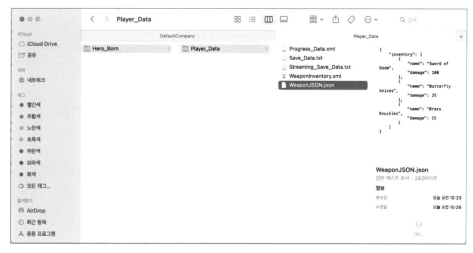

그림 12.24 JSON으로 정확하게 직렬화된 리스트 객체

JSON 텍스트를 다시 객체로 역직렬화하려면 이전의 작업을 반대로 진행하면 된다.

1. DataManager 클래스 하단에 새로운 메서드를 추가한다.

```
public void DeserializeJSON()
{
  // 1
  if (File.Exists(_jsonWeapons))
  {
    // 2
    using (StreamReader stream = new StreamReader(_jsonWeapons))
    {
      // 3
      var jsonString = stream.ReadToEnd();

      // 4
      var weaponData = JsonUtility.FromJson<WeaponShop>(jsonString);

      // 5
      foreach (var weapon in weaponData.inventory)
      {
        Debug.LogFormat("Weapon: {0} - Damage: {1}",
          weapon.name, weapon.damage);
      }
    }
```

```
      }
    }
  }
```

2. Initialize에서 새 메서드를 호출한다.

```
public void Initialize()
{
  _state = "Data Manager initialized..";
  Debug.Log(_state);

  FilesystemInfo();
  NewDirectory();
  SerializeJSON();
  DeserializeJSON();
}
```

DeserializeJSON() 메서드를 다음과 같이 분석해보자.

1. 우선, 파일이 존재하는지 확인한다.

2. 파일이 있으면, using 코드 블록에 래핑된 _jsonWeapons 파일 경로로 스트림을 생성한다.

3. 그다음에는 스트림의 ReadToEnd() 메서드를 사용해 파일에 있는 전체 JSON 텍스트를 가져온다.

4. 역직렬화된 무기 리스트를 저장할 변수를 만들고 FromJson() 메서드를 호출한다.

   - JSON 문자열 변수(jsonString)를 전달하기 전에 <WeaponShop> 구문을 사용해 JSON을 WeaponShop 객체로 변환될 수 있게 지정한다.

5. 마지막으로, weaponData의 inventory 리스트 필드를 반복하며 각 무기의 이름과 데미지 값을 콘솔에 출력한다.

게임을 마지막으로 한 번 더 실행하면, JSON 데이터에 있는 각 무기가 콘솔 메시지로 출력된다.

그림 12.25 콘솔에 출력된 JSON 객체 리스트의 역직렬화

데이터의 정리

이 장에서 다룬 모든 개별 모듈과 주제는 단독으로 사용하거나 프로젝트의 필요에 맞게 결합할 수 있다. 예를 들어, 텍스트 파일을 사용해 문자 대화를 저장하고 필요할 때만 로드할 수 있다. 이러한 방법은 정보를 사용하지 않을 때도, 게임 실행 시마다 정보가 기록되는 방법보다 더 효율적이다.

또한 캐릭터 데이터나 적의 스탯을 XML이나 JSON 파일에 넣고, 캐릭터 레벨을 올리거나 새로운 몬스터가 스폰spawn6될 때마다 파일에서 읽을 수 있다. 마지막으로, 타사 데이터베이스에서 데이터를 가져와 사용자 정의 클래스로 직렬화하는 것도 가능하다. 이는 플레이어 계정과 외부 게임 데이터를 저장할 때 흔히 사용되는 방식이기도 하다.

---

6   게임에서 몬스터나 아이템 등이 자연적으로 생성되는 것을 의미한다. – 옮긴이

C#에서 직렬화할 수 있는 데이터 타입의 목록은 마이크로소프트 런(https://learn.microsoft.com/ko-kr/dotnet/framework/wcf/feature-details/types-supported-by-the-data-contract-serializer)에서 찾을 수 있다. 유니티에서는 직렬화를 약간 다르게 처리하므로 사용 가능한 타입을 유니티 스크립팅 레퍼런스(https://docs.unity3d.com/ScriptReference/SerializeField.html)에서 확인하자.

핵심 포인트는 데이터는 어디에나 존재한다는 것이며, 이 데이터를 처리하는 시스템을 게임에 필요한 방식으로 하나씩 구축하는 것이 우리의 임무다.

⋙ 요약

이상으로 데이터 작업의 기본을 마무리했다. 쉽지 않은 이번 장을 잘 마친 것이다. 프로그래밍 내용 중 데이터는 매우 큰 주제에 해당하므로, 이 장 전체에서 배운 것을 프로그래밍의 기틀로 삼길 바란다.

파일 시스템을 탐색하는 방법과 파일을 생성하고, 업데이트하고, 읽고, 삭제하는 방법은 이미 알고 있을 것이다. 또한 텍스트, XML, JSON 데이터 포맷과 데이터 스트림으로 어떻게 효과적인 작업을 할 수 있는지도 배웠다. 전체 객체의 상태를 가져와 XML과 JSON으로 직렬화하거나 역직렬화할 수도 있다. 대체로 이러한 기술은 익히기가 쉽지 않으므로, 이번 장에서 다룬 내용을 두 번 이상 복습하면서 재차 살펴보자. 한 번 본 것만으로는 완벽히 익히는 데 한계가 있을 것이다.

다음 장에서는 제네릭 프로그래밍generic programming의 기초를 설명하고, 델리게이트delegate와 이벤트event를 간단히 실습한 후 예외 처리를 다룰 것이다.

⋙ 내용 점검: 데이터 관리

1. Path와 Directory 클래스의 액세스 권한을 제공하는 네임스페이스는 무엇인가?

2. 유니티에서 게임을 실행하는 사이에 데이터를 저장하려면 어떤 폴더 경로를 사용

해야 하는가?

3. 파일의 정보를 읽고 쓰는 데 Stream 객체가 사용하는 데이터 타입은 무엇인가?

4. 객체를 JSON으로 직렬화하면 어떤 일이 발생하는가?

13

제네릭, 델리게이트 및
기타 사항 살펴보기

프로그래밍에 더 많은 시간을 할애할수록 시스템에 대해 더 많이 생각하게 된다. 클래스와 객체가 상호작용하고, 통신하고, 데이터를 교환하는 방식을 구조화하는 모든 것이 지금껏 작업한 시스템의 예다. 이제 이러한 시스템을 어떻게 해야 더 안전하고 효율적으로 만들 수 있는지 고민할 차례다.

이번 장은 이 책에서 실질적인 분야를 다루는 마지막 장이 될 것이므로 제네릭 프로그래밍 개념, 델리게이트, 이벤트 생성, 오류 처리의 예를 살펴본다. 이러한 각 주제는 그 자체로 방대한 연구 영역이므로, 여기에서 배운 내용을 바탕으로 프로젝트에 확장해보길 바란다. 실제 코딩을 완료한 후에는 디자인 패턴의 개요를 간략히 다루고, 이러한 패턴이 프로그래밍에서 어떤 역할을 하는지 설명할 것이다.

이 장에서는 다음 주제를 다룬다.

- 제네릭 프로그래밍

- 델리게이트 사용

- 이벤트 및 구독 만들기

- 예외 처리

- 디자인 패턴의 이해

⠶ 제네릭 소개

지금까지의 모든 코드는 매우 구체적으로 타입을 정의하고 사용했다. 그러나 타입의 종류와 상관없이 타입 안전성을 유지하면서도 동일한 방식으로 엔티티를 처리하는 클래스나 메서드가 필요할 때가 있다. 제네릭 프로그래밍을 사용하면 구체적인 타입이 아닌, 플레이스홀더를 사용해 재사용 가능한 클래스, 메서드, 변수를 만들 수 있다.

컴파일 시점에 제네릭 클래스 인스턴스를 생성하거나 메서드를 사용하면 구체적인 타입이 할당되지만, 코드 자체에서는 이를 제네릭 타입으로 취급한다. 제네릭 코드를 작성하면 같은 방식으로 다른 객체 타입을 작업해야 할 때 큰 이점이 있다. 예를 들어, 타입과 상관없이 요소로 동일한 작업을 해야 하는 사용자 정의 컬렉션 타입이나, 동일한 기본 기능이 필요한 클래스에서 제네릭 코드가 매우 유용하다. 왜 하위 클래스나 인터페이스를 사용하지 않는지 궁금할 수도 있지만, 예제를 다루다 보면 제네릭이 다른 방식으로 도움이 된다는 사실을 알게 될 것이다.

> **NOTE**
>
> 이미 제네릭 타입인 List 타입으로 작업을 했었다. 정수, 문자열 또는 개별 문자의 저장과 상관없이 추가, 제거, 수정 기능에 모두 액세스할 수 있었다.

제네릭 객체

제네릭 클래스의 생성 방식은 비제네릭 클래스와 동일하지만, 한 가지 중요한 차이는 바로 제네릭 타입 매개변수다. 예제에서 제네릭 컬렉션 클래스를 만들어보면 작동 방식을 쉽게 이해할 수 있을 것이다.

```
public class SomeGenericCollection<T> { }
```

SomeGenericCollection이라는 제네릭 컬렉션 클래스를 선언하고 해당 타입 매개변수의 이름을 T로 지정했다. 이제 T는 제네릭 리스트가 저장할 요소 타입을 나타내며, 다른 타입과 마찬가지로 제네릭 클래스 내에서 사용할 수 있다.

SomeGenericCollection의 인스턴스를 생성할 때마다 저장할 수 있는 값의 타입을 지정해야 한다.

```
SomeGenericCollection<int> highScores = new SomeGenericCollection<int>();
```

여기서 highScores는 정수 값을 저장하고 T는 int 타입을 나타내지만, SomeGenericCollection 클래스는 모든 요소 타입을 동일하게 처리한다.

NOTE

> 제네릭 타입 매개변수의 이름을 지정할 수도 있지만, 대다수 프로그래밍 언어의 업계 표준은 대문자 T 이다. 타입 매개변수의 이름을 지정할 때 이름을 대문자 T로 시작하면 일관성과 가독성을 높일 수 있다.

다음 단계에 따라 가상의 인벤토리 아이템을 저장할 수 있도록 제네릭 Shop 클래스를 사용해 게임에 초점을 둔 예제를 만들어보자.

1. Scripts 폴더에 새 C# 스크립트를 만들고 이름을 Shop으로 지정한 후 다음과 같이 코드를 업데이트한다.

```
using System.Collections;
using System.Collections.Generic;
using UnityEngine;

// 1
public class Shop<T>
{
  // 2
  public List<T> inventory = new List<T>();
}
```

2. GameBehavior에서 Shop의 새 인스턴스를 생성한다.

```
public class GameBehavior : MonoBehaviour, IManager
{
  // 변경 사항 없음

  public void Initialize()
  {
    // 3
    var itemShop = new Shop<string>();

    // 4
    Debug.Log("Items for sale: " + itemShop.inventory.Count);
  }
}
```

사용된 코드를 분석해보자.

1. T 타입 매개변수를 사용해 Shop이라는 새로운 제네릭 클래스를 선언한다.

2. 제네릭 클래스를 초기화하는 아이템 타입을 저장할 List<T> 타입의 inventory를
   추가한다.

3. GameBehavior에서 Shop<string>의 새 인스턴스를 만들고 string 값을 제네릭 타입
   으로 지정한다.

4. 인벤토리 수를 보여주는 디버그 메시지를 출력한다.

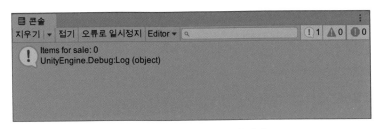

그림 13.1 제네릭 클래스의 콘솔 출력

기능 면에서 아직 새로운 것은 없지만, 비주얼 스튜디오에서는 Shop의 제네릭 타입 매개

변수 T 때문에 Shop을 제네릭 클래스로 인식한다. 이로 인해 인벤토리 아이템을 추가하거나 사용 가능한 각 아이템의 수를 찾는 것과 같은 추가적인 제네릭 연산을 포함하도록 설정된다.

NOTE

> 여기서 제네릭은 기본적으로 유니티에서 직렬화(Unity Serializer)가 지원되지 않는다는 점에 유의하자. 이전 장의 사용자 정의 클래스와 같이 제네릭 클래스를 직렬화하려면, Weapon 클래스에서 했던 것처럼 클래스 상단에 Serializable 애트리뷰트를 추가해야 한다. 좀 더 자세한 정보는 유니티 스크립팅 레퍼런스(https://docs.unity3d.com/ScriptReference/SerializeReference.html)에서 찾을 수 있다.

제네릭 메서드

독립형 제네릭 메서드는 제네릭 클래스와 마찬가지로 플레이스홀더 타입 매개변수를 가질 수 있으며, 필요에 따라 제네릭 또는 비제네릭 클래스에 포함될 수 있다.

```
public void GenericMethod<T>(T genericParameter) { }
```

T 타입은 메서드 본문 내부에서 사용할 수 있으며 메서드가 호출될 때 정의된다.

```
GenericMethod<string>("Hello World!");
```

제네릭 클래스 안에서 제네릭 메서드를 선언하려는 경우, T 타입을 새로 지정하지 않아도 된다.

```
public class SomeGenericCollection<T>
{
  public void NonGenericMethod(T genericParameter) { }
}
```

제네릭 클래스가 이미 구체적인 타입을 할당했으므로 제네릭 타입 매개변수를 사용하는 비제네릭 메서드를 호출해도 문제가 없다.

```
SomeGenericCollection<int> highScores = new SomeGenericCollection<int>();

highScores.NonGenericMethod(35);
```

NOTE

제네릭 메서드는 비제네릭 메서드와 마찬가지로, 재정의되고 정적으로 표시될 수 있다. 이러한 상황에
사용되는 구체적인 문법은 마이크로소프트 런(https://learn.microsoft.com/ko-kr/dotnet/csharp/
programming-guide/generics/generic-methods)에서 확인할 수 있다.

다음 작업에서는 인벤토리에 새로운 제네릭 아이템을 추가하는 메서드를 생성하고, 이
메서드를 GameBehavior 스크립트에서 사용해볼 것이다.

정의된 타입 매개변수가 있는 제네릭 클래스가 이미 있으므로, 비제네릭 메서드를 추가
해 함께 작동하는 것을 확인하자.

1. Shop.cs를 열고 다음과 같이 코드를 업데이트한다.

```
public class Shop<T>
{
  public List<T> inventory = new List<T>();

  // 1
  public void AddItem(T newItem)
  {
    inventory.Add(newItem);
  }
}
```

2. GameBehavior.cs를 열고 itemShop에 아이템을 추가한다.

```
public class GameBehavior : MonoBehaviour, IManager
{
  // 변경 사항 없음

  public void Initialize()
  {
```

```
        var itemShop = new Shop<string>();

        // 2
        itemShop.AddItem("Potion");
        itemShop.AddItem("Antidote");

        Debug.Log("Items for sale: " + itemShop.inventory.Count);
    }
}
```

사용된 코드를 분석해보자.

1. T 타입의 newItem을 inventory에 추가하는 메서드를 선언한다.

2. AddItem()을 사용해 itemShop에 2개의 문자열 아이템을 추가하고 디버그 로그를 출력한다.

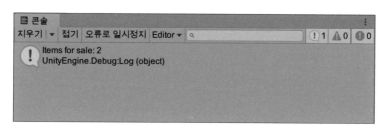

그림 13.2 제네릭 클래스에 아이템을 추가한 후 콘솔 출력

제네릭 Shop 인스턴스와 동일한 타입의 매개변수를 사용하도록 AddItem()을 작성했다. itemShop은 string 값을 저장하도록 생성됐으므로, 문제없이 "Potion"과 "Antidote" 같은 string 값을 추가할 수 있다.

그러나 만약 정수를 추가하면, itemShop의 제네릭 타입이 일치하지 않는다는 오류가 발생한다.

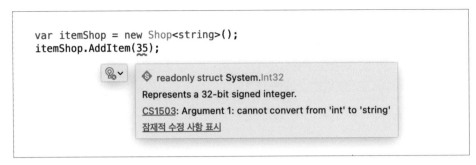

```
var itemShop = new Shop<string>();
itemShop.AddItem(35);
```

```
      ♦ readonly struct System.Int32
      Represents a 32-bit signed integer.
      CS1503: Argument 1: cannot convert from 'int' to 'string'
      잠재적 수정 사항 표시
```

그림 13.3 제네릭 클래스의 변환 오류

이제 제네릭 메서드를 작성했으므로, 단일 클래스에서 여러 제네릭 타입을 사용하는 방법을 알아야 한다. 예를 들어, Shop 클래스에 특정 아이템의 재고 수를 확인하는 메서드를 추가하려면 어떻게 해야 할까? 클래스 선언에 T 타입이 이미 정의돼 있으므로, T 타입은 다시 사용할 수 없다. 그렇다면 어떻게 해야 할까?

Shop 클래스의 하단에 다음 메서드를 추가해보자.

```
// 1
public int GetStockCount<U>()
{
  // 2
  var stock = 0;

  // 3
  foreach (var item in inventory)
  {
    if (item is U)
    {
      stock++;
    }
  }

  // 4
  return stock;
}
```

새로운 메서드를 분석해보자.

1. 인벤토리에서 U 타입과 일치하는 아이템의 수를 검색해 int 값으로 반환하는 메서드를 선언한다.

   - 제네릭 타입 매개변수 이름 지정은 변수 이름 지정과 마찬가지로 전적으로 사용자에게 달려 있다. 일반적으로 T부터 시작해 알파벳 순서로 이어진다.

2. 인벤토리에서 일치하는 재고 아이템의 수를 저장해 최종적으로 반환할 변수를 만든다.

3. foreach 루프를 사용해 인벤토리 리스트를 검사하고 일치하는 아이템이 발견될 때마다 재고 값을 증가시킨다.

4. 일치하는 재고 아이템의 수를 반환한다.

여기서 문제는 상점에서 string 값을 저장하고 있다는 것이다. 따라서 보유 중인 문자열 아이템 수를 조회하면 전체 인벤토리를 얻게 된다.

```
Debug.Log("Items for sale: " + itemShop.GetStockCount<string>());
```

그러면 콘솔에 다음과 같은 내용이 출력된다.

그림 13.4 제네릭 타입으로 string을 사용한 콘솔 출력

반면에 인벤토리에서 int 타입을 찾으려고 하면 문자열만 저장하기 때문에 결과를 얻지 못한다.

```
Debug.Log("Items for sale: " + itemShop.GetStockCount<int>());
```

그러면 콘솔에 다음과 같은 내용이 출력된다.

그림 13.5 일치하지 않는 제네릭 타입을 사용한 콘솔 출력

상점 인벤토리가 동일한 아이템 타입의 저장과 검색이 가능한지 확인할 수 없으므로 이러한 방식은 모두 좋지 않다. 하지만 이때 제네릭이 빛을 발하는데, 제네릭 클래스와 메서드에 규칙을 추가해 원하는 동작을 적용할 수 있다. 다음 절에서 이와 관련된 내용을 다룬다.

타입 매개변수 제약 조건

제네릭의 장점 중 하나는 타입 매개변수가 제한될 수 있다는 것이다. 지금까지 제네릭에 대해 배운 내용과 상반될 수 있지만, 클래스가 모든 타입을 포함할 수 있다고 해서 늘 허용된다는 뜻은 아니다.

제네릭 타입 매개변수를 제한하려면, 이전에 본 적이 없는 새 키워드와 문법이 필요하다.

```
public class SomeGenericCollection<T> where T : ConstraintType { }
```

where 키워드는 T가 제네릭 타입 매개변수로 사용되기 전에 통과해야 하는 규칙을 정의한다. 기본적으로 SomeGenericClass는 제약하는 타입을 준수하는 한 모든 T 타입을 사용할 수 있다. 제약 규칙은 갑자기 등장한 생소한 개념이 아니며 앞서 다룬 적이 있다.

- class 키워드를 추가하면 T가 클래스 타입으로 제약된다.
- struct 키워드를 추가하면 T가 구조체 타입으로 제약된다.

- IManager와 같은 인터페이스를 타입으로 추가하면 T가 인터페이스를 채택하는 타입으로 제약된다.

- Character와 같은 사용자 정의 클래스를 추가하면 T가 해당 클래스 타입으로만 제약된다.

NOTE

하위 클래스가 있는 클래스를 처리하는 좀 더 유연한 접근법이 필요하면, 제네릭 T 타입이 U 타입이거나 U 타입에서 파생되도록 지정하는 where T : U를 사용할 수 있다. 이는 여기서 다루는 내용보다 좀 더 고급화된 내용으로, 마이크로소프트 런(https://learn.microsoft.com/ko-kr/dotnet/csharp/programming-guide/generics/constraints-on-type-parameters)에서 자세한 사항을 확인할 수 있다.

Shop이 Collectable이라는 새로운 타입만 허용하도록 제약해보자.

1. Scripts 폴더에 새 스크립트를 만들고 이름을 Collectable로 지정한 후 다음 코드를 추가한다.

```
using System.Collections;
using System.Collections.Generic;
using UnityEngine;

public class Collectable
{
  public string name;
}

public class Potion : Collectable
{
  public Potion()
  {
    this.name = "Potion";
  }
}

public class Antidote : Collectable
{
  public Antidote()
  {
```

```
      this.name = "Antidote";
    }
  }
}
```

위의 코드에서 name 필드가 있는 Collectable이라는 새 클래스를 선언하고, Potion
과 Antidote라는 하위 클래스를 만들었다. 이 구조를 사용하면 Shop이 Collectable
타입만 허용하고, 재고를 찾는 메서드 역시 Collectable 타입만 허용해 아이템을
비교한 후 일치하는 것을 찾을 수 있다.

2. Shop을 열고 클래스 선언을 업데이트한다.

```
public class Shop<T> where T : Collectable
```

3. GetStockCount() 메서드를 업데이트해 U가 제네릭 T 타입에서 파생되도록 제약
한다.

```
public int GetStockCount<U>() where U : T
{
  var stock = 0;
  foreach (var item in inventory)
  {
    if (item is U)
    {
      stock++;
    }
  }

  return stock;
}
```

4. GameBehavior에서 itemShop 인스턴스를 다음 코드로 업데이트한다.

```
var itemShop = new Shop<Collectable>();

itemShop.AddItem(new Potion());
itemShop.AddItem(new Antidote());

Debug.Log("Items for sale: " + itemShop.GetStockCount< Potion >());
```

그러면 다음과 같은 결과가 출력된다.

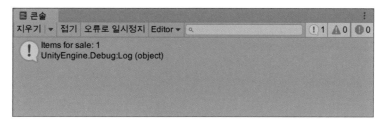

그림 13.6 업데이트된 GameBehavior 스크립트의 출력

이 예제에서는 Shop에 Collectable 타입만 사용하도록 할 수 있다. 실수로 코드에 Collectable이 아닌 타입을 추가하려고 하면, 비주얼 스튜디오에서 그림 13.7과 같이 자체 규정을 위반하는 시도가 있다는 경고를 표시한다.

```
var itemShop = new Shop<Collectable>();
itemShop.AddItem(new Potion());
itemShop.AddItem(new Antidote());
itemShop.AddItem("String");

Debug.Log("I    class System.String

             Represents text as a series of Unicode characters.

             CS1503: Argument 1: cannot convert from 'string' to 'Collectable'

             잠재적 수정 사항 표시
```

그림 13.7 잘못된 제네릭 타입 오류

유니티 오브젝트에 제네릭 추가

제네릭은 유니티 스크립트와 게임 오브젝트에서도 작동한다. 예를 들어, 소멸이 가능한 제네릭 클래스를 간단히 만들어 씬에서 삭제하고 싶은 MonoBehaviour나 오브젝트 컴포넌트에서 사용할 수 있다. 이는 8장의 '오브젝트 빌드업 관리' 절에서 추가한 BulletBehavior가 수행하는 작업이다. 하지만 해당 스크립트 외에는 적용할 수 없다. 확장성을 높이려면 MonoBehavior에서 상속되는 모든 스크립트를 소멸이 가능하도록 설정해보자.

1. Scripts 폴더에 새 스크립트를 만들고 이름을 Destroyable로 지정한 후 다음 코드를 추가한다.

```
using System.Collections;
using System.Collections.Generic;
using UnityEngine;

public class Destroyable<T> : MonoBehaviour where T : MonoBehaviour
{
  public float OnscreenDelay = 3f;

  void Start()
  {
    Destroy(this.gameObject, OnscreenDelay);
  }
}
```

2. BulletBehavior 내부의 모든 코드를 삭제하고 새 제네릭 클래스에서 상속받는다.

```
public class BulletBehavior : Destroyable<BulletBehavior>
{

}
```

이제 BulletBehavior 스크립트를 소멸 가능한 제네릭 오브젝트로 변경했다. Bullet 프리팹에는 변경 사항이 없지만, 제네릭 Destroyable 클래스에서 상속받아 다른 오브젝트를 소멸하게 만들 수 있다. 이 예제에서는 여러 발사체 프리팹을 만들어 서로 다른 시간에 모두 소멸시킬 수 있으므로 코드의 효율성과 재사용성을 높일 수 있다.

강력한 도구인 제네릭 프로그래밍의 기본 사항을 다뤘으므로, 계속해서 또 하나의 중요한 주제인 델리게이트를 다뤄보자.

⁝⁝ 델리게이트

한 파일에서 다른 파일로 메서드의 실행을 전달하거나 위임해야 할 때가 있다. C#에서는 메서드의 참조를 저장하고 다른 변수처럼 처리할 수 있는 델리게이트 타입을 이용해 이러한 작업을 수행할 수 있다. 한 가지 주의 사항은 델리게이트 자체와 할당된 메서드가 동일한 시그니처를 가져야 한다는 것이다. 이는 마치 int 변수는 정수만 담을 수 있고 string 변수는 문자열만 담을 수 있는 것과 같다.

델리게이트를 생성하는 것은 메서드 작성과 필드 선언을 혼합한 것과 같다.

```
public delegate returnType DelegateName(int param1, string param2);
```

액세스 한정자 뒤에 컴파일러에서 델리게이트 타입으로 식별할 수 있는 delegate 키워드가 온다. 델리게이트 타입은 메서드처럼 반환 타입과 이름이 있으며, 필요한 경우 매개변수도 가질 수 있다. 그러나 이 문법은 델리게이트 타입 자체만 선언한 것이다. 따라서 사용하려면 클래스와 마찬가지로 인스턴스를 생성해야 한다.

```
public DelegateName someDelegate;
```

델리게이트 타입 필드를 선언하면, 델리게이트 시그니처와 일치하는 메서드를 쉽게 할당할 수 있다.

```
public DelegateName SomeDelegate = MatchingMethod;
public void MatchingMethod(int param1, string param2)
{
  // 실행 코드
}
```

someDelegate 필드에 MatchingMethod를 할당할 때는 메서드를 호출하는 것이 아니므로 소괄호를 포함하지 않는다. 이는 MatchingMethod의 호출 책임을 someDelegate에 위임하는 일을 한다. 즉, 다음과 같이 메서드를 호출할 수 있다.

```
SomeDelegate();
```

C#의 기술을 배우는 현시점에서는 델리게이트가 번거로워 보일 수 있지만, 메서드를 변수처럼 저장하고 실행할 수 있다는 점은 앞으로 유용하게 쓰일 것이다.

디버그 델리게이트 만들기

간단한 델리게이트 타입을 생성해 문자열을 받는 메서드를 할당하고 출력해보자. GameBehavior를 열고 다음 코드를 추가한다.

```csharp
public class GameBehavior : MonoBehaviour, IManager
{
  // 변경 사항 없음

  // 1
  public delegate void DebugDelegate(string newText);

  // 2
  public DebugDelegate debug = Print;

  public void Initialize()
  {
    _state = "Game Manager initialized..";
    _state.FancyDebug();

    // 3
    debug(_state);

    // 변경 사항 없음
  }

  // 4
  public static void Print(string newText)
  {
    Debug.Log(newText);
  }
}
```

사용된 코드를 분석해보자.

1. DebugDelegate라는 public 델리게이트 타입을 선언해, string 매개변수를 받고 반환 타입이 void인 메서드를 저장할 수 있도록 한다.

2. debug라는 새 DebugDelegate 인스턴스를 만들고 Print()라는 시그니처가 일치하는 메서드를 할당한다.

3. Initialize() 내부의 Debug.Log(_state) 코드를 debug 델리게이트 인스턴스의 호출로 변경한다.

4. Print()를 정적 메서드로 선언해 string 매개변수를 받고 콘솔에 출력한다.

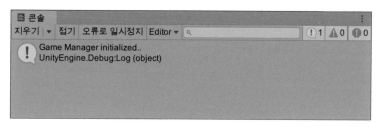

그림 13.8 델리게이트를 사용한 콘솔 출력

콘솔에서 변경된 내용은 없지만, Initialize() 내부에서 Debug.Log()를 직접 호출하는 대신에 해당 작업이 debug 델리게이트 인스턴스에 위임됐다. 간단한 예이지만, 델리게이트는 해당 타입으로 메서드를 저장, 전달, 실행해야 할 때 강력한 도구가 된다.

유니티에서는 델리게이트로 호출되는 메서드인 OnCollisionEnter()와 OnCollisionExit()를 사용해 이미 델리게이트 예제를 작업했었다. 실제로 사용자 정의 델리게이트는 이벤트와 짝을 이룰 때 가장 유용하다. 이 장의 뒷부분에서 해당 내용을 살펴본다.

델리게이트 타입의 매개변수

메서드를 저장할 델리게이트 타입의 생성 방법을 살펴봤으므로, 델리게이트 타입 자체를 메서드 매개변수로 사용 가능한 점도 이해될 것이다. 기존 작업과 크게 다르지는 않지만, 알아두면 유용한 내용이다.

델리게이트 타입을 메서드 매개변수로 사용하는 방법을 살펴보자. 다음 코드로 GameBe havior를 업데이트한다.

```csharp
public class GameBehavior : MonoBehaviour, IManager
{
  // 변경 사항 없음

  public void Initialize()
  {
    _state = "Game Manager initialized..";
    _state.FancyDebug();

    debug(_state);

    // 1
    LogWithDelegate(debug);
  }

  // 2
  public void LogWithDelegate(DebugDelegate del)
  {
    // 3
    del("Delegating the debug task...");
  }
}
```

사용된 코드를 분석해보자.

1. LogWithDelegate()를 호출하고 타입 매개변수로 debug 필드를 전달한다.

2. DebugDelegate 타입의 매개변수를 받는 새 메서드를 선언한다.

3. 델리게이트 매개변수의 메서드를 호출하고 출력할 문자열 리터럴을 전달한다.

470

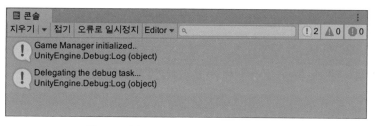

그림 13.9 매개변수로 사용된 델리게이트의 콘솔 출력

DebugDelegate 타입의 매개변수를 받는 메서드를 만들었다. 즉, 전달된 실제 인수가 메서드를 나타내며 하나로 처리될 수 있다. 이 예제를 델리게이트 체인^{delegate chain}으로 생각하면, LogWithDelegate()는 디버깅을 수행하는 실제 메서드인 Print()에서 두 단계가 제거된다. 게임이나 애플리케이션 방식에서 이와 같은 델리게이트 체인을 만드는 것이 항상 일반적인 방법은 아니지만, 델리게이트의 단계를 제어해야 할 때 관련된 구문을 이해하는 것이 중요하다. 특히 델리게이트 체인이 여러 스크립트나 클래스에 분산돼 있을 때를 대비해 잘 숙지해두자.

> NOTE
>
> 중요한 연결 고리를 놓치면 델리게이트를 이해하기 어려우므로, 이 절의 앞부분으로 돌아가 코드를 검토하고 마이크로소프트 런(https://learn.microsoft.com/ko-kr/dotnet/csharp/programming-guide/delegates/)에서 문서를 확인하자.

이제 델리게이트로 작업하는 기본적인 방법을 알았으므로, 이벤트를 사용해 여러 스크립트 간에 정보를 효율적으로 전달하는 방법을 다룰 차례다. 사실, 델리게이트를 가장 잘 활용하는 경우는 이벤트와 짝을 이룰 때다. 이어서 자세히 살펴보자.

⠿ 이벤트 발생

C# 이벤트를 사용하면 기본적으로 게임이나 앱의 액션을 기반으로 구독 시스템을 만들 수 있다. 예를 들어, 아이템을 수집하거나 플레이어가 스페이스 바를 누를 때마다 이벤트를 보낼 수 있다. 하지만 이벤트가 발생하면, 이벤트 액션 이후에 실행해야 하는 코드

를 처리할 구독자subscriber 또는 수신자receiver가 자동으로 생성되지는 않는다.

모든 클래스는 이벤트가 발생한 호출 클래스로 이벤트를 구독하거나 해지할 수 있다. 페이스북에서 새 게시물이 공유될 때 휴대폰으로 알림을 받도록 등록하는 것처럼, 이벤트도 애플리케이션 전반에 걸쳐 액션과 데이터를 공유하는 일종의 분산 정보 고속망을 형성한다.

이벤트 선언은 이벤트에 특정 메서드 시그니처가 있다는 점에서 델리게이트 선언과 유사하다. 델리게이트를 사용해 이벤트에 필요한 메서드 시그니처를 지정한 다음, 델리게이트 타입과 event 키워드를 사용해 이벤트를 생성한다.

```
public delegate void EventDelegate(int param1, string param2);
public event EventDelegate eventInstance;
```

이 설정을 사용하면 eventInstance는 델리게이트 타입이기 때문에 메서드로 처리할 수 있다. 즉, eventInstance를 호출해 언제든지 보낼 수 있다.

```
eventInstance(35, "John Doe");
```

이번에는 직접 이벤트를 생성한 후 PlayerBehavior 내부의 적절한 위치에서 이벤트를 발생시켜보자.

이벤트 생성 및 호출

플레이어가 점프할 때마다 발생하는 이벤트를 만들어보자. PlayerBehavior를 열고 다음 변경 사항을 추가한다.

```
public class PlayerBehavior : MonoBehaviour
{
  // 필드 변경 사항 없음

  // 1
  public delegate void JumpingEvent();
```

```
// 2
public event JumpingEvent playerJump;

void Start()
{
  // 변경 사항 없음
}

void Update()
{
  // 변경 사항 없음
}

void FixedUpdate()
{
  if (_isJumping && IsGrounded())
  {
    _rb.AddForce(Vector3.up * JumpVelocity, ForceMode.Impulse);

    // 3
    playerJump();
  }
}

  // IsGrounded 및 OnCollisionEnter 변경 사항 없음
}
```

사용된 코드를 분석해보자.

1. 반환 타입이 void이고 매개변수를 받지 않는 새로운 델리게이트 타입을 선언한다.

2. 이전 델리게이트의 void 반환과 일치하고 매개변수 시그니처가 없는 메서드로 처리될 수 있는 playerJump라는 JumpingEvent 타입의 이벤트를 생성한다.

3. FixedUpdate()에서 힘이 적용된 후 playerJump를 호출한다.

매개변수를 받지 않고 아무것도 반환하지 않는 간단한 델리게이트 타입과 플레이어가 점프할 때마다 실행할 JumpingEvent 타입의 이벤트를 만들었다. 이제 플레이어가 점프할 때마다 playerJump 이벤트가 모든 구독자에게 전송돼 액션을 알릴 것이다.

이벤트가 발생한 후에 이벤트의 처리와 추가적인 작업은 구독자에게 달려 있으며, 이어 지는 '이벤트 구독 처리' 절에서 자세히 살펴본다.

이벤트 구독 처리

현재 `playerJump` 이벤트에는 구독자가 없다. 하지만 이를 변경하는 것은 간단한데, 그 방법은 이전 절에서 델리게이트 타입에 메서드 참조를 할당한 것과 매우 유사하다.

```
someClass.eventInstance += EventHandler;
```

이벤트는 이벤트가 선언된 클래스에 속하는 필드이며 구독자는 다른 클래스이므로, 구 독에는 이벤트를 포함한 클래스의 참조가 필요하다. += 연산자는 부재중 이메일을 설정 하는 것처럼, 이벤트가 발생할 때 실행할 메서드를 할당하는 데 사용된다. 델리게이트 를 할당하는 것과 같이, 이벤트 처리기 메서드의 메서드 시그니처는 이벤트 타입과 일 치해야 한다. 위의 구문 예제에서 `EventHandler`는 다음과 같아야 한다.

```
public void EventHandler(int param1, string param2) {}
```

이벤트 구독을 취소하려면, -= 연산자를 사용해 제거하면 된다.

```
someClass.eventInstance -= EventHandler;
```

> **NOTE**
>
> 이벤트 구독은 일반적으로 클래스가 초기화되거나 소멸될 때 처리되므로, 복잡한 코드 구현 없이 여러 이벤트를 쉽게 관리할 수 있다.

이벤트 구독과 구독 취소 문법을 살펴봤으니 `GameBehavior` 스크립트에서 적용해보자.

이제 플레이어가 점프할 때마다 이벤트가 발생하므로, 해당 액션을 캡처할 방법이 필요 하다.

GameBehavior로 돌아가서 다음 코드를 업데이트한다.

```
public class GameBehavior : MonoBehaviour, IManager
{
  // 1
  public PlayerBehavior playerBehavior;

  // 2
  void OnEnable()
  {
    // 3
    GameObject player = GameObject.Find("Player");

    // 4
    playerBehavior = player.GetComponent<PlayerBehavior>();

    // 5
    playerBehavior.playerJump += HandlePlayerJump;
    debug("Jump event subscribed...");
  }

  // 6
  public void HandlePlayerJump()
  {
    debug("Player has jumped...");
  }

  // 다른 변경 사항 없음
}
```

사용된 코드를 분석해보자.

1. PlayerBehavior 타입의 public 필드를 생성한다.

2. 스크립트가 연결된 오브젝트가 씬에서 활성화될 때마다 호출되는 OnEnable() 메서드를 선언한다.

> OnEnable은 MonoBehaviour 클래스의 메서드이므로, 모든 유니티 스크립트에서 액세스할 수 있다.
> OnEnable은 로딩 과정이 아니라 오브젝트가 활성 상태일 때만 실행되므로 Awake 대신 이벤트 구독
> 을 하기에 좋은 위치다.

3. 씬에서 Player 오브젝트를 찾고 해당 게임 오브젝트를 지역 변수에 저장한다.

4. GetComponent()를 사용해 Player에 연결된 PlayerBehavior 클래스의 참조를 검색
   하고, 이를 playerBehavior 변수에 저장한다.

5. += 연산자를 사용해 PlayerBehavior에 선언된 playerJump 이벤트를 HandlePlayer
   Jump 메서드로 구독한다.

6. 이벤트의 타입과 일치하는 시그니처로 HandlePlayerJump() 메서드를 선언하고, 이
   벤트가 수신될 때마다 debug 델리게이트를 사용해 메시지를 기록한다.

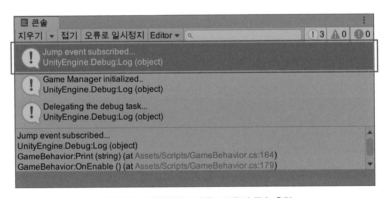

그림 13.10 델리게이트 이벤트 구독의 콘솔 출력

GameBehavior에서 이벤트를 정확하게 구독하고 수신하려면, 플레이어에 연결된
PlayerBehavior 클래스의 참조를 가져와야 한다. 이 모든 작업을 한 줄로 작성할 수 있지
만, 여러 줄로 나눴을 때 가독성이 더 좋다. 그다음에는 이벤트가 수신될 때마다 실행되
는 playerJump 이벤트에 메서드를 할당하고 구독 프로세스를 완료한다.

이제 점프할 때마다 이벤트를 사용해 디버그 메시지를 확인할 수 있다.

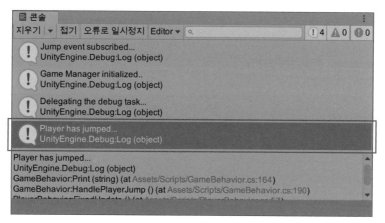

그림 13.11 델리게이트 이벤트 발생의 콘솔 출력

이벤트 구독은 스크립트에서 구성되고 스크립트는 유니티 오브젝트에 연결되므로, 아직 작업이 완료되지 않았다. 따라서 오브젝트가 파괴되거나 씬에서 제거될 때 구독을 정리하는 방법을 처리해야 한다. 자세한 사항은 다음 절에서 다룬다.

이벤트 구독 정리

프로토타입에서는 플레이어가 소멸되지 않지만, 이는 게임에서 졌을 때 흔히 볼 수 있는 기능이다. 12장, '데이터의 저장, 로드 및 직렬화'에서 스트림을 설명한 것처럼, 이벤트 구독은 할당된 리소스를 차지하므로 항상 정리하는 것이 중요하다.

구독한 오브젝트가 소멸된 후, 구독을 취소하도록 JumpingEvent를 정리해보자. GameBehavior의 OnEnable 메서드 뒤에 다음 코드를 추가한다.

```
// 1
private void OnDisable()
{
  // 2
  playerBehavior.playerJump -= HandlePlayerJump;
  debug("Jump event unsubscribed...");
}
```

새로 추가된 코드를 분석해보자.

1. `MonoBehavior` 클래스에 속하며 이전에 사용한 `OnEnable()` 메서드의 짝인 `OnDisable()` 메서드를 선언한다.

   - 스크립트가 연결된 오브젝트가 비활성화될 때 실행되므로 정리 코드는 일반적으로 이 메서드에 작성하는 것이 좋다.

2. `-=` 연산자를 사용해 `HandlePlayerJump`에서 `playerJump` 이벤트 구독을 취소하고 콘솔 메시지를 출력한다.

이제 스크립트는 게임 오브젝트가 활성화 및 비활성화될 때 정확하게 이벤트를 구독하거나 구독을 취소하므로 게임 씬에서 사용되지 않는 리소스를 남기지 않는다.

이것으로 이벤트에 대한 설명을 마치고자 한다. 이제 단일 스크립트에서 게임의 모든 부분에 이벤트를 브로드캐스트하고, 플레이어가 죽거나 아이템을 수집하거나 UI를 업데이트하는 것과 같은 시나리오에 반응할 수 있다. 하지만 성공적인 프로그램이 갖춰야 할 핵심 주제가 아직 하나 남아 있다. 바로 오류 처리다.

예외 처리

코드에 오류와 예외를 효율적으로 통합하는 작업은 프로그래밍에서 전문적이고 개인적인 기준이다. 오류를 피하려고 애를 쓰고 있는데 오류를 추가하라고 한다면, 처음에는 납득하지 못할 수 있다. 하지만 기존 코드를 망가뜨릴 의도로 오류를 추가하는 것이 아니라는 점을 알아야 한다. 오히려 정반대다. 오류나 예외를 포함하고 기능의 일부가 잘못 사용될 때 적절히 처리하면, 코드가 더 견고해지고 충돌 가능성도 줄어든다.

예외 발생

오류를 추가한다는 말은 예상 밖의 상황이나 잘못된 동작을 감지해 예외를 발생시키는 것을 의미한다. 예외 발생은 방어적 프로그래밍의 일부이며, 기본적으로 코드에서 부적절하거나 계획되지 않은 작업을 적극적으로 보호한다. 이러한 상황은 메서드에서 예외를 발생시켜 호출하는 코드로 처리할 때 나타난다.

예를 들어, 플레이어가 가입하기 전에 이메일 주소가 유효한지 확인하는 if문이 있다고 하자. 이때 입력한 이메일이 유효하지 않으면, 코드에서 예외가 발생한다.

```
public void ValidateEmail(string email)
{
  if (!email.Contains("@"))
  {
    throw new System.ArgumentException("Email is invalid");
  }
}
```

throw 키워드를 사용해 예외를 발생시키며, 이 예외는 new 키워드 뒤에 지정한 예외로 생성된다. System.ArgumentException()은 기본적으로 예외가 실행된 위치와 시간에 대한 정보를 기록하지만, 더 구체적으로 지정하려면 사용자 정의 문자열을 받을 수도 있다.

ArgumentException은 Exception 클래스의 하위 클래스이며 이전에 표시된 System 네임스페이스를 통해 액세스된다. C#에는 null 값, 범위를 벗어난 컬렉션 값, 잘못된 작업을 확인하는 하위 클래스 등 다수의 내장된 예외 타입이 있다. 예외는 적절한 작업에 적합한 도구를 사용한 좋은 예라 할 수 있다. 이 예제에서는 기본적인 ArgumentException만 필요하지만, 마이크로소프트 런(https://learn.microsoft.com/ko-kr/dotnet/api/system.exception#Standard)에서 전체 목록과 관련 설명을 확인할 수 있다.

첫 번째 예외 시도는 간단하게 처리하고 씬 인덱스 번호가 양수일 때만 레벨이 다시 시작되도록 하자.

1. 유틸리티를 열고 오버로드된 RestartLevel(int) 버전에 다음 코드를 추가한다.

```
public static class Utilities
{
  // 변경 사항 없음
```

```
public static bool RestartLevel(int sceneIndex)
{
  // 1
  if (sceneIndex < 0)
  {
    // 2
    throw new System.ArgumentException("Scene index cannot be
      negative");
  }

  Debug.Log("Player deaths: " + PlayerDeaths);
  string message = UpdateDeathCount(ref PlayerDeaths);
  Debug.Log("Player deaths: " + PlayerDeaths);
  Debug.Log(message);

  SceneManager.LoadScene(sceneIndex);
  Time.timeScale = 1.0f;

  return true;
}
}
```

2. GameBehavior에서 씬 인덱스를 음수로 받도록 RestartLevel()을 변경하고 게임에서 패배한다.

```
// 3
public void RestartScene()
{
  Utilities.RestartLevel(-1);
}
```

사용된 코드를 분석해보자.

1. if문을 선언해 sceneIndex가 0보다 작은지 확인한다.

2. 음수의 씬 인덱스가 인수로 전달되면 사용자 정의 메시지와 함께 ArgumentException을 발생시킨다.

3. 씬 인덱스가 -1인 RestartLevel()을 호출한다.

그림 13.12 예외 발생 시 콘솔 출력

지금 게임에서 패배하면 `RestartLevel()`이 호출되지만, 씬 인덱스 인수가 -1이므로 씬 매니저 로직이 실행되기 전에 예외가 발생한다. 현재 게임에 다른 씬이 구성돼 있지 않지만, 이 방어 코드는 게임의 충돌을 방지하는 보호 수단으로서 역할을 한다(유니티는 씬을 로드할 때 음수 인덱스를 지원하지 않음).

이제 성공적으로 예외를 발생시켰으므로, 예외의 결과를 처리하는 방법을 알아야 한다. 이는 다음 절의 try-catch문에서 다룰 것이다.

try-catch문의 사용

이제 예외를 발생시켰으므로, `RestartLevel()`을 호출한 시점에서는 제대로 처리되지 않는다. 따라서 안전하게 가능한 결과를 처리하는 작업이 필요하다. 이를 수행하는 방법은 try-catch라는 새로운 종류의 구문을 사용하는 것이다.

```
try
{
    // 예외를 발생시킬 수 있는 메서드 호출
}
catch (ExceptionType localVariable)
{
    // 모든 예외를 개별적으로 처리
}
```

try-catch문은 서로 다른 조건에서 실행되는 연속적인 코드 블록으로 구성되는데, 마치 특수한 if/else문과 같다. 우선, try 블록에서 예외를 발생시킬 가능성이 있는 모든 메서드를 호출한다. 예외가 발생하지 않으면 코드는 중단되지 않고 계속 실행되지만, 예외가 발생하면 switch문에서 case를 처리하는 것처럼 발생된 예외와 일치하는 catch문으로 코드가 이동한다. catch문은 처리할 예외를 정의하고, catch 블록 내부에서 이 예외를 나타낼 지역 변수 이름을 지정해야 한다.

try 블록 뒤에 필요한 만큼의 catch문을 여러 개 연결해 단일 메서드에서 발생하는 서로 다른 예외를 처리할 수 있다. 예를 들면 다음과 같다.

```
try
{
    // 예외를 발생시킬 수 있는 메서드 호출
}
catch (ArgumentException argException)
{
    // 인수 예외를 처리
}
catch (FileNotFoundException fileException)
{
    // 찾을 수 없는 파일 예외를 처리
}
```

또한 catch문 뒤에 선언되는 선택적인 finally 블록도 있다. 이 블록은 예외가 발생하든 안 하든 try-catch문의 맨 마지막에서 실행된다.

```
finally
{
    // try-catch가 끝날 때 무조건 실행
}
```

다음 작업에서는 레벨을 다시 시작하지 못했을 때 발생하는 오류를 try-catch문을 사용해 처리해볼 것이다. 이제 게임에서 졌을 때 발생하는 예외가 있으므로 안전하게 처리해보자. 다음 코드로 GameBehavior를 업데이트하고 게임에서 다시 패배한다.

```
public class GameBehavior : MonoBehaviour, IManager
{
  // 필드 변경 사항 없음

  public void RestartScene()
  {
    // 1
    try
    {
      Utilities.RestartLevel(-1);
      debug("Level successfully restarted...");
    }
    // 2
    catch (System.ArgumentException exception)
    {
      // 3
      Utilities.RestartLevel(0);
      debug("Reverting to scene 0: " + exception.ToString());
    }
    // 4
    finally
    {
      debug("Level restart has completed...");
    }
  }
}
```

사용된 코드를 분석해보자.

1. try 블록을 선언한 후 RestartLevel() 호출을 내부로 옮기고, debug 델리게이트를 추가해 재시작이 예외 없이 완료됐는지를 출력한다.

2. catch 블록을 선언한 다음, 처리할 예외 타입으로 System.ArgumentException을 정의하고 exception을 지역 변수 이름으로 정의한다.

3. 예외가 발생하면 기본 씬 인덱스⊙로 게임을 재시작한다.

   • debug 델리게이트를 사용해 사용자 정의 메시지와 예외 정보를 출력한다. 이 정보는 exception에서 액세스할 수 있고 ToString() 메서드를 사용해 문자열

로 변환할 수 있다.

exception은 ArgumentException 타입이다. 따라서 액세스 가능한 Exception 클래스와 관련된 여러 프로퍼티와 메서드가 있다. 이러한 기능은 특정 예외의 자세한 정보가 필요할 때 유용하다.

4. 예외 처리 코드의 끝을 알리는 디버그 메시지가 있는 finally 블록을 추가한다.

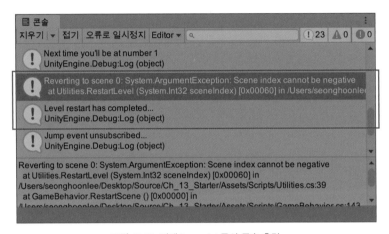

그림 13.13 전체 try-catch문의 콘솔 출력

이제 RestartLevel()이 호출되면 try 블록이 안전하게 실행되도록 하고, 예외가 발생하면 catch 블록 내부에서 처리한다. catch 블록은 기본 씬 인덱스에서 레벨을 재시작하고, 코드는 finally 블록으로 진행해 메시지를 간단히 출력한다.

예외 처리 방법을 잘 이해하되, 모든 곳에 예외 처리 코드를 사용하는 것은 지양해야 한다. 습관처럼 사용했다가는 클래스가 무거워지고 게임 처리 속도가 더뎌질 수 있기 때문이다. 따라서 게임 메카닉이 아닌 무효화나 데이터 처리와 같이 가장 필요한 곳에 예외 처리를 사용하는 것이 좋다.

C#을 사용하면 코드의 특정 요구 사항에 맞게 예외 타입을 자유롭게 만들 수 있다. 하지만 이는 이 책의 범위를 벗어나는 내용이므로 마이크로소프트 런(https://learn.microsoft.com/ko-kr/dotnet/standard/exceptions/how-to-create-user-defined-exceptions)에서 관련 자료를 참고해 향후 필요한 상황에 대비하길 바란다.

∷ 요약

C#과 유니티 2022에 대한 실질적인 내용은 이 장을 끝으로 모두 다뤘고, 앞으로는 게임 프로그래밍과 소프트웨어 개발에 적용시키는 과정을 밟아나가야 한다. 지금껏 변수, 메서드, 클래스 객체의 생성에서 게임 메카닉과 적의 행동 코딩 등에 이르기까지 많은 것을 배웠다.

다른 장에 비해 이 장에서 다뤘던 주제는 수준이 한층 더 높았고, 또 그랬어야만 했다. 프로그래밍적 사고력을 갖추려면 꾸준한 훈련이 필요하다는 사실은 알고 있을 것이다. 그 능력이 갖춰져야 다음 단계로 나아갈 수 있다. 제네릭, 이벤트, 디자인 패턴이 모두 이 프로그래밍적 사고력을 기르는 과정인 것이다.

다음 장에서는 유니티 커뮤니티와 소프트웨어 개발 산업 전반의 리소스 및 추가 자료를 소개하고 그 밖의 유용한 기회나 정보도 함께 제공한다.

이제 코딩을 즐겨보자!

∷ 내용 점검: 중급 C#

1. 제네릭 클래스와 비제네릭 클래스의 차이점은 무엇인가?

2. 델리게이트 타입에 값을 할당할 때는 무엇이 일치해야 하는가?

3. 이벤트 구독을 취소하려면 어떻게 해야 하는가?

4. 코드에서 예외를 발생시킬 때 사용하는 C# 키워드는 무엇인가?

14

이 책을 마친 후

이 책으로 프로그래밍 세계에 첫발을 내디딘 후 어느덧 마지막 장에 도달한 것을 축하한다. 유니티나 다른 스크립팅 언어를 그다지 많이 알지 못하더라도 성취를 이룬 것만은 분명하다. 그동안 다룬 모든 주제와 개념을 확실하게 다지며 학습한 사람 역시 당연한 성과가 따랐을 것이다. 습득한 내용이 많든 적든 간에 무의미한 배움이란 없다. 새로운 주제를 만나 배울 때도 즐기는 시간이 되길 바란다.

이 책을 마친 후에는 그동안 습득한 기술을 되돌아보는 것이 중요하다. 모든 교육이 그러하듯, 기존에 배운 내용보다는 향후 탐색하며 익힐 내용이 더 많기 마련이다. 따라서 이 장에서는 다음 주제를 집중적으로 익히고 앞으로 다룰 리소스를 제공하는 데 중점을 둔다.

- 심화 학습
- 객체지향 프로그래밍과 그다음 단계
- 디자인 패턴

- 유니티 프로젝트 접근하기

- C# 및 유니티 리소스

- 유니티 자격증

- 향후 과정 및 학습

⋮⋮ 심화 학습

지금까지 변수, 타입, 메서드, 클래스로 수많은 작업을 했지만, 아직 C# 영역을 모두 살펴본 것은 아니다.

새로운 기술을 배울 때는 단순히 정보에만 집중하지 말고 맥락도 살펴야 한다. 이미 쌓은 기본 지식을 바탕으로 벽돌을 올리듯 지식을 조심스레 쌓아야 한다.

유니티의 사용과 관계없이 다음은 C# 프로그래밍을 진행하면서 살펴봐야 할 몇 가지 개념이다.

- 선택적 변수와 동적 변수

- 디버깅 접근 방식

- 동시성 프로그래밍

- 네트워킹 및 RESTful API

- 재귀와 리플렉션^{reflection}

- 디자인 패턴

- LINQ

- 함수형 프로그래밍

이 책 전체에서 작성한 코드를 다시 살펴보자. 잘 작성한 코드에 만족할 게 아니라 프로젝트의 다른 부분이 어떻게 함께 작동하는지도 생각해보자. 지금까지의 코드는 모듈식이라 동작과 논리가 서로 독립적이다. 또한 객체지향 프로그래밍[OOP] 기술을 사용했기 때문에 코드가 유연해 개선과 업데이트가 용이하다. 게다가 코드가 반복되지 않고 명료하므로 누구나 쉽게 읽을 수 있다.

여기서 핵심은 기본 개념을 이해하는 데 시간이 걸린다는 것이다. 즉, 늘 한 번에 이해하기 힘들 때도 있으며, 이해할 수 있을 거란 예상과 달리 어려움을 겪을 수도 있다. 중요한 점은 새로운 것을 계속 배우되, 기본에 충실해야 한다는 것이다.

필요한 조언을 잘 숙지했으면, 다음 절에서 OOP의 규정을 다시 살펴보자.

객체지향 프로그래밍 다시 살펴보기

OOP는 방대한 내용을 지닌 전문 분야로, 마스터하려면 학습은 물론이고 OOP 원칙을 실제 소프트웨어 개발에 적용하는 데 드는 시간도 필요하다.

이 책에서 OOP의 기본 개념을 익혔지만, 여전히 넘기 힘든 산처럼 느껴질 수 있다. 하지만 이런 어려움을 느낄 때면 한 걸음 물러나 다음과 같은 개념을 다시 생각해보길 바란다.

- 클래스는 코드에서 생성할 객체의 청사진이다.

- 클래스는 프로퍼티, 메서드, 이벤트를 포함할 수 있다.

- 클래스는 생성자를 사용해 인스턴스화되는 방법을 정의한다.

- 클래스 청사진에서 객체를 인스턴스화하면 해당 클래스의 고유한 인스턴스가 생성된다.

- 클래스는 참조 타입이다. 즉, 참조가 복사되면 새로운 인스턴스가 아니다.

- 구조체는 값 타입이다. 즉, 구조체가 복사되면 완전히 새로운 인스턴스가 생성된다.

- 클래스는 상속을 사용해 공용 동작 및 데이터를 하위 클래스와 공유할 수 있다.

- 클래스는 액세스 한정자를 사용해 데이터와 동작을 캡슐화한다.
- 클래스는 다른 클래스 또는 구조체 타입으로 구성될 수 있다.
- 다형성은 하위 클래스를 부모 클래스와 동일하게 취급할 수 있다.
- 다형성은 또한 부모 클래스에 영향을 주지 않고 하위 클래스의 동작을 변경할 수 있다.

OOP를 마스터하면 함수형 프로그래밍과 반응형 프로그래밍 같은 다른 프로그래밍 패러다임을 탐색할 수 있으며, 간단한 온라인 검색만으로도 올바른 방향으로 작업을 진행할 수 있다.

∷ 디자인 패턴 입문

이 책을 마무리하기 전에 앞으로 쌓을 프로그래밍 이력에서 큰 부분을 차지할 디자인 패턴을 다루고자 한다. 인터넷에서 디자인 패턴이나 소프트웨어 프로그래밍 패턴을 검색해보면, 엄청난 양의 정의와 예제를 볼 수 있다. 여기서는 다음과 같이 용어를 단순화해 디자인 패턴을 정의해보자.

> 모든 종류의 애플리케이션을 개발할 때 주기적으로 나타나는 프로그래밍 문제나 상황을 해결하는 템플릿이다. 이들은 하드코딩된 솔루션이 아니라 특정 상황에 맞게 조정할 수 있는 테스트된 가이드라인이자 모범 사례에 가깝다.

디자인 패턴이 프로그래밍 언어에서 필수가 된 배경에는 많은 이야기가 있지만, 그 가치의 추구는 각자의 역량에 달려 있다.

이 개념으로 프로그래밍에 큰 도움이 됐다면, 『GoF의 디자인 패턴: 재사용성을 지닌 객체지향 소프트웨어의 핵심요소』(프로텍미디어, 2015)라는 책으로 시작하자.

이 책에서는 실제 프로그래밍 상황에서 디자인 패턴의 역할 중 극히 일부만 다뤘을 뿐이다. 따라서 그동안 디자인 패턴의 변화 과정과 애플리케이션을 반드시 깊이 탐구해두자. 이러한 과정이 향후 훌륭한 자료로 남을 것이다.

C#을 알려주는 것이 이 책의 목표였지만, 학습한 유니티 내용을 모두 잊어서는 안 되니 이어서 살펴보자.

⠿ 유니티 프로젝트 접근하기

유니티는 3D 게임 엔진이지만 작성된 코드에 맞춰 설정된 원칙을 계속 따라야 한다. 게임을 생각해보면, 화면에 표시되는 게임 오브젝트, 컴포넌트, 시스템은 클래스와 데이터를 시각적으로 표현한 것일 뿐이다. 즉, 완전히 새로운 영역이 아니라 이 책에서 배운 프로그래밍의 기초가 발전된 결과인 것이다.

유니티의 모든 것이 오브젝트이지만, 모든 C# 클래스가 엔진의 MonoBehaviour 프레임워크 내에서 작동해야 한다는 의미는 아니다. 게임 내의 메카닉에만 제한을 둬 생각하지 말고, 프로젝트에 필요한 방식으로 확장해 데이터나 동작을 정의하자.

마지막으로, 방대한 수천 줄의 클래스를 만드는 대신에 어떻게 코드를 기능별로 가장 잘 분리할 수 있을지 항상 고민해야 한다. 또한 관련 코드가 해당 동작을 전담할 수 있도록 함께 저장돼야 한다. 즉, 별도의 MonoBehaviour 클래스를 생성하고 영향을 받는 게임 오브젝트에 연결해야 한다. 이 책의 서두에서도 언급했었고 나중에 다시 이야기하겠지만, 프로그래밍에서는 문법 암기보다 프로그래밍적 사고방식과 맥락적 프레임워크가 더 중요하다. 프로그래머처럼 사고하는 훈련을 계속 하다 보면, 결국 세상을 다른 방식으로 보게 될 것이다.

⠿ 기타 유니티 기능

6장, '유니티 실행하기'에서 유니티의 다양한 핵심 기능을 간략히 다뤘지만, 유니티 엔진은 이보다 더 많은 기능을 제공하고 있다. 어느 기능이 더 중요하다고 정해진 것은 없지만, 유니티 개발을 진행하고 있다면 최소한 다음 사항은 잘 알아두는 것이 좋다.

- 셰이더^{Shader}와 이펙트

- 스크립팅 가능한 오브젝트

- 에디터 확장 스크립팅

- 비프로그래밍 방식^{non-programmatic}의 UI

- ProBuilder와 터레인 툴

- PlayerPrefs와 데이터 저장

- 모델 리깅^{model rigging}

- 애니메이터 상태 및 전환

또한 에디터의 조명, 내비게이션, 파티클 이펙트, 애니메이션 기능도 다시 찾아보며 꼼꼼히 복습하자.

⁑ 향후 과정

C# 언어에 대한 기본적인 문해력은 갖췄으므로, 이제 추가적인 기술과 문법을 익힐 차례다. 가장 흔하게는 온라인 커뮤니티, 튜토리얼 사이트, 유튜브 비디오를 활용해 배울 수 있지만, 이 책과 같은 여러 서적도 참고할 수 있다. 소프트웨어 개발 커뮤니티에서 회원으로 활동하는 것은 아직 어려울 수 있다. 따라서 이런 다양한 방법 중에서 첫 발을 내딛는 데 도움이 될 만한 C# 및 유니티 리소스를 추천해줄 것이다.

C# 리소스

C#으로 게임이나 애플리케이션을 개발할 때, 마이크로소프트 문서 창을 열어두면 쉽게 도움을 받을 수 있다. 특정 질문이나 문제에 대한 답을 찾을 수 없다면, 다음의 커뮤니티

사이트를 확인해보자.

- **C# 코너**^{C# Corner}: https://www.c-sharpcorner.com

- **Dot Net Perls**: https://www.dotnetperls.com

- **스택 오버플로**^{Stack Overflow}: https://stackoverflow.com

대부분의 C# 질문은 유니티와 관련이 있으므로 다음 절에서 정리한 유니티 리소스를 참조하는 것도 좋다.

유니티 리소스

최고의 유니티 학습 리소스는 소스에 있다. 비디오 튜토리얼, 기사, 무료 에셋, 문서는 모두 웹 사이트(https://unity.com)에서 이용할 수 있다.

그러나 프로그래밍 문제에 대한 커뮤니티 답변이나 특정 솔루션을 찾고 있다면 다음 사이트를 방문해보자.

- **유니티 포럼**: https://forum.unity.com

- **유니티 런**^{Unity Learn}: https://learn.unity.com

- **유니티 앤서즈**: https://answers.unity.com

- **유니티 디스코드**: https://discord.com/invite/unity

- **스택 오버플로**: https://stackoverflow.com

비디오 튜토리얼이 더 편하다면 유튜브의 방대한 비디오 튜토리얼 커뮤니티를 활용해도 좋다. 다음 4개의 유튜브 채널을 가장 추천한다.

- **Brackeys**: https://www.youtube.com/user/Brackeys

- **Sykoo**: https://www.youtube.com/user/SykooTV/videos

- **Renaissance Coders**: https://www.youtube.com/channel/UCkUIs-k38aDaI
  mZq2Fgsyjw

- **BurgZerg Arcade**: https://www.youtube.com/user/BurgZergArcade

팩트^{Packt} 라이브러리에도 유니티, 게임 개발, C#에 대한 다양한 책과 비디오가 있으며 웹 사이트(https://www.packtpub.com/all-products)에서 이용할 수 있다.

유니티 자격증

현재 유니티는 프로그래머와 아티스트에게 다양한 수준의 자격증을 제공하고 있다. 따라서 실전 기술 수준과 신뢰성을 이력서에 증명할 수 있게 됐으며, 독학으로 게임 산업에 뛰어든 사람이나 컴퓨터 공학 비전공자에게 유용하다. 유니티 자격증의 종류는 다음과 같다.

- **Certified User**
  - Programmer
  - Artist
  - VR Developer
- **Certified Associate**
  - Game Developer
  - Programmer
  - Artist
- **Certified Professional**
  - Programmer
  - Artist

- **Certified Expert**
  - Programmer

자격증의 유무에 신경 쓰기보다는 실제로 무엇을 할 수 있는지에 집중하길 바란다. 마지막 과제는 개발 커뮤니티에 가입해 명성을 쌓기 시작하는 것이다.

⁝⁝ 과제: 커뮤니티에서 나의 실력 검증해보기

이 책의 마지막 과제는 가장 어려우면서도 가장 보람된 작업이 될 것이다. 과제 내용은 C# 및 유니티 관련 지식을 활용해 무엇이든 만든 다음, 소프트웨어 또는 게임 개발 커뮤니티에 내놓는 것이다. 작은 게임 프로토타입이든 본격적인 모바일 게임이든 다음과 같은 방법으로 코드를 올려보자.

- 깃허브 가입(https://github.com)

- 스택 오버플로, 유니티 앤서즈, 유니티 포럼에서 활동

- 유니티 에셋스토어Unity Asset Store(https://assetstore.unity.com)에 등록해 사용자 정의 에셋을 게시

열정적으로 만든 프로젝트를 세상에 선보여보자.

⠿ 요약

이것으로 프로그래밍 여정이 끝났다고 생각했다면 오산이다. 배움에는 끝이 없고 시작만 있을 뿐이다. 그동안 프로그래밍의 구성 요소, C# 언어의 기초, 유니티에서 해당 지식을 의미 있는 작업으로 전환하는 방법 등을 익혔다. 이 페이지까지 도착했다면, 그 목표를 달성한 것이다.

입문 시절로 돌아간다면, 아마도 '스스로를 프로그래머라고 생각한다면 이미 당신은 프로그래머'라는 조언이 가장 필요할 것 같다. 커뮤니티에는 당신을 아마추어라 말하면서 경험이 부족하니 '진정한' 프로그래머가 아니라고 하거나 좀 더 전문적인 실력을 요구하는 이들이 많을 수 있다. 그러나 모두 헛소리다. 꾸준히 프로그래밍적 사고를 하고, 효율적이고 깔끔한 코드로 문제를 해결하는 데 목표를 두며, 새로운 것을 배우는 데 주저하지 않는다면 당신은 이미 프로그래머. 이러한 정체성을 잊지 않는다면 당신의 여정은 찬란할 것이다.

내용 점검 해답

1장. 개발 환경 이해

내용 점검: 스크립트 다루기

Q1	유니티와 비주얼 스튜디오는 공생 관계다.
Q2	레퍼런스 매뉴얼
Q3	참고 문서이므로 외울 필요는 없다.
Q4	프로젝트 탭에 새 파일이 편집 모드로 나타나면, 클래스 이름과 파일 이름을 같게 함으로써 이름이 불일치해 발생하는 문제를 방지한다.

2장. 프로그래밍의 구성 요소

내용 점검: C# 구성 요소

Q1	C# 파일의 다른 곳에서 사용할 특정 자료형을 저장한다.
Q2	메서드는 빠르고 효율적인 재사용을 위해 실행 가능한 코드의 행을 저장한다.
Q3	MonoBehavior를 부모 클래스로 지정하고 게임 오브젝트에 연결한다.
Q4	다른 게임 오브젝트에 연결된 컴포넌트나 파일의 필드 및 메서드에 액세스한다.

3장. 변수, 타입 및 메서드 살펴보기

내용 점검: 변수와 메서드

Q1	파스칼 표기법을 사용한다.
Q2	필드를 public으로 선언한다.
Q3	public, private, protected, internal
Q4	암시적 변환이 존재하지 않는 경우
Q5	메서드에서 반환되는 데이터 타입, 소괄호가 있는 메서드 이름, 코드 블록을 위한 중괄호 한 쌍
Q6	매개변수 데이터가 코드 블록으로 전달되도록 허용한다.
Q7	메서드가 어떤 데이터도 반환하지 않는다.
Q8	Update() 메서드는 각 프레임마다 호출된다.

4장. 제어 흐름과 컬렉션 타입

내용 점검 1: if, and, or, not

Q1	true 또는 false
Q2	느낌표 기호(!)로 작성된 NOT 연산자
Q3	이중 앰퍼샌드 기호(&&)로 작성된 AND 연산자
Q4	이중 파이프 기호(||)로 작성된 OR 연산자

내용 점검 2: 컬렉션의 모든 것

Q1	데이터가 저장되는 위치
Q2	배열이나 리스트는 zero-indexed이므로 첫 번째 요소는 0이다.
Q3	아니오. (배열이나 리스트가 선언될 때 저장되는 데이터 타입이 정해지므로, 요소가 다른 타입이 될 수 없다.)
Q4	배열은 일단 초기화되면 동적 확장이 불가능한 반면, 리스트는 동적 수정이 가능하므로 좀 더 유연하게 사용할 수 있다.

5장. 클래스, 구조체 및 OOP 작업

내용 점검: OOP

Q1	생성자
Q2	클래스와 같은 참조가 아니라 복사로 전달된다.
Q3	캡슐화, 상속, 컴포지션, 다형성
Q4	GetComponent

6장. 유니티 실행하기

내용 점검: 기본적인 유니티의 특징

Q1	프리미티브
Q2	z축
Q3	게임 오브젝트를 Prefabs 폴더로 드래그한다.
Q4	키프레임

7장. 이동, 카메라 제어 및 충돌

내용 점검: 플레이어 제어와 물리

Q1	Vector3
Q2	입력 관리자
Q3	리지드바디 컴포넌트
Q4	FixedUpdate

8장. 게임 메카닉 스크립팅

내용 점검: 메카닉을 활용한 작업

Q1	동일한 변수에 속하는 명명된 상수의 집합 또는 컬렉션
Q2	기존 프리팹과 Instantiate() 메서드를 사용한다.
Q3	get과 set 접근자

9장. 기본 AI와 적의 행동

내용 점검: AI와 내비게이션

Q1	레벨 지오메트리에서 자동으로 생성된다.
Q2	NavMeshAgent
Q3	절차적 프로그래밍
Q4	Don't Repeat Yourself.

10장. 타입, 메서드 및 클래스의 재고찰

내용 점검: 레벨 업

Q1	readonly
Q2	메서드 매개변수의 수 또는 매개변수 타입을 변경한다.
Q3	인터페이스는 메서드 구현이나 저장된 필드를 가질 수 없다.
Q4	타입 별칭을 만들어 충돌하는 네임스페이스를 구별한다.

11장. 스택, 큐, 해시셋

내용 점검: 중급 컬렉션

Q1	Stack
Q2	Peek
Q3	저장할 수 있다.
Q4	ExceptWith

12장. 데이터의 저장, 로드 및 직렬화

내용 점검: 데이터 관리

Q1	System.IO 네임스페이스
Q2	Application.persistentDataPath
Q3	스트림은 데이터를 바이트로 읽고 쓴다.
Q4	전체 C# 클래스 객체가 JSON 포맷으로 변환된다.

13장. 제네릭, 델리게이트 및 기타 사항 살펴보기

내용 점검: 중급 C#

Q1	제네릭 클래스는 정의된 타입 매개변수가 있어야 한다.
Q2	메서드와 델리게이트의 시그니처
Q3	-= 연산자
Q4	throw 키워드

| 찾아보기 |

숫자

T

U

W

X

유니티로 배우는 C# 프로그래밍 6/e

초보자를 위한 유니티 완벽 가이드북

발 행 | 2023년 5월 31일

옮긴이 | 이 지 성 · 송 정 은
지은이 | 해리슨 페론

펴낸이 | 권 성 준
편집장 | 황 영 주
편 집 | 김 진 아
　　　　임 지 원
디자인 | 윤 서 빈

에이콘출판주식회사
서울특별시 양천구 국회대로 287 (목동)
전화 02-2653-7600, 팩스 02-2653-0433
www.acornpub.co.kr / editor@acornpub.co.kr

한국어판 ⓒ 에이콘출판주식회사, 2023, Printed in Korea.
ISBN 979-11-6175-757-5
http://www.acornpub.co.kr/book/csharp-game-unity

책값은 뒤표지에 있습니다.